クリスチャン・ヴァン・ニューワーバーグ [編著]
ペイジ・ウィリアムズ

西垣悦代/保井俊之/札野 順 [監訳]

自己成長の鍵を手に入れる

ポジティブ心理学
ガイド

学生生活を始める人・新たな一歩を踏み出す人へ

ミネルヴァ書房

この日本語翻訳版は、本書の米国、英国、ニューデリーでの原著出版社である
SAGE Publications, Ltd.との取り決めにより出版されたものである。

アーサー・J・ヴァン・ニューワーバーグと、土田つゆを記念し、
愛と感謝を込めて。
彼らは私にチャンスを与えてくれました。

私の成長を助けてくれたすばらしい娘たち、
オリヴィアとイザベラに。
彼女たちには、いつの日か大学で成長繁栄してほしいと願っています。

日本の読者のみなさんへ

　何よりもまず、読者のみなさんがこのすばらしい書籍に関心をもってくださったことを心より感謝いたします。本書にかかわったすべての人は、あなた、そう読者のあなたを、心の中心に置いていました。あなたが本書のテーマである人間の成長に興味と情熱をもってくださったことに、御礼申し上げます。

　私と共編著者のペイジ・ウィリアムズ博士が本書の企画について語り合ったのは2019年のことで、私たちは「学生たちが大学教育の中で多くを学ぶためにどんな支援ができるだろうか？」という共通の関心をもっていました。また、彼らが大学でより多くの喜びと達成を経験できるにはどうしたらよいか、と考えた結果、私たちの関心領域である研究に基づくポジティブ心理学の概念と戦略をシェアすることで、学生たちの在学中の経験に価値を付加することができるだろう、という結論に達しました。その後、私たちはポジティブ心理学の第一人者たちに声をかけ、各専門領域の執筆を依頼しました。執筆者には大学生に教えた経験のある専門家を選びました。多くの情熱的な執筆者の共同作業の結果であるこの本が、あなたの役に立つことを期待しています。

　ペイジと私が本書の出版準備を始めたのは、新型コロナウイルス感染症（COVID-19）によるパンデミックが始まる前でした。私たちはパンデミックの非常に困難な時期に、ポジティブで楽観的で希望に満ちた本書の共同作業に携われたことを心から感謝しています。各章の執筆者たちはすばらしい仲間で、インスピレーションとサポートを与えてくれました。ペイジと私は本書の編集過程で、パンデミックによる困難を乗り切るために、各章で提案されている戦略を私たち自身がどう使っているかをよく話し合いました。世界がパンデミックの最悪の時期から脱しようとしている今、本書が伝えるメッセージはこれまでにないほど大切だと感じています。

個人的なことですが、本書の日本語への翻訳は私にとって特別な意味があります。私の母、土田つゆは日本人です。彼女は、私にとっても多くの人にとっても本当にインスピレーションの源でした。私の人生に対する展望は、母が私に与えてくれた文化的な視点や考え方から確かな影響を受けています。母は1960年代に父と結婚し、日本を離れ中東に移住しました。私は1971年にレバノンで生まれました。母は私たち家族を養うために、ベイルートで日本食レストランを開業し、母とそのレストラン（東京レストラン）は、日本人駐在員や現地を訪れる報道関係者の間で有名でした。母は日本語以外の言葉はできませんでしたが、私の勉強や仕事を常にサポートしてくれました。母は――読めないにもかかわらず――私の論文や書籍の出版をいつも喜んでくれました。そして今、ついに日本語の本が出版されたのです！　残念ながら母は数年前に亡くなりましたが、この本が日本語で出版されたことを知ったら、どれほど喜んでくれただろうかと思います。

　このような理由も含めて、私は本書を翻訳してくれた献身的で情熱的な素晴らしい研究者チーム――西垣悦代教授、保井俊之教授、札野順教授、永岑光恵教授、吾郷智子先生、山川修教授、佐藤典子教授――に心から感謝申し上げます。彼らの厚意と専門知識を本当にありがたく思っています。翻訳チームのおかげで本書のアイデアをいっそう広く共有できるようになりました。私たち全員――編著者、各章執筆者、日本語翻訳者、日英両出版社――からポジティブな意図と謙虚さをもって、本書のアイデアを読者のみなさんにお届けします。

心を込めて

クリスチャン・ジュン・ヴァン・ニューワーバーグ

目　次

第1章　はじめに──新生活の場で成長する　　　1

クリスチャン・ヴァン・ニューワーバーグ＆ペイジ・ウィリアムズ

第2章　学び方を学習する　　　9

ペイジ・ウィリアムズ＆クリスチャン・ヴァン・ニューワーバーグ

第 *13* 章　思いやりを世界に広げる　　　　　　　　　183
ティム・ロマス

第 *14* 章　さいごに──経験を味わう　　　　　　　　　197
クリスチャン・ヴァン・ニューワーバーグ＆ペイジ・ウィリアムズ

凡　例

1．本書は、Christian van Nieuwerburgh & Paige Williams（Eds.）（2022）. *From Surviving to Thriving : A student's guide to feeling and doing well at university,* London: SAGE Publications. の全訳である。

2．原文においてイタリック体の語句は、訳文中では傍点を施した。ただし、書名を表すイタリック体の場合は『』に入れた。

3．本文中の人名や固有名詞には、現地語の発音を当ててカタカナ表記にした。

4．原文で引用符‘ ’や“ ”のついた語句や引用文は、訳文では「」に入れた。

5．原文で著者が（　）を使って補足している箇所は、訳文中でも（　）を使用した。

6．訳者による訳注や補足は、該当ページに脚注として掲載した。

7．文献一覧について、日本語訳が刊行されている文献はその書誌情報を（　）内に加えて掲載した。

8．原著の内容に加えて、読者が本書で紹介されている課題により取り組みやすいよう、2～13章の章末に「やってみよう、考えてみよう」というワークを設けた。

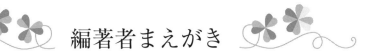

編著者まえがき

　本書の各章を執筆し、その専門スキル、洞察、知識を共有してくれた素晴らしい仲間たちに大きな恩義を感じています。本書に貢献し、読者を励ます役割を果たしてくれた方々——ロバート・ビスワス＝ディーナー、レイチェル・コラ、アンドレア・ヒラルデス＝ヘイズ、ロナ・ハート、アーロン・ジャーデン、レベッカ・ジャーデン、ハンナ・カンプマン、ペギー・カーン、ティム・ロマス、アナ・パウラ・ナシフ、マイケル・スティーガー、アネタ・トゥナリウに感謝いたします。

クリスチャン・ヴァン・ニューワーバーグのまえがき

　このプロジェクトは、1989年9月にベイルート・アメリカン大学（レバノン）に入学して以来、常に大学コミュニティの一員であり続けている私にとって、とても意義深いものだった。ベイルート・アメリカン大学の教授陣や学生たちは、私の生涯にわたる学びと発見の豊かな旅への備えをさせてくれた。すばらしい教育者であり、大きな困難の時期にも大学と学生たちに奉仕し続けた先生方——とくにジャン・マリー＝クック、ジョージ・カイララ、サルワ・ガレイ——この先生方の影響は今なお私の中に残っている。バーミンガム大学（英国）のシェークスピア研究所で博士課程を修めていたときには、エリザベス朝時代の演劇研究の世界的権威であるマーチン・ワギンズに師事することができた。博士号取得後、新たな関心の対象となった心理学を学ぶために再び大学に戻ったときは、アショク・ザンサリ、トム・ディクソンなどすばらしい研究者に教えていただく幸運に恵まれた。このお二人をはじめ、イーストロンドン大学心理学部の先生方に感謝申し上げる。

長年学生だっただけではなく、私はいくつかの大学で教える幸運にも恵まれた。イーストロンドン大学心理学部、レディング大学ヘンリー経営学大学院のコーチング＆行動変容センター、アングリア・ラスキン大学心理学科（以上英国）、ベルガモ大学心理学科（イタリア）の教職員と学生に感謝申し上げる。現在は、アイルランド王立外科大学の同僚と学生たちの温かさとプロフェッショナリズムに感謝している。これらの大学で、同僚たちと一緒に仕事をすることを光栄に思い、学生たちと直接関わることを本当に楽しいと感じてきた。

　特筆すべきは、本書の素晴らしい共編著者ペイジ・ウィリアムズにメルボルン大学ポジティブ心理学センター（現ウェルビーイング科学センター）で出会えたことである。私たちは、人々が大学にいる間にウェルビーイングを、単に学ぶだけではなく、経験できるよう支援したいという共通の情熱をもっていることに気づいた。ペイジと一緒に仕事をすることは楽しかった。彼女の協調性、ユーモアのセンス、レジリエンスに心から感謝している。

ペイジ・ウィリアムズのまえがき

　私と大学との関係は断続的なものであったにもかかわらず、大学は私の人生の中で特別な場所を占めている。クリスチャンがレバノンで学生になった頃、私は英国のポーツマス大学で学生生活を始め、経営学の優等学位[1]を取得した。この経験にはとても感謝している。それは当時としては珍しい、大学での学習と産業界での経験を混合したプログラムで、私が会社でキャリアをスタートするための豊かで貴重な土台となった。その後20年間、私は仕事、旅行、人生に忙しく、大学には戻らなかった。しかし、職場におけるリーダーシップの役割が、どのように変化を創造し維持するのかを知りたいという現場での関心に突き動かされ、私は大学に戻った。この通信教育による大学院ディプロマの経験は、大学レベルの学習に戻ることがどんなものか試してみるよい機会だったと、今となっては思っている。その後は、よくある過程をたどった。つまり、その

1　通常のコースとは異なる、優秀な学生のみが受講できる学位プログラム。

経験が私をさらなる学習に誘い、メルボルン大学ウェルビーイング科学セン
ターの博士号に導いたのだ。私はここで、リー・ウォータースOAM[2]とペギ
ー・カーンの寛容で賢明な指導のもと、当センター初の博士号取得者の一人と
なった。私が博士号を取得する際にいただいた、このお二人をはじめウェルビ
ーイング科学センターの先生方のケア、サポート、指導には心から感謝してい
る。

　私の学生としての大学での経験は楽しく幅広かったが、一方で教員としての
経験はやや見劣りする。私は、ウェルビーイング科学と変化に関する学部およ
び大学院向けのさまざまなプログラムをデザイン・開発・教育する機会に恵ま
れ、最先端の研究を、学生が日常生活に落とし込めるような実用的な応用学習
に転用することの影響を目の当たりにしてきた。ウェルビーイング科学センタ
ーのディレクター、リンゼイ・オーデには、プログラムをデザイン・開発する
機会と自由を与えてくれたことを、アーロン・ジャーデンにはプログラム実践
にあたってのサポートにとくに感謝申し上げたい。

　最後に、共編著者クリスチャン・ヴァン・ニューワーバーグには、本書を編
集する際の彼の温かさ、寛容さ、コミットメントに感謝したい。彼は困難で面
倒に思えた仕事を、容易で魅力的なものに変えてくれた。ありがとう。

2　Medal of Order of Australia の略で、オーストラリアの勲章の一つ。

著者紹介

編著者

クリスチャン・ヴァン・ニューワーバーグ（Christian van Nieuwerburgh）
アイルランド王立外科大学教授。コーチング心理学とポジティブ心理学を担当。
Growth Coaching International のグローバルディレクター。コーチングおよびポジティブ心理学の分野で多くの著作をもち、とくに理想的な学習環境に強い関心をもっている。ベイルート・アメリカン大学で英文学の学士号（BA）と修士号（MA）を取得後、バーミンガム大学のシェークスピア研究所で博士課程を修める。その後、イーストロンドン大学において、心理学の修士号（MSc）を取得した。旅行、バイク、家族と過ごす時間を楽しんでいる。

ペイジ・ウィリアムズ（Paige Williams）
メルボルン大学ウェルビーイング科学センターの名誉フェロー。メルボルン経営学大学院のアソシエイト。国際的な講演者であり、リーダーシップのメンターでもある。リーダーシップ、ウェルビーイングにおける文化とシステムに関して国際的な講演・執筆を行っている。ポーツマス大学経営学分野で学士号（優等）を、ニューサウスウェールズ大学（オーストラリア）で組織変革の大学院ディプロマを取得。その後メルボルン大学のウェルビーイング科学センターで博士号（PhD）を取得した。F45 トレーニング、海岸の散歩、十代の娘たちと一緒に笑うことを楽しんでいる。詳しくは下記のウェブページを参照のこと。
http://www.drpaigewilliams.com

執筆者

ロバート・ビスワス＝ディーナー（Robert Biswas-Diener）

ケニアのマサイ族や米国のアーミッシュ、グリーンランドのイヌイットの人々などを対象に、世界各地の幅広い地域で調査を行うことから、ときに「ポジティブ心理学のインディ・ジョーンズ」とも呼ばれるポジティブ心理学者。ホスピタリティ、幸福、教育など幅広いテーマについて、これまで70以上の査読付き論文を発表。トッド・カシュダンとの共著 *The Upside of Your Dark Side*（高橋由紀子（訳）『ネガティブな感情が成功を呼ぶ』草思社、2015年）など複数の書籍の著者としても活躍。その一方、「仕事一筋」という言葉はロバートには全く当てはまらない。プライベートでは日々の娯楽を大切にし、毎日絵を描き、ロッククライミングを楽しみ、愛猫の写真をこれまで3万枚近くも撮影している。

レイチェル・コラ（Rachel Colla）

メルボルン大学講師（Lecturer）[3]。希望とラーニングデザインを通じたウェルビーイングの促進を中心に研究を行っている。メルボルン大学の優秀教育賞を2度受賞しており、その卓越した教育指導とスキル、教育プログラムの設計と評価における想像力が、高く評価されている。カトリック大学（オーストラリア）で社会科学学士号と心理学修士号、メルボルン大学にて応用ポジティブ心理学の修士号を取得。現在は同大学博士課程に在籍。冒険、デザイン、音楽、家族をこよなく愛する。

3　英国の大学教員の職位については各大学によって定められている。呼称にも多少違いはあるが、一般的には学生への指導と専門分野の研究を担う教員の大半が Lecturer であり、大学によってはその上に Senior Lecturer を置いているところもある。Senior Lecturer の中でさらに業績の優れた一部の教員については、Reader（日本でいう准教授程度に相当）または Principal Lecturer（1992年以降に設立された大学ではこちらの呼称がよくみられる）職に任ずることもある。Associate Professor／Professor 職はほとんどの大学で、特に優れた教育・研究業績をもつ限られた教員にのみ与えられている。オーストラリアでは一般的に、大学教員の職位をレベル A から E の Professor までのランクに分類しているが、呼称は各大学によってやや異なる。Lecturer、Senior Lecturer はそれぞれレベル B、C にあたる。

アンドレア・ヒラルデス＝ヘイズ（Andrea Giraldez-Hayes）

イーストロンドン大学心理学部上級講師（Senior Lecturer）。応用ポジティブ心理学・コーチング心理学修士課程（MAPPCP）のプログラムディレクターならびにウェルビーイング・心理サービスクリニックの臨床ディレクター。認定コーチング心理士、スーパーバイザー、コンサルタントとしてポジティブ心理学とコーチング心理学への芸術的・創造的アプローチを専門とする。学習、自己開発、キャリア能力の開発などに強い関心と情熱を傾けている。およそ30年のキャリアを通じ幅広い才能を発揮し、これまでにヨーロッパ、英国、ラテンアメリカの大学、教育部門、国際組織などで活躍。50編以上の著書および査読付き論文を発表。

ロナ・ハート（Rona Hart）

サセックス大学心理学部講師（Lecturer）。同大学の通信（Distant Learning）大学院プログラム、仕事におけるカインドネスとウェルビーイング（The Psychology of Kindness and Wellbeing at Work）コースのコースディレクター。テルアビブ大学（イスラエル）で教育学学士号と社会学修士号、イーストロンドン大学で応用ポジティブ心理学の修士号、キングス・カレッジ・ロンドン（英国）で教育学博士号を取得。20年近くにわたりポジティブ心理学とマインドフルネスに関する研究・教育を行う傍ら、論文や著書を執筆。とりわけ仕事の場でのポジティブ心理学等の応用に関心を寄せている。

アーロン・ジャーデン（Aaron Jarden）

メルボルン大学大学院教育学研究科（Graduate School of Education）准教授。ウェルビーイングコンサルタント、社会起業家。哲学、コンピュータ、教育、心理学に関する複数の資格をもち、多彩な才能を発揮しながら、著作やセミナー等のプレゼンターなどを務めている。学術の世界での27年にわたるキャリアを通じ、これまで7つの大学で教えてきた。旅行や伝記を読むこと、新しい体験に挑戦することを楽しんでいる。

レベッカ・ジャーデン（Rebecca Jarden）

メルボルン大学の集中治療看護課程を率いる正看護師兼講師であり、メルボルンのオースティンヘルス社の看護研究員でもある。オタゴ大学（ニュージーランド）で心理学と人類学を学び、学士号と大学院ディプロマを、オークランド工科大学（AUT: Auckland University of Technology）[4]（ニュージーランド）ではヘルス・サイエンス学士号（看護学）を取得。テムズバレー大学（英国）とビクトリア大学ウェリントン校大学院（ニュージーランド）で看護学の大学院単位取得課程（post-graduate nursing certificates）[5]を修了。ビクトリア大学では看護学修士号も取得しその後 AUT 大学にて看護師のウェルビーイングについて研究、博士号を取得している。ポスドク研究では引き続き医療従事者に焦点を当て、彼らのキャリアの移行期とそれ以降のウェルビーイングを調査している。プライベートでは家族や友人と過ごす時間、新しい場所を探索すること、食べ物、芸術、音楽などを楽しむ。

ハンナ・カンプマン（Hanna Kampman）

幸福感を高める介入に情熱を注ぐラップランド出身の彼女は、現在イーストロンドン大学応用ポジティブ心理学・コーチング心理学修士課程（MAPPCP）で上級講師（Senior Lecturer）を務めている。ラップランド応用科学大学（フィンランド）でスポーツとレジャーの学士号を取得。その後ロンドンに移り、イーストロンドン大学で応用ポジティブ心理学修士号と博士号取得。彼女の自然への愛と感動の気持ちは、ラップランドの森や湖に深く根付いている。自由な時間にはそこで彼女を見つけることができるだろう。

---

4 現在では AUT University との呼称を使用。

5 post-graduate は、日本の大学院課程に相当する。英国の大学・大学院では Postgraduate Diploma/Post graduate certificate（大学単位取得課程）のコースを設け、学士課程を修了した者に対し、高度な専門教育の機会を提供している。一度社会に出た人が、自身の専門性の向上や新たな分野の専門知識を得るためにこうした Postgraduate 課程で学ぶケースは一般的によくみられる。英国以外にもオーストラリア、ニュージーランド、カナダ、インド、マレーシアなど複数の国の大学でこうした Postgraduate diploma/certificate 課程が置かれている。

ペギー・カーン（Peggy Kern）

メルボルン大学教育学研究科ウェルビーイング・サイエンスセンター准教授。もともと社会心理学やパーソナリティ心理学、発達心理学を専攻していたペギーは、アリゾナ州立大学（米国）で心理学の学士号、カリフォルニア大学で社会・パーソナリティ心理学の修士ならびに博士号を取得。博士号取得後は、ペンシルベニア大学に所属しポジティブ心理学の研究を行う。生涯にわたるウェルビーイングの理解と測定、その支援に焦点を当てて研究を行っている。プライベートではランニングやサイクリング、屋外での時間を過ごすことで自身のウェルビーイングを高めている。活動の詳細については、ペギーのホームページ（www.peggykern.org）を参照。

ティム・ロマス（Tim Lomas）

ハーバード大学（米国）T. H. チャン公衆衛生大学院およびハーバード大学ヒューマン・フラーリッシングプログラム（Human Flourishing Program）の研究員（Psychology Research Scientist）。2013年から2020年まで、イーストロンドン大学でポジティブ心理学の講師（Lecturer）および上級講師（Senior Lecturer）を務めた。主な研究テーマは異文化的視点からのウェルビーイングの探求であり、ウェルビーイングに関する「翻訳不可能な」語彙を検証した語彙学的研究などはその一例である（www.drtimlomas.com/lexicography）。ティムはエジンバラ大学（英国）で2つの修士号を取得。その後、6年にわたりミュージシャン、精神科の看護助手として働いた後、2008年から2012年にかけてウェストミンスター大学（英国）で博士号取得。博士論文のテーマは、男性のメンタルヘルスに対する瞑想の効果について。プライベートでは音楽やサッカー、何よりも家族と過ごす時間をこよなく愛する。最近ではその家族の一員に、娘のライラ・グレースが加わった。

アナ・パウラ・ナシフ（Ana Paula Nacif）

イーストロンドン大学、応用ポジティブ心理学・コーチング心理学修士課程（MAPPCP）講師（Lecturer）。エグゼクティブならびにグループ・コーチ、ファ

シリテーター、コンサルタントとしての経験も豊かで、主にウェルビーイング
とリーダーシップに焦点をあてて活動している。メトディスタ大学（ブラジル）
でジャーナリズムの学士号を取得。イーストロンドン大学でコーチング心理学
修士号、オックスフォード・ブルックス大学（英国）でコーチングの専門職博
士号を取得。Philosophy of Coaching Journal 誌の共同編集者。現在は夫、2
人の子ども、犬1匹とともに、英国のケント州在住。旅行と新しい文化の探求
をこよなく愛する。

マイケル・F・スティーガー（Michael F. Steger）

コロラド州立大学心理学教授。同大学「意味と目的センター」（Center for
Meaning and Purpose）創設ディレクター。人生や仕事に意味を見出すことの利
点についての研究で、国際的に知られた権威である。講演者として人気があり、
意味と目的、職場での繁栄（flourishing）、ポジティブ教育、効果的なリーダー
シップ、意味と目的の評価と介入を取り入れた臨床実践の拡大など、世界中で
さまざまなトピックに関する基調講演、ワークショップ、（合宿形式の）研修を
行うことを心から楽しんでいる。

アネタ・D・トゥナリウ（Aneta D. Tunariu）

イーストロンドン大学心理学部学部長。応用心理学の教授であり、英国心理学
会（The British Psychological Society: BPS）の認定心理士（Chartered Psychologist）[6]。
専門は関係性の心理学。実存哲学と、ポジティブ心理学に基づくコーチングの
知見を背景に、学術的研究と応用実践を行っている。1999年にロンドン・サウ
ス・バンク大学（英国）にて心理学学士号（優等学位）を取得。同年、英国経
済・社会研究カウンシル（Economic and Social Research Council: ESRC）から研究
奨学金を授与され、同大学の博士課程に進学、心理学の博士号を取得した。

---

6 英国心理学会が認める資格で、国家資格と同等に位置づけられている。認定される資格はClini-
  cal Psychologist（臨床心理士）、Counselling Psychologist（カウンセリング心理士）など専門
  分野に細分化されており、各専門に応じた大学院課程（修士号、心理博士号）のトレーニング、
  学位を要する。

第1章

はじめに──新生活の場で成長する

入学おめでとう！

　この本を読んでいるということは、あなたはすでに大学に合格しているはずだ。これはすばらしい達成だ！　この機会を十分に活用するなら、あなたは大学にいる間にさらにすばらしい達成と、生涯にわたる成果をあげる準備をすることができるだろう。もちろん、大学はすばらしい学習の場所だが、それ以外の学び、準備、成長、実験のための安全な空間を提供してくれる、刺激的で活気に満ちた社会的なコミュニティでもある。私たちの経験からいえる確かな、そして最も大切なことは、あなたが大学で勉強する学科目よりも、あなたが過ごす時間の中で学ぶことの方がはるかに多いということだ。

なぜ、この本を書いたのか

　本書の編者と執筆者たちは皆、大学に深く関与している。私たちは、世界各地──オーストラリア、ニュージーランド、米国、中近東、ヨーロッパ、英国──の大学で学んだ経験がある。また、私たちは皆、大学で教えた経験がある。私たちは何千人もの大学生を教え、支援した経験があり、大学教育が若者に提供している機会や選択肢に情熱を注いでいる。その情熱がこの本を書くために

1

私たちを結集させたのだ。言いかえるなら、私たちはあなたの成功に対して情熱をもっている！　あなたの成功を願う人はほかにもいるだろうが、その人たちとの違いは、私たちはあなたにアカデミックかつプロフェッショナルな成功、そして個人としての成長と高いレベルのウェルビーイングを経験してほしいと願っている点だ。これらは別個の、あるいは相互に矛盾するものではないと考えている。あなたやあなたの友人、同級生、大学内の仲間たちが、大学での学びの年月の間に成長繁栄（thrive）する方法を学ぶことができると、私たちは心の底から固く信じている。それはどういう意味かって？　あなたが、参加しているという所属感やつながりを感じ、感情的なウェルビーイングを経験する、すなわち身体的・精神的な健康を経験するということだ。

　私たちは全員ポジティブ心理学の実践家であり研究者だが、楽天家ではない。私たちは大学が楽な場所だと言うつもりはない。大学生活は山あり谷ありで、純粋な喜びの瞬間もあれば、苦い落胆の時もある。私たちはまた、君たちが大学生活の社交的な部分ばかりに集中して、4年間をパーティ三昧で過ごすことを勧めているわけではない（ごめんよ）。大学とは挑戦の場所である——だからときには辛いこともある。自分の可能性に向かって成長しようと思うなら、挑戦し、居心地のいい場所から踏み出すことが絶対に必要だ。自分の下した選択によって、成功だけではなく、失敗、落胆、離別、幻滅さえ味わうことになるかもしれない。これらはすべて大学生活という旅の一部なのだ。私たちはそのためにこのガイドブックを作成した。

7　ポジティブ心理学では flourish という語がよく使われ、「繁栄」が定訳となっている。本書では、原題 *From surviving to thriving*（生き残りから繁栄へ）にも含まれる thrive という語が多用されているが、これも「繁栄する、成長する」という意味である。flourish も thrive も本来、植物が生き生きと生命力に満ちて生い茂っている様子を表す語である。本書では、thrive と flourish を区別するため、『ポジティブ心理学コーチングの実践』（スージー・グリーン／ステファン・パーマー（著）西垣悦代（監訳）、金剛出版、2019年）での訳を踏襲し、「成長繁栄」と訳した。日本語としてはやや不自然に感じるかもしれないが、植物が勢いよく茂るように（人が）成長するイメージをもって読んでいただければ幸いである。

あなたに役立つこと

　この本を読むことで、ポジティブ心理学の優れた研究者たちから戦略、洞察、コツを学ぶことができるだろう。その戦略を使うことで、あなたの学びをより実り多いものにできる。さらに、学生としての成功だけでなく、さまざまな経験をより楽しむ方法を学ぶことができるだろう。大学で気分よく過ごし（feeling well）、うまくやる（doing well）ことで、あなたは多くの友だちを得て、試験の成績もよくなるだろう。さらに大学での成果を高め、卒業するときには多くの選択肢を手に入れるだろう。最も大切なことは、この本を読み、大学で学ぶことであなたが得るスキルは、あなたに自信と人生を繁栄させる知識を授けるということである。

本書の概要

　本書はポジティブ心理学の専門家によって執筆されている。ポジティブ心理学は人の最適な機能についての科学的な学問である。[8] ポジティブ心理学は人間であることのポジティブな側面に注意を向け、人が経験する最高の事柄について研究している。各章では、あなたが大学生活をうまく舵取りするうえで役立つように、ポジティブ心理学の中からふさわしい知見を紹介している。

▌1章：はじめに

　本章は、本書の概要を紹介し、本書に何を期待すべきかを示している。本書を読むとき、あなた自身が自分の成功とウェルビーイングに関連づけながら選択している、と感じることが大切だ。各章の概要を読むことで、あなたにとって一番重要なことは何かを判断することができる。本書を章立ての順に読むこともできるし、今一番自分にとって必要だと思う章を選んで読むこともできる。

8　ポジティブシンキングのことではありませんので注意。

▌2章：学び方を学習する（学びの脳科学）

　2章は私たち編著者が執筆している。最新の神経科学の知見をもとに、どうすれば学習のために脳を効果的に使えるかを解説する。学習がどのように成立するかを知っていることは、大学で学ぶうえで大きなアドバンテージであり、生涯にわたっての利益となるだろう。

▌3章：強みを見つける（強み・ストレングス）

　3章の執筆者アンドレア・ヒラルデス＝ヘイズは、コーチングとポジティブ心理学の分野における優れた研究者で、長い大学教員歴をもつ。3章では、勉強するときに自分の強みを知っていることと、それを活用することの重要性を説明している。3章はあなたが自分の性格の強みを認識し中核的な価値を特定し、それらを学生として繁栄するために使う際に役立つだろう。

▌4章：希望をもつ（成長と達成のウィルパワー・ウェルパワー）

　4章は、大学教育のスペシャリストとして受賞歴をもち、人々の成功を支援することに情熱を注ぐエグゼクティブコーチでもある、レイチェル・コラが担当している。彼女は、目標を達成する道筋で「希望」を意図的に使用することの科学的根拠を示している。4章は、希望を活かすための戦略を伝えることで、あなたの眠っているエネルギーとモチベーションを目覚めさせ、あなたが望む成果を達成できるように手助けする。

▌5章：できることに集中する（目標達成のセルフコーチング）

　5章は、エグゼクティブコーチ、コンサルタント、グループおよびチームコーチングを専門とする研究者である、アナ・パウラ・ナシフが担当している。彼女は多くの職場でウェルビーイングに関する経験を積んでおり、あなたにとって重要な目標を達成するチャンスを高める方法について、研究に基づいて紹介している。

6章：自分をケアする（セルフケア）

6章の担当者ペギー・カーンは、健康心理学とポジティブ心理学の分野で多くの著作をもつ研究者である。彼女は、研究と実践の間を橋渡ししようと尽力しており、セルフケアの大切さに情熱を注いでいる。6章では、ストレスマネジメントと、あなたの学生生活にセルフケアを取り入れるための、実用的かつ簡単にできる方法を紹介する。

7章：今、この瞬間に生きる（マインドフルネス）

7章の執筆者ロナ・ハートは、変化の心理学の専門家で、人々をエンパワーメントし、人生の変革を手助けすることに関心のある研究者である。彼女は、あなたの大学生活がマインドフルになるよう勧めている。7章では、まずマインドフルネスの全体像からスタートし、その後具体的な実践方法を紹介している。加えて、すぐに始められる実践練習が含まれている。

8章：関係性を築く（ポジティブな人間関係）

8章の執筆者アネタ・トゥナリウは、関係性の心理学を専門とする大学教授兼学部長で、著名な研究者である。彼女は、社会的正義に関心をもっており、若者を支援するための介入やプログラムを作成している。8章では、関係性が重要な事柄であり、大学時代にポジティブな関係性を築くことを推奨する理由について説明している。また、ポジティブな関係性のさまざまな利点——ウェルビーイングの向上、個人的成長、社会的資本の発達など——について論じている。

9章：逆境に備える（ストレスとレジリエンス）

9章は、ポジティブ心理学、スポーツコーチング、心的外傷後成長（post-traumatic growth：PTG）に関心をもつ大学講師、ハンナ・カンプマンが担当している。彼女は個人的・専門的な役割を通じて、ポジティブ心理学の原則の多くを体現している。この章では、逆境に対処する最適な方法を探っていく。9

章を読めば、あなたの学生生活を成功裏に収めるために必要なレジリエンスの育て方について、洞察や実際的なアイデアを得ることができるだろう。

■ 10章：遊び心をもつ

10章を担当しているのは、ポジティブ心理学の研究と実践の第一人者で、とくに幸福（happiness）を専門としているロバート・ビスワス＝ディーナーである。彼は、アーミッシュ、イヌイット、マサイなどの集団を対象にポジティブ心理学研究を行うことから、「ポジティブ心理学界のインディ・ジョーンズ」とも呼ばれている。10章では、よい人生を送るための重要な要素は遊び心をもつことである、と提案している。さらに、大人と子どもの遊びの違いと、遊びのもたらす利点に焦点を当てている。

■ 11章：意味を見つける（人生における意味）

11章は、ポジティブ心理学の国際的な権威であるマイケル・スティーガー教授が担当している。彼は「人生における意味」がウェルビーイングに及ぼす影響に強い関心をもっている。彼は、いかにして人々のウェルビーイングを養い、心理的なストレスを和らげるか、という研究でよく知られている。11章では「人生における意味」という概念が、あなたの人生にどういう影響力をもつのかについて説明する。11章は、あなたの人生にとって大切なものをふり返り、意味のある生き方をするための戦略を学ぶために役立つだろう。

■ 12章：自分自身について知る（自己理解）

この章を担当しているのは、ともにウェルビーイングの熱心な提唱者であるアーロン・ジャーデンとレベッカ・ジャーデン夫妻である。アーロンは、研究者、大学講師、コンサルタント、起業家であり、レベッカは看護学とクリティカル・ケアの研究者、大学講師である。2人はあなたが人生に対して実験的なアプローチをとるようにうながす。12章では、「ポジティブな失敗」という概念について論じ、あなたのウェルビーイングを自己査定する機会を提供している。

13章：思いやりを世界に広げる（コンパッションとセルフコンパッション）

13章はポジティブ心理学の理論と研究の最先端を行く研究者、ティム・ロマスが担当した。彼の研究の関心は、マインドフルネス、仏教、言語学からジェンダーにまでまたがる。13章では、他者に対するケアリング（思いやり）の前提としてのセルフケアの大切さに焦点を当てる。他者に対する思いやりはあなた自身にも利益があることを示し、あなたが大学生活の間に、いっそう思いやりをもてるようになるための実践的方法を紹介する。

14章：さいごに（経験を活かして成長する）

14章は私たち編著者が担当し、本書全体の内容のまとめを行う。この本を読んであなたに学んでほしいと私たちが願っていることをふり返るとともに、大学生の間、そしてその後の人生の中で、あなたがここで得られた情報をどのように使うことができるかについて、いくつかのアイデアを示す。

各章の構成

あなたが本書から幅広い分野の専門家の洞察や専門知識の恩恵を受けられるように、各章の構成にできるだけ統一感をもたせた。まず、各章の最初にあなたが何を学ぶのかを明確に示す。次に、その章の内容に沿った研究と理論を概観する。これは、その章で示すトピックの背後には科学的根拠がある、ということを理解してもらいたいからだ。各章の中心部分は、実践的な内容となっている。すべての章は、著者からの最後のメッセージとふり返りで締めくくられる。

本書の意図

本書における私たちの最も重要な意図は、あなたにポジティブ心理学について「教える」のではなく、私たちが知っていることをシェアしてあなたの助け

になりたい、ということである。そのため、各章ではあなたが使える実際的で実行可能な戦略を紹介する前に、関連するトピックの研究や理論の紹介を簡単に行っている。もし、それが役に立つと思えば、章の順序通りに全体を読んでもいいし、そのとき最も興味あるトピックを選んで掘り下げてもよい。

　あなたは今、人生の中でとてつもなく豊かで充実した段階のスタートに立とうとしている。本書のタイトルが示すように、私たちはあなたに成長繁栄してほしい。つまり、大学生活の中でうまくやって（*do* well）、気分よく（*feel* well）過ごしてほしい。あなたには、大学生活を楽しんでほしいし、そこで多くを経験してほしいと願っている。何にも増して大学は――あなたの履修科目について、あなた自身について、まわりの人とのつき合い方についてなど――多くの学びの機会となるだろう。

第2章

学び方を学習する

あなたの脳を理解する

　あなたのすること、感じること、経験することは、すべて脳に蓄えられる。脳は無限大の貯蔵庫であり、あなたの生活の中央制御部である。脳がどのように機能するかを理解することで、あなたの学習は改善され、学びの場でさらに役立つ環境を創造できるだろう（Blackwell et al., 2007; Dubinsky et al., 2019）。脳の発達に関する学習者の気づきを高めることで、学習と発達が促進されると、多くの研究が明らかにしている（Halvorson et al., 2016）。つまり、脳がどのように働くのかを知ると、あなたの学習は改善するのだ（Grah & Dimovski, 2014）。では、はじめよう。

脳はひとつの目的をもっている

　一般に信じられていることとは違って、脳の主な仕事は考えることではない。脳の第一の機能は、あなたの「身体予算[9]」を効果的に管理することで、あなたを生存（*survive*）させ、願わくば成長（*thrive*）させることである（Barrett, 2017）。

9　身体のエネルギー量とその配分のこと。

「身体予算」の科学的な名称はアロスタシス[10]といい、身体のエネルギー需要を
あらかじめ予測し備えることで、生存に効果的な行動をできるだけ効率よくと
れるようにする（Sterling, 2012; Sterling & Laughlin, 2015）。身体予算の管理によ
って得られる「利益（gain）」とは、食物、休息、愛情、身体の保護などであり、
それらは自然界の最も重要な任務、すなわちあなたの遺伝子を次世代につなぐ
ことを可能にする。

　そして、脳の最も基本的な活動法則、すなわち身体予算の損得——労苦
（pain）と利益（gain）の収支——が、あなたが何かをするかしないかの判断を
行う。これらの言葉はかなり主観的で個別的なものと感じられるかもしれない。
しかし、結局のところ、私たちの行うすべての選択は、身体予算の損得の比率
に基づいているのだ。脳の主目的である、何を最優先するか、どのように学習
するかを理解することは、あなたの学習をより効果的にする助けとなるはずだ。
では、脳がどのように学習するのかみてみよう。

脳はどのように学習するのか

　私たちはおよそ1000億のニューロン（脳細胞）をもって生まれる。この数は
比較的安定しているものの、人の脳は「工事中」の状態で生まれ、生涯にわた
ってその状態が続く。25歳前後までに、脳は成熟した構造と機能をもつように
なる。しかし、1000億の各ニューロン間に形成される何万もの接続は、成長と
発達を続ける。これらのニューロンは、神経経路や神経ネットワークを構築し、
神経可塑性[11]（neuroplasticity）と呼ばれる再構成と変化を続ける。この神経可塑
性の過程を通して学習が可能となる。

　新しい経験をしたり、新たな考え方に出会ったとき、あなたの脳は新たな神
経接続と神経経路を作り出し、情報を受け入れる。あなたの脳は、その大きさ
ではなく密度が「成長」するのだ。あなたが特定の活動や行動を繰り返したり、
ある情報を見直したり更新することによって、一部の神経経路はほかの神経経

10　身体が恒常性を維持するために、自律神経系、内分泌系、免疫系のシステムを変化させること。
11　行動や外部環境からの刺激、すなわち経験によって神経回路やシナプスが変化すること。

路よりも頻繁に使われる。これらのニューロン間の、または構築された神経ネットワーク内部の接続は、より強固に発達し、その結果、情報の伝達や処理をする際の、より効率的な伝達経路となる。現代神経科学の先駆者の一人であるドナルド・ヘッブは、「ともに発火する神経は結合する」と表現している。これは「ヘッブの法則」として知られる人間の学習の基本法則である（Hebb, 1949）。身体予算の観点からみると、脳はこの効率性を認識しており、より強く、より発達した経路とネットワークを将来も使おうとする。一方、あまり使用されない神経経路とネットワークでは逆のことが起きる——結合は弱り、枯れ、しまいには切れてしまうのだ。「使え、さもなくば失う（use it, or lose it）」という英語のことわざは、まさに神経の接続と断絶のプロセスを表している。

　このようにして、私たちの脳は学んだことを刻み込み貯蔵する、神経ネットワークを発達させる。神経ネットワークは、あなたの出会うすべてのモノ・人・動物・状況に対して形成される。例えば、りんごに対するあなたの知覚の神経ネットワークには、脳のさまざまな領域の細胞が関わっている。りんごの種類・形・大きさ・香り・味だけでなく、あなたがりんごを好きかどうか、最近いつどこでりんごを見たか、何に使ったかがコード化されている。あなたがりんごを見たり、思い浮かべたり、「りんご」という単語を聞くだけでも、神経ネットワーク内にある「りんご」に対する何千もの接続されたニューロンが、その都度反応を作り上げる。ただの「りんご」に対してすら、こうなのだ。

あなたの学習にとってどういう意味があるのか

　私たちが本書で紹介し、あなたが大学生活の中で関わることになる考え（アイデアや概念）、方略、実践によって、神経経路やネットワークの密度といった神経構造は変化していく。あなたがすでに学んだり、以前聞いたことのある考えは、簡単に処理し、理解できるかもしれない。それはあなたの神経ネットワ

12　カナダの心理学者ドナルド・ヘッブの説で、ニューロンＡが発火するとき、近くにあるニューロンＢが共に発火を繰り返すと、2つのニューロンの結合が強まる。これによって記憶が定着するという法則。

ークが、きれいに舗装された6車線の高速道路のように、そこを通る情報を簡単に効率よく運ぶことができるからだ。あなたにとって新しい、あるいはこれまであまり接してこなかった考えについては、神経経路やネットワークは存在しないか、未発達である。これは、舗装されていないデコボコの荒野の道を行くようなもので、あなたが学習・理解・実践するには、少なくとも最初は多くの努力・エネルギー・集中が必要なので、必ずしも楽しいとはいえない。

　これは学習経験の一部なのだと理解することは、未舗装の道路の上に神経ネットワークを構築する助けとなり、結果として困難を乗り越え、経験することを容易にする。あなたは、すべての神経経路とネットワークを6車線の高速道路にする工事をする気はないかもしれないが、あまりにも早く工事を中断し道路を荒れるにまかせてしまうと、本来活かせるはずのチャンスを逃す可能性がある。

あなたの脳が学習するのを助ける：学習の文脈

　学習は孤立した状態で起こるのではなく、多くの要因が影響を与えている。その一部は、感覚、エネルギーレベル、モチベーション（動機づけ）といったあなたの「内側」にあるものだ。これらはあなたが自分でコントロールすることができる。それ以外の学習に影響する要因は、私たちの「外側」にある。それは文字通りの物理的環境や、他者の感じ方や行動といった私たちのコントロール外にあるものである。

　ここで、「内側」と「外側」の要因がどのように私たちの学習経験に影響するのかみてみよう。異なる学習環境に2人の学生がいると仮定しよう。学習目標は点字を読めるようになることだ。2人の認知的能力と学習履歴はほぼ同等である。学生Aは、寒い教室でサポートもなく、なぜ点字を学ぶのかという説明もないまま、複雑なマニュアルと点字の文書を与えられる。Aは疲弊し、不安になり、どうすればうまくやれるのか心配になっている。学生Bも同じ教材——マニュアルと点字文書——を与えられるが、熱心にサポートしてくれる先生がついていて、快適でなじみのある環境にいる。Bは十分な休息がとれ

ており、モチベーションが高く、この課題を終えたら視覚障害の妹が文字を学
ぶ際に手助けができるとワクワクしている。課題を習得する可能性が高いのは、
ＡとＢどちらだろうか？　この例でわかるように、学習成果の質は、個人の
認知能力だけで決まるのではない。学習はもっと広い文脈の中で起こるのだ。
学習に対する全体的（holistic）な理解では、脳は単に入ってくる情報だけでは
なく、それが提示される文脈全体の中で相互作用するとされている。だから、
脳が学習するのを助けるには、学習環境の中にある身体的・認知的・感情的・
社会的要因のすべてを考慮しなければならない。

身体的要因

　健康的な心身の発達のためには、栄養が重要であることが、多くの研究によ
って明らかにされている。脳は通常身体エネルギーの約20％を消費しているが、
精神活動が活発化すると、ニューロンを発火させる燃料が必要になるため、酸
素を含んだ血液をさらに多く送り込む必要が生じる。脱水や低血糖は身体や脳
の機能を疲弊させ、結果として学習過程の妨げとなる。

　最近の神経科学の研究では、記憶の固定化に果たす睡眠の役割が指摘されて
いる。学習課題を行う際に活性化された海馬のニューロンは、徐波睡眠時[13]に再
活性化され、神経ネットワークを強化し、学習を強固にすることがわかってい
る。実験参加者に不慣れな場所の道順を学習させる研究では、睡眠をしっかり
とった参加者の方が、課題を間違う割合が有意に少なかった。睡眠不足に焦点
を当てたほかの研究では、宣言的記憶[14]と手続き記憶[15]の両方の低下が、低い学業
成績と関連しているという明らかな根拠が示され、前頭前皮質は睡眠不足に対
して非常に脆弱であることが示唆された。これはあなたにとってどういう意味
をもつかって？　規則正しい質のよい睡眠は、記憶と学習の大前提ということ

13　ノンレム睡眠の中でも周波数の小さいゆっくりした脳波の出現する深い睡眠で、熟眠感に影響す
　　る。脳の活動の多くは休止しており、自律神経系の活動も低下する。
14　言葉やイメージで表現可能な経験の記憶。エピソード記憶と意味記憶に分けることができる。陳
　　述記憶ともいう。
15　非宣言的記憶の一つで、自転車の乗り方や楽器の演奏など経験の繰り返しによって獲得される記
　　憶。

だ。

認知的要因

　何か新しいことを学習するには集中力が必要だ。新しい情報を学習するために
は、情報が面白くて、意味があり、気が散ることが最小限でなければならな
い。つまり、マルチタスクではだめだ!　マルチタスクは、あなたが同時に2
つ以上のことに関わることを必要とする。しかし、マルチタスクは可能だし、
私たちはいつもやっている——テレビを見ながら調理したり、発表を聞きなが
らメモをとったり。このすばらしい能力は大脳基底核[16]のおかげである。大脳基
底核は、大脳皮質下の複雑な神経核の集合体で、経験を貯蔵し、あなたの日々
の意識的・無意識的な習慣を作り出し、維持している。つまりあなたの生活の
自動操縦装置のようなものだ。

　残念ながら、今現在の情報を作業記憶に保持し、意識的に処理し、新しい複[17]
雑な出来事に対処するのは、大脳基底核ではなく前頭前皮質である。ここでは
自動操縦はできない。それに、大脳基底核がほぼ無限大の容量をもっているの
に対し、前頭前皮質は限られた日常的な容量しかなく、何を最優先して意識的
な思考の対象にするかについて、常に競争が起きている。

　私たちが同時に2つ以上の難しい認知的課題に取り組もうとしたとたんに、
パフォーマンスが著しく低下することが研究によって示されている。同時に行
う課題を1つ増やすと、すべての課題のパフォーマンスが低下するのだ。テレ
ビのニュースを見ながら、新聞記事を音読してみたり、数字のリストを足し算
している最中に、誰かが話しかけてきたらどうだろう?　うまくできないのは
マルチタスクが注意を拡散させ、記憶を劣化させ、パフォーマンスを低下させ
るからである。それだけではない。マルチタスクは疲れるのだ!

　いったん気が散ると、いわゆる脳の「不応期」[18]のために、集中を回復するに

16　大脳皮質・視床・脳幹を結びつける神経核の集まり。運動の制御・認知機能・感情・動機・学習
　　などに関与している。
17　ワーキングメモリともいう。理解・推論・学習・計算など認知的課題の遂行中に、情報を一時的
　　に保持しておくための記憶。

は15分近くかかる。そのため、例えば課題中に携帯の着信音が度々鳴ったり、誰かが話しかけてきたりして、あなたが短時間に注意をあちこちそらすと、本来の課題を終えるために必要な時間が、最大25％長くなる。これは「切り替え時間（スイッチングタイム）」と呼ばれる現象で、あなたのメンタルエネルギーを消耗させ、本来の課題に戻ることを困難にする。これはあなたにとってどういう意味をもつかって？　あなたの脳はマルチタスクに向いていない、ということだ。気を散らすものを最小限にして、学習効果を最大限にしよう。

感情的要因

感情は思考と学習にとって不可欠である。感情の座である扁桃体は、脳の内部にある小さなアーモンド型の部位で、私たちの行動から感情的反応を引き出す。新しい記憶を記銘するとき、扁桃体が活性化され、その後の想起が促進される。

つまり、学習内容と結びついている感情の手がかりがあると、単なる事実に基づく内容よりも、深くて強い神経経路を造り上げるということだ。記憶ひいては学習を増強するだけではなく、新しい研究では、感情は認知機能の基礎として注目されている。感情は、私たちがどこに注意を置くかを制御し、知識を構築する神経ネットワークを形成するうえで不可欠である。先に示した点字学習の例では、感情（妹を助けたいという学生Bの願い）が課題に対して注意を集中するモチベーションを生み出した。このように、感情と思考は統合的に結びついている。これはあなたにとってどういう意味をもつかって？　学習するときには、ポジティブな感情を生み出す機会を見つけよう。

社会的要因

私たちの学習が孤立した環境で起こることはめったにない。幼児期から青年期にかけて、私たちは直接経験や他者の観察を通してだけではなく、学校などの社会的な施設で学習する。これらを通して、私たちは新たな学びを得るだけ

18　神経細胞が刺激を受けていったん活動電位が発生すると、その直後に刺激を受けても神経が反応しない時期のこと。ここでは脳が十分に機能しない状況に例えている。

ではなく、自分の思考を検証したり正統性を確認する。そうした学習のための社会集団は、学習成果を強化し、モチベーションとチャレンジ精神を高め、独りで学習するときよりも多様な解決方法を生成する。私たちの学習の文脈と環境における人間関係は——それが先生であれ、仲間であれ、友だちであれ——私たちの学習を成功に導くために重要な役割を果たしている。これはあなたにとってどういう意味をもつかって？　可能なら学習仲間を見つけて、勉強グループを作ってみよう——それはあなたを支え、成長繁栄と成功に導くだろう。

あなたの脳が学習するのを助ける：学習デザイン

　学習環境は学習成果にとって重要である。認知的能力より環境が重要だと考える人もいる。しかし、あなたの脳が学習するのを助ける別の起爆剤がある。それは、あなたの学習経験をどうデザインするかということだ。AGES モデル（Davachi et al., 2010）は、そのための便利な枠組みとして使えるだろう。

　AGES は、注意（attention：A）、生成（generation：G）、感情（emotion：E）、時間的スペース（spacing：S）の頭文字をとった言葉である。これがあなたの学習を加速させ、最大化させるための効果的なデザインにどう活かせるかみてみよう。

▌注意（attention）

　神経ネットワークは、私たちが注意を払うものすべてに対して構築され、逆に注意を向けないものに対しては全く構築されない。私たちは毎日膨大な量の情報に出会うので、自分にとって面白くて意味のあるものに対してだけ、選択的に注意を向けるように進化してきた。注意は私たちが世界を見る際のフィルターである。同じ状況を観察した2人が、全く異なる回想をするのはそのためである。私たちはそれぞれ何に注意を払っているかによって、文字通り全く違うものを見ているのだ。

　注意には、焦点化した集中が必要で、それはニューロンが活性化し、神経ネットワークを構築するために必要な条件である。新しいネットワークを構築す

るには多くのエネルギーが必要だが、脳は長時間集中力を保つようにはできていない。脳は定期的な休憩時間と再度集中するために時間が必要なのだが、この休憩の間に、新しく形成された接続を強化しているのである。私たちが生来の限界を超えて集中しすぎると、脳は休息を確保するために神経接続が弱くなる。その結果、私たちは上の空になる。これはあなたにとってどういう意味をもつかって？　定期的に脳を休ませ、学習の際は集中しよう。

生成（generation）

　あなたの学習方法は、子どものときとはかなり違っている。子どもは、養育者つまり周囲の大人に全幅の信頼を置いて、自分を取り巻く世界のすべてを疑うことなく吸収する。これは、遺伝子に刻まれなくても「文化継承」——文化的・社会的知識を世代間に伝えること——が進められるために、必要かつ重要なことである（Barrett, 2020）。しかし、同じことは大人にはあてはまらない。私たちは、自分にとって適切で、興味深いかどうかに基づいて学習の対象を選択し、すでに学んだことの上に積み上げて、現在進行中の学習に対して自らできる限りの責任を負っている。

　大人の脳は、動的、可塑的、経験依存的、社会的、情動的な臓器で、学習に携わるだけではなく、自ら学習を主導する。したがって、あなたの脳が考え・方略・行動を自ら創造し、積極的にコミットすればするほど、学習はより効果的なものになる。あなたが自分の成長繁栄の旅をどこから始めるかを決めるとき、キーワードとなるのは、「妥当性」と「即時性」である。研究が示唆するところによると、大人はテーマ中心ではなく問題中心のアプローチをとるときに、最もよく学べる。あなたもきっとそうだ。あなたが解決したい問題は何だろう？　あなたが手に入れたいチャンスは何だろう？　鍵となるのは、プロセスと成果に対する学習者の当事者意識、つまりあなた自身である。これはあなたにとってどういう意味をもつかって？　あなたの成長繁栄にとって何が最も必要なのかを明確にしよう。そして、それに基づいて何を学ぶかを決めよう。

▌感情（emotion）

　学習環境のところですでに述べたように、感情と記憶は結びついている。感情による手がかりは、燃料を補給するように、脳の中心部のニューロンを活性化させ、結果としてより深い経路を作り出す。豊かな感情に彩られた人生の1コマの鮮やかな思い出は、感動的でない「普通」の出来事に比べると、何千倍ものニューロンの活動の中に埋め込まれているのだ。これはどんな色合いの感情にも当てはまり、幸福でポジティブな気分でいるときや、楽しんでいるときに学習が捗ることが、長年にわたる研究によって明らかにされている。例えば、ゲームを取り入れた学習——適切な内容があり、難しい技術的スキルを必要とし、終了時に十分な解説が行われた場合——は、学習成果が上がることが示されている。この学習成果は、コルブの経験学習モデルの4つの領域[19]——具体的経験、省察的観察、抽象的概念化、積極的実践——のすべてにおいて、向上していた。これはあなたにとってどういう意味をもつかって？　あなたの学習をゲーム化できるかを考えて、遊び心をもってそれを楽しもう。

▌時間的スペース（spacing）

　あなたの学習デザインの効果を高める比較的簡単な方法は、学習内容の「間を空ける」ことだ。脳の前頭前皮質の限界は、学習に直接的に影響する。なぜなら、新しい情報は、必ず前頭前皮質を通って技術や知識として埋め込まれるからだ。

　だからもし、朝8時半から夕方5時半まで、短い休憩と食事時間以外、ずっと詰め込み学習を続けるなら、あなたは自分の生物学的限界を超え、同時に学習の向上を妨げていることになる。私たちの認知的容量には限界があり、収穫逓減（ていげん）の法則[20]は学習にも適用される。私たちは生物的存在としての自分を尊重し、

19　デーヴィッド・コルブの提唱した経験学習の4つのプロセスをサイクル化した学習モデル。自ら考え行動したこと（①具体的経験）を、多面的にふり返り（②省察的観察）、その経験をほかの状況でも取り入れられるよう一般化し（③抽象的概念化）、実際に試してみる（④積極的実践）というサイクルを繰り返すことで学習効果を高められるとする。

その限界に合わせて活動すべきであって、抗ってはいけないのだ。

　これはあなたにとってどういう意味をもつかって？　新しい学習を消化し、統合し、復習する際には、適切な時間間隔を空けよう！

まとめ

　脳は、私たちの学習のための中央貯蔵庫であり、処理施設である。脳の処理過程と機能の効果を最大にするために、学習環境や学習デザインにおいて考慮すべき要素は以下の通りである。

- 身体的環境：規則正しい良質な睡眠は、記憶と学習の前提条件である。
- 認知的環境：学習効果を最大にするには、注意の拡散を最小にしよう。
- 感情的環境：学習の際には、ポジティブな感情を生み出す機会を探そう。
- 社会的環境：あなたが成長繁栄し、成功する助けとなる学習仲間を見つけ、勉強グループを作ろう。
- 学習デザイン（注意）：脳を定期的に休息させ、学習機会に集中すること。
- 学習デザイン（生成）：あなたの成長繁栄にとって最も重要なことは何かを明確にし、それに向かって学習しよう。
- 学習デザイン（感情）：あなたの学習をゲーム化し、遊び心のある楽しいものにしよう。
- 学習デザイン（時間的スペース）：新しい学習を消化し、統合し、繰り返し実践するために、十分な時間間隔をとろう。

脳を意識した成長繁栄のための学び

　あなたの大学生活は学習の機会に満ちている——自分の選んだ専門領域の勉強について、一緒に勉強している人たちについて、大学生活について、友だちについて、そして何よりも自分自身について。次章からは、あなたの成長繁栄

20　農業において肥料を増やしても一定量を超えると収穫が増えなくなる現象で、経済学では資金や労働力を増やしても生産性が頭打ちになることを指す。

を助けてくれるものについて、より深く学ぶためのアイデアや、あなたの人生に役立つことをすぐにでも実験したり学習できるツールや方略を提供する。本章の現時点での目的は、あなたが「自分の脳を乗っ取って」、本書の学習——そしてあなたが行うすべての学習——を最も効果的に行う方法を理解することである。これがあなたの大学生活と、その先の人生における成長繁栄に向かう学習の旅に役立つことを願っている。

やってみよう、考えてみよう

1. あなたのこれまでの学習経験の中で、「6車線の高速道路」のような経験や、「舗装されていないデコボコ道」のような経験はありましたか？ それらはどんな経験だったか、具体的に思い起こしてみましょう。

2. あなたがこれから取り組もうと思っている新しい学習を、できるだけ楽しく効果的なものにするにはどんな工夫をすればよいでしょうか？ 本章で学んだことをもとに具体的な実行計画を立ててみましょう。

第3章

強みを見つける

はじめに

　あなたはどういう人か、強み（strength）は何か、大切なものは何か、と尋ねられたら、すぐに答えられるだろうか？　多くの人は口ごもり、なかには何も答えられない人もいるかもしれない。しかし、自分自身をしっかりと見つめ、強みと価値観（value）を知ることは、ウェルビーイングと人生の成功にとって非常に重要である。自分の強みを知らないと、自分を伸ばせず委縮したり、逆に無理しすぎてしまうかもしれない。自分の価値観を無視すると、心に矛盾を引き起こす選択をしたり、自分のためにならない決断をしてしまうかもしれない。

　自分の強み（Linley, 2008; Niemiec, 2018）と価値観（Hayes et al., 1999; Schwartz, 2012）に気づくと、自己理解・行動・決断がうまくいくことが、研究で明らかにされている。問題は、それをどうやって知るかだ。この問いを追究するために、本章はあなたが自分の強みと人生を導く価値観を発見し、何かをするときに、それがどのようにあなたを動機づけ、あなたの行動に意味を与えるかに気づくよう誘（いざな）う。本章を読み、お勧めする活動を実行すれば、以下の3つの学習目標を達成できるだろう。

- 自分の性格の強み（character strength：キャラクターストレングス）に気づく。

- 自分の核となる価値／価値観 (core values) を特定する。
- 自分の強みと価値観をどのように活用すれば成長繁栄できるかを理解する。

あなたの強みを発揮する

「あなたの強みを発揮する」というフレーズを聞いたことがあるだろうか。自分の性格の強み——親切心、希望、勇気など、あなたを代表するポジティブな特性——、能力の強み[21] (performance strength：パフォーマンスストレングス) や、才能——絶対音感や、空間推論などの天賦の能力——に集中しているとき、あなたは強みを発揮しているのだ。性格の強みも能力の強みも両方大切だが、本章では性格の強みに焦点を当てる。性格の強みは、人の思考・気分・行動を反映する特性であり、そのバランスがとれているとき、人は繁栄 (flourish) および成長繁栄 (thrive) する (Peterson & Seligman, 2004)。強みを活用し、それを発達させることは、伝統的な弱みを克服する方法よりもよい成果をもたらすことが、研究で示唆されている (Kauffman & Scoular, 2004; Peterson & Seligman, 2004)。あなたは学校で、あるいは両親との会話の中で、自分の弱みを克服し、欠点を直すようにと繰り返し言われてきたことだろう。一方、強みのことはあまり言われなかったのではないだろうか。大人になった今でも、日常会話の中で強みについて語ったり明らかにすることはめったにないことに、あなたは気づいたかもしれない。実際のところ、自分の強みを列挙させる調査で強みを書けた人は3分の1しかいなかった (Hill, 2001, as cited in Linley & Harrington, 2006)。理由は2つある。人は自分の強みを知らないということと、自分の価値観がわかっていないということである。しかし、自分の性格の強みを認識し活用すると、ウェルビーイング (Biswas-Diener et al., 2011; Wagner, 2020)、健康 (Hausler et al., 2017)、人生に対する満足度 (Peterson et al., 2007)、レジリエンス (Martínez-Martí & Ruch, 2017) など多様な分野にポジティブな効果があると、研究結果によって示されている。それだけではなく、他者の強みを見つけることは、相手のポ

21　運動能力や学業成績など行動や成果にあらわれる強み。

ジティブな特性を理解し、よりよい人間関係を築く助けになるのだ（Green, 2019）。

▎VIA（Values in Action）

　ピーターソンとセリグマンは、約20年前に VIA を開発し、24の性格の強み
と 6 つの美徳、すなわち「道徳哲学者や宗教的思想家によって価値づけられた
中核的な徳性」（Peterson & Seligman, 2004, p. 13）、知恵と知識、勇気、人間性、
正義、節制、超越性を特定した。これらの価値観は世界共通かつ通文化的であ
り、人々の達成に寄与する性格の強みと関連している。例えば、「勇気」とい
う美徳は、異なる複数の強み──勇敢さ、忍耐力、誠実さ、熱意の組み合わせ
によって達成されるかもしれない。とはいえ、どの強みも 1 つだけが際立つこ
とはない。ピーターソンとセリグマンによれば、それぞれの美徳のグループ内
の 1 つか 2 つの強みが組み合わされると、よい性格（character）になる（Peter-
son & Seligman, 2004）。表 3 - 1 に示された美徳と強みのリストを読み、あなた
の性格の強みのトップ 5 は何かを考えてみてほしい。

表 3 - 1　美徳と性格の強み

知恵と知識	勇気	人間性	正義	節制	超越性
好奇心	勇敢さ	親切心	チームワーク	寛容さ	審美眼
向学心	忍耐力（勤勉さ）	愛情	公平さ	慎み深さ	感謝
知的柔軟性	誠実さ	社会的知性	リーダーシップ	思慮深さ	希望
大局観	熱意			自律心	ユーモア
創造性					スピリチュアリティ

出典：Peterson & Seligman（2004）

　美徳と性格の強みのリストを理解したら、あなたを特徴づけている強み（sig-
nature strength：シグネチャーストレングス）と、中程度および控えめな強みを発見
するとよいだろう。シグネチャーストレングスは、あなたという人の中核をな
し、あなたがベストな状態のときに自然と出てくるものである。一般的にシグ
ネチャーストレングスは、あなたの人生のあらゆる側面で発揮されている。そ
の点で、特定の状況や領域でのみ発揮される中程度の強みとは異なっている。
中程度の強みは、例えば勉強するときや、人との関わりの中で発揮されるが、

常に発揮されるわけではない。中程度の強みは、シグネチャーストレングスと組み合わせて活用されることもある。「向学心」が、あなたのシグネチャーストレングスで、「好奇心」があなたの中程度の強みだとしよう。「好奇心」は、あなたが何か新しいことを学ぼうとするとき、質問をしたり新たな答えを探し求める際に役立つだろう。あなたの控えめな強みは、強みのリストの下位の5つである。それらは弱みというわけではないが、ほかの強みほど自然に活性化することはない。そのため、控えめな強みを使うには、余分なエネルギーと努力が必要だ。しかし、中程度の強みと同様、あなたはそれを意図的に鍛えることができる。例えば、あなたはプレゼントや支援をしたりされたりするときに、自分のシグネチャーストレングスである「親切心」を使って、控えめな強みである「感謝」を高めることができるだろう。あるいは、もしあなたの控えめな強みが「忍耐力」であるのなら、何か有意味な目標を達成しようとするときに、意図的にそれを使うことができる。この例では、困難な状況に陥ったときに「忍耐力」を使い続けることが解決法の一つとなるだろう。

　あなたは自分の強みを特定しようとしたことがあるだろうか？　もしあるなら、それはよいスタートだ。しかし、あなたの強みを見つける別の方法もある。それはVIA性格の強み質問票の診断を受けることである。これは、自記式の質問票である。以下のリンクから無料でこの診断を受けることができる。
www.viacharacter.org[22]

　一度自分の強みを発見したら、セリグマンが提案するようにトップ5の強みを1つずつ見直し、以下の要件が当てはまるかどうかを検討してみるとよい（Seligman, 2002, p. 151）。

- 当事者意識と正統性の感覚（「これが本当の私だ」）。
- とくに最初のうち、それを発揮しているときのワクワク感。
- 強みがはじめて発揮されたときの急速な学習曲線。
- 強みを発揮するための新しい方法の継続的な学習。
- 強みの使い方を見つけることへの渇望感。

22　VIA性格の強み質問票はこのサイトから日本語で受けることができる。

- 強みを使うことが必然であるという感覚（私を止めてみて）。
- 強みを使っているとき、疲れを感じず活気に満ちる。
- 周辺にある個人的なプロジェクトを創造し、遂行する。
- 強みを使っているとき、喜び・ワクワク感・活力を感じる。

　ある強みを思い起こしてみて、これらの基準のどれか１つ以上が、あなたの心に響いたら、それは間違いなくあなたのシグネチャーストレングスだとセリグマンは言っている（Seligman, 2002）。だから、その強みをあなたの人生のさまざまな領域で意図的に使うことが望ましい。次にそれを説明しよう。

性格の強みを使う

　あなたのシグネチャーストレングスを日常生活の中で使ったり、中心的な領域を人生の中で使うことは、喜びや満足をもたらすだけではなく、あなたの繁栄および成長繁栄を助けるだろう。とはいえ、ひとつ注意すべきことがある。最近の研究によると、強みを適度に使うことはお勧めできるが、使いすぎや使わなさすぎは、マイナスの影響を生じる可能性がある（Niemiec, 2019）。人はたいてい自分の控えめな強みを使わないことが多いが、逆に中心的な強みを使わない場合もある。例えば、「忍耐力」があなたの強みの一つだと仮定しよう。これを使わなければ、問題に遭遇したとき勉強やプロジェクトをあきらめることになるかもしれない。自分の強みを知って、それを使わないこともあり得ると気づくことは、いくつかの強みを適切なときに意識的に配備する心構えをする助けになるかもしれない。一方、別の状況では強みを使いすぎる人もいる。ニーミック（Niemiec, 2019）は、「強みを過剰に使うと自分や他者にマイナスの効果をもたらす。するとそれはもはや強みとはいえず、何か別のもの——ネガティブな習慣や特性——になる」（p. 456）と言っている。例えば、「忍耐力」の使いすぎは、関わっているプロジェクトがすでに意味を失っているとわかった後も、やり続けようとするかもしれない。「向学心」の使いすぎは、いつまでたっても十分に学んだ気持ちになれなかったり、すでに学んだことを統合するための十分な時間をとらず、ひたすら新しいことを学び続けようとするかも

しれない。

■ あなたの価値観に導かれる

性格の強みとは、価値観に沿った行動をとるために用いる美徳あるいリソース（resource）であると私たちは考えている。価値観と美徳の違いの一つは、価値観は必ずしも正しいあるいは間違った意味をもっているわけではないということだ——つまりそれらはあなたにとって正しいのだ。だから、あなたの価値観とは何かを考えるとき、自分にとって大切なもの（例えば、自由、楽しみ、家族、友人、仕事、成功、利他など）を考えればいい。強みと違って、価値観のリストには終わりがない。あなたが多くの選択肢の中から選んだ価値観は、「たとえ人生があなたをどこへ導こうとも、人生の旅路において常にあなたを正しい方向に向ける助けとなる」（David, 2018）。

人は誰でも重要度の異なる多くの価値観をもっている（Schwartz, 2006）。そして、性格の強みと同様、価値観は「一部またはすべてが無意識」（Vyskocilova et al., 2015）である。よって、あなたの価値観を特定しそれを用いることは、あなたの可能性を解き放ち、より調和した意味のある人生を歩む助けとなる。自分の価値観を知ることで、一見合理的で素晴らしくみえるものの、結果として自分のためにならない「自動操縦」による判断を防ぐことができる。例えば、あなたは友だちと遊びにいくためにもっとお金を稼ごうと、週末に残業する決心をしたとする。あなたの中心的価値観の一つが「友情」であり、「お金を稼ぐ」ではない場合、あなたはお金を稼いだものの友だちと過ごす時間がなくなり、価値観の葛藤に陥るだろう。

性格の強みと同様、あなたの中核的価値観を特定し反映する助けとなる尺度をネット上で複数見つけることができる——例えば、Personal Values Assessment（PVA）、The Valued Living Questionnaire（VLO）、Schwartz's Portrait Values Questionnaire（PVO）など。人生における意味と目的については11章で詳しくふれる。

理論や学術的根拠が私たちに示すこと：要約

　ここまで、強みが私たちの人生において果たす役割に関する理論と学術的根拠を検討してきた。要約すると、覚えておくべきことは以下の通りである。

- 自分の強みに気づくことで、自分自身や、自分の行動と決定についてよりよく理解することができる。
- 性格の強みとは、人の思考・感覚・行動を反映した特性であり、バランスのとれているときは、その人を繁栄および成長繁栄させるものと定義される（Peterson & Seligman, 2004）。
- 強みを使い発達させることは、弱みを特定し克服しようとする伝統的なアプローチよりも有益である。
- 性格の強みに気づきそれを使うことは、ウェルビーイング・健康・人生満足度・レジリエンスなど広い範囲にポジティブな効果がある。
- 他者の強みを見抜くことは、その人のポジティブな特性を理解する助けとなり、よりよい関係性を築くことができる。
- あなたのシグネチャーストレングスは、自然に備わったあなたの根幹であり、あなたが最高の状態であるために不可欠なものである。
- シグネチャーストレングスをあなたの人生の中心的な領域で日常的に使うことは、あなたに喜びと満足をもたらすだけではなく、繁栄および成長繁栄の手助けとなる。
- 価値観とはあなたにとって大切なものである――それはあなたのモチベーションを高め、意思決定の指針となる信念である。

▎理論を行動に移す

　ここまで強みと価値観について学んできた。おそらくあなたは、自分自身を深く理解することが、人として成長することの根本だということに気づいたことだろう。自己認識を深めると、自分はもともと何が得意なのか、自分にとって大切なものは何か、そして自分が成長し変えたいと思う部分に気づくことが

できる。これらの知識は重要だが、それだけでは十分ではない。自分の強みと価値観を発揮して、ウェルビーイングを高め成長繁栄するためには、理論を行動に移す必要があるのだ。筋力をつけるために運動が必要なのと同様、自己認識を深めるためには、自分の強みの使い方と価値観に合わせた生活を、これまでと違ったやり方で意図的に探索したり試してみたりする必要がある。よって、本節ではその練習としていくつかの提案をする。一番説得力があると感じたものを1つ選び、実験のために時間を割いてみよう。あなたが自分の強みを使い、決断や行動が自分の価値観に合っているかを判断するとき、自分をふり返り何が起こっているのか気づくようにしよう。可能ならば自分の経験を書き記し、その行動の前・最中・後でどう感じたか、また、あなたにとってそれがどの程度簡単だったか難しかったかをふり返ってみよう。

あなたの強みを理解する

　もしVIA性格の強み質問票を受けていたら、あなたはすでに自分の強みを知っているはずだ。それをより深く理解し、日常生活の中で使うのが次のステップだ。表3-2を読み、それぞれの強みの意味を考えてほしい。

　読み終えたら、あなたの5つのシグネチャーストレングスについてしばし思いをめぐらせ、以下の課題をやってみよう。

- 何かをやっている際に、楽しみ、純粋に夢中になってエネルギーが湧いてきたときや、時が経つのを忘れるほど何かにものすごく集中したときを思い出してみよう。あなたは何をしていた？　あなたの周りで何が起こっていた？　どんな風に感じた？　忘れられない出来事を思い出し、そのときあなたが発揮していた性格の強みが何だったかを考えてみよう。

- 本当はやりたかったけれど、自信がなかったり失敗を恐れてやらなかったことを思い出してみよう。どの性格の強みがあれば実行できただろうか？　その性格の強みは、どんな風にあなたの助けになっただろうか。

- あなたが勉強・仕事・私生活の中で、すでに使っている性格の強みについ

表3-2　美徳と性格の強みの説明

美徳	強み	説明
知恵と知識 知識を用いる認知的能力の強み	好奇心	探索や発見への希求。今、経験していることへの興味
	向学心	学びに対する情熱。学ぶこと自体への希求
	知的柔軟性	合理的・論理的な選択。アイデア・意見・事実を分析的に評価する
	大局観	木だけではなく、森を見ることができる。検討すべき大きな課題があるとき、些細な部分にとらわれない
	創造性	物事を新しいやり方で行う方法を考え、独創的で、便利で、ぴったりな考えや行動を創出する
勇気 障害や困難があっても目標を達成する決意を意味する情動的能力の強み	勇敢さ	逆境・脅威・困難に立ち向かう。人気のあるなしに関わらず、目標と信念に基づいて行動することに価値を置き、避けることなく、恐怖に向き合う
	忍耐力（勤勉さ）	障害があっても自分の決定にこだわり、物事をやり遂げる——忍耐と勤勉さを含む
	誠実さ	ありのままの誠実な方法で自分を表現し、自分の気分や行動に責任をもつ
	熱意	人生に完全にコミットする——熱意・情熱・活力・エネルギーを含む
人間性 他者を助けたり守ったりする対人的な能力の強み	親切心	思いやりがあり、親切で、人にやさしい
	愛情	他者と親しい関係を築き、それを温かく純粋なやり方で支えていく度合い
	社会的知性	自分と他者の動機や気分に気づく
正義 正義と健康的な共生を促進する市民としての強み	チームワーク、市民性、忠誠心	公共の利益に対する共鳴と義務の感覚をもつ——社会的責任、忠誠心、チームワークを含む
	公平さ、平等性、正義	人々を公正に扱う——他者に対する判断が個人的な気分のバイアスを受けない
	リーダーシップ	物事を成し遂げるために、組織内でよい人間関係を保ちつつ、集団を組織化し鼓舞する傾向
節制 節度を保つ強み	寛容さ・慈しみ	自分たちを不当に扱ったり傷つけたりする人に対して理解を示す——許しと慈しみを与える。他者の欠点・弱点・不完全さを受け入れ、2度目（あるいは3度目）のチャンスを与えることを含む
	慎み深さ・謙虚さ	自分の成果を正確に評価する
	思慮深さ	自分の選択に注意を払い、実行する前に立ち止まり考える
	自律心	自分の欲望や感情をコントロールし、行動を調整する
超越性 より広い世界とのつながりを創造し、意味の発見を手助けする強み	審美眼	自然、美術、数学、科学、日々の経験など、人生のあらゆる分野の美しいもの、優れたもの、卓越したパフォーマンスに気づき、それを味わう
	感謝	人生の中で深い感謝の念を感じ、表現する。特に他者に対する心からの感謝を表明することに時間をとる
	希望	未来に対してポジティブな期待をもつ——楽観的な思考と、来るべきよいことに集中することを含む
	ユーモア	状況の中で面白いことに気づき、他者に対して物事の明るい面を示すことができる
	スピリチュアリティ	意味、目的、人生における使命、宇宙に対する信念、美徳や仁徳の発揮、卓越したものとつながる行動

出典：VIA研究所の記述より。www.viacharacter.org/character-strengths/appreciation-of-beauty-and-excellence

て考えてみよう。いくつかの具体例を出してみよう。

- あなたのシグネチャーストレングスを勉強・仕事・生活の中でもっと頻繁に使うことを想像してみよう。それぞれの強みを伸ばしていくためにはどうしたらよいか、実行計画の概要を書いてみよう。

▌あなたの強みを使う

さて、あなたは自分の強みを理解し、それらを活用することのメリットを知った。次は、日常的にそれを展開する機会を見つけることだ。あなたのトップの強みを1つか2つ選び、日常的に実行できる行動を決めるというシンプルな実践をしてみよう。例えば、私のトップの強みは、「審美眼」と「好奇心」だ。幸いなことに、私はさまざまな建築スタイルと興味深い場所に満ちあふれたロンドンに住んでいる。私は日課の散歩で色々な道を通って新しい場所を発見し、建物や場所の美しさを楽しむようにしている。

もう一つの方法は、「新しい方法で強みを使う」ことだ。あなたのトップの強みを1つ選び、新しい方法で使うことを考え、最低1週間続けるだけでいい。例えば、あなたの主たる強みの1つが「忍耐力」だと仮定しよう。次のうち、どれか1つを選ぶといい。

1. 有意味で魅力的だと思っていながら、時間がなくて放置している課題を1つ選んで、それを適切な期間内にやりとげる計画を立ててみよう。

2. 健康に関する目標（例：毎日ウォーキングする、1日に5皿の野菜と果物を摂る）を1つ立て、最低でも2か月間実行しよう。ロンドン大学（UCL）の健康心理学者が行った調査によると、新しい行動を習慣化するには約2か月、正確にいうと66日かかることがわかっている（Lally et al., 2010）。

3. 植物の種を蒔いて、元気に育つように世話をしてみよう。

このリストのほかにどんな選択肢が考えられるだろうか？　あなたの性格の強みを使うために、ほかにも何かやってみよう。もし、さらにアイデアが必要

なら、「VIA を使う340通りの方法」(Rashid & Anjum, 2011) の中にさまざまな提案が示されている。

あなたの控えめな強みを育てる

　あなたの控えめな強みも同様に、素晴らしい成長の可能性をもっている。シグネチャーストレングスと比べると、控えめな強みを活用するには努力と思考が必要だ。しかし、やるだけの価値はある。あなたが活用したいと思う強みを選び、日常の課題に適用するか、一回限りの機会に活用してみよう。例えば、あなたが「親切心」を選んだとしよう。あなたは外出できないご近所さんのために、自分の買い物のついでにその人が注文した食料品を受け取ってもよいだろう。これはちょっとした親切行動だ。あるいは、とくに理由がなくても誰かにお花や小さなプレゼントを贈ってみる。どんな行動を選んだにせよ、自分の気分にどんな変化が起こるのか気をつけてみよう。

他者の強みに気づく

　あなたが自分の性格の強みについて知識と理解を深めたら、他者の強みを見つけることも考えてみよう。他者の弱みや不完全さを見つけることは簡単だ。一方、強みを見つけることはふだんあまりしないだろうが、とても有益だ。どうやったら見つけられるだろう？　クラスメートや一緒に勉強や仕事をしている人と次に会うとき、その人の一番いいところを探すように心がけよう。その人の一番得意なことは何だろう？　その人を特別な存在にしている性格の強みは何だろう？　その人の強みを１つか２つ見つけたら、それを伝えるか、強みを評価したメモを渡して共有しよう。例えば、「あなたの話から、あなたの強みの一つは「誠実さ」だと思います」と伝える。可能であれば会話を続けて、その人の同意（または不同意）を得て、その理由を説明してみよう。

あなたの価値観を考える

　あなたの価値観を特定するために、VIA 性格の強み質問票をはじめ、いくつかの質問票に回答したかもしれない。次はその結果を実践に結びつける練習

をしてみよう。

- あなたの「至高の瞬間」を３つ思い出してみよう——すべてが完璧で自分が満たされ、深くつながっていると感じた３つの瞬間を。できる限り詳しく思い出し、細部まで探索してみよう。あなたはどこにいた？　何が起こった？　そこに誰がいた？　何がその経験を特別で意味があるものにした？　何がポジティブな気分をもたらした？　最後に、この経験を至高のものにしているのはどのような価値観だろうか？　自分でリストを書くか、質問票で特定された価値観の中から１つ以上の価値観を選んでみよう。

- あなたが委縮し絶望した３つの出来事を思い出してみよう——すべてが阻まれ、人生がフラストレーションに満ちていると感じられた瞬間を。あなたはどこにいた？　何が起こった？　そこに誰がいた？　何がその経験を不満足で落胆するものにした？　何がネガティブな気分をもたらした？最後に、その経験の中で足りていなかった価値観は何だっただろう？

- 次に、あなたの価値観を３つ考えてみよう——自分にとって最も大切だと感じている３つの価値観である。それぞれについて以下の質問に答えてみよう。
    ①なぜ、この価値観があなたにとって大切だと思うのか。
    ②どんなときにこの価値観が発揮されると思うのか。１つか２つ、具体例を考えよう。
    ③この価値観があなたやほかの人によって尊重されていないとき、どんな風に感じるだろうか？　例を１つあげ、そのときのあなたの思考・感情・行動について、説明しよう。

- 最後にぜひお勧めしたいのは、あなたが自分の価値観に基づいた生活をどの程度しているかをチェックすることだ。あなたのトップ５の価値観を選び、１はその価値観を生活の中で全く活かしていない、10は完全に活かしているとして、10段階で評定してみよう。次に、このうち評定が７以下の価値観について検討してみよう。点数を上げるために何ができるだろう

か？　数日以内に起こせる、得点を上げるような行動はあるだろうか？

おわりに

　大学生になるということは、ワクワクするとともに困難も伴うユニークな経験である。大学生として、あなたは新しい友だちと出会う機会、自分の将来の希望を叶えるための教育を受ける機会、批判的思考力やコミュニケーションのスキルを高める機会、クラブやその他の活動に参加してさまざまな経験を積む機会を得るだろう。しかし同時に、新しい生活への適応や、ホームシック、友だちをつくることに困難を感じたり、学業に重圧を感じたり、上手に時間管理をすることに難しさを感じるなどの課題に直面するかもしれない。あなたの強みを発揮することは、チャンスを活かすときにも、困難に対処するときにも役立つだろう。それらに遭遇するたび、自分に問いかけてほしい。「この機会を活かす、または困難を乗り越えるために最も役立つ自分の強みは何だろう」と。同様のことは、あなたの価値観についてもいえる。あなたの経験や行動は、自分の価値観と矛盾していないだろうか。あなたが行き詰まったり、退屈したり、精神的に参っているときは、そうした状態にあるのかもしれない。そういうことが起こったとき、何かが自分の中核的な価値観と合っていないのではないかと自問自答するといい。もしそうなら、状況を再検討し、あなたの価値観にコミットできるよう目的を設定しなおそう。

　あなたの強みと価値観を実現することは、あなたを成長繁栄させ、人生に意味を与える。大学生活は自分の強みを知り、価値観をより深く理解するための多くの機会を、あなたに提供するはずだ。あなたが成長繁栄するだけではなく、あなたの周りの人たちや、あなたを取り巻くコミュニティも利益を受けることができる。だから、あなたが可能な限り自分の強みを活用し、価値観を尊重できているかを検討することは、時間をかけるだけの価値がある。

やってみよう、考えてみよう

1．本章の24ページで紹介されている、VIA 性格の強み質問票（VIA-IS）を実際に受けてみましょう。回答には約20分必要で、途中で中断できないので、時間の余裕のあるときに落ち着いた場所で行うとよいでしょう。

2．1で、自分のシグネチャーストレングスがわかったら、本章の25ページを参考に、実際にそれを使ってみましょう。その結果、何か気づいたことがあったらそれを書き留め、周囲の人と共有し、話し合ってみましょう。

3．あなたの周囲の人を観察し、その人の強みを見つけましょう。機会があればそれを本人に伝えましょう。

第**4**章
希望をもつ

はじめに

　希望をもてだって？　冗談を言っているんでしょう？　今の世の中をみてから言ってよ。希望をもつことがどれだけ役に立つと言うの？　でも、一瞬でいいから、私の言う通りに思い出してみて欲しい——あなたが自分にとって本当に大事な目標に対して希望をもっていたときのことを。大学入学に希望をもっていたときかもしれない。そのときの経験を思い出し、どんなふうに感じたか、そして、希望をもった結果としてどんな行動をとったか考えてみてほしい。私は最初の授業で学生たちにこの問いかけをしている。希望が私たちにどんな利益をもたらすのかを考えるためだ。学生たちには、これまで希望をもったことがない人に自分がもっていた希望について語るとしたらどう語るのかを想像してもらう。図4-1にあるのが、学生たちが希望について語るときに使った言葉である。

　よくみると、忍耐（perseverance）や絶望（despair）、損失（loss）といった言葉もある。学生たちは希望について地に足のついた経験をしている——すべてが「バラ色」の経験ではないのだ。学生たちが個人的経験を思い出すとき——それは教科書的なことではなくて、本人のリアルな体験だ。希望をもつことは自分が必死にもがいているときの支えとなり、未来に向かう推進力や、可能性を

図4-1　学生たちが希望について説明するときに使う言葉

感じるパワーの源になると、彼らは深く理解している。

　この章では、科学的な根拠を紐解くことで希望をもつ経験を強化し、さらに大学生活とその後の人生を成長繁栄（thrive）させるために希望を育む戦略を紹介していく。

　この章を読み終える頃には、以下のことができているだろう。

- 希望があなたの目標達成を支えてくれることを理解する。
- モチベーション、忍耐力、ウェルビーイングを増強するために希望がもたらす未開発のエネルギーを認識する。
- 創造的かつ発散的思考[23]を構築する戦略を見つける。
- 希望がもつパワーを利用して、あなたにとって大事な目標に向かう道のりをデザインする。

23　与えられた条件から多種多様な発想を生み出す思考のこと。問題把握のときは事実を、問題解決のときはアイデアを出すのに用いられる（日本創造学会のHPより）。

希望：学術的根拠

　残念なことに、希望は誤解されることがよくある。希望的観測のことである
とか、「盲目的な楽観主義」のことで、なんとかなるだろう的なものだと理解
されているのだ。ここではっきり言っておくが、希望は楽しいスポーツ観戦で
はない！　実際のところ、希望とは私たちが思っているよりも、はるかに行動
を伴ったものであることが多くの研究からわかっている。希望は達成したい具
体的な目標に直結していて、単にポジティブな未来を信じていることとは違う
のだ。この一般的な考えは楽観主義の反映であって、希望という概念に関連は
あるものの明確に異なる（Gallagher & Lopez, 2009）。

　これ以上先に進む前に、この 2 つの違いを明確にしておこう。楽観主義も希
望もどちらもポジティブな未来への期待を含んでいる。しかし、楽観主義は期
待する未来を作り出す能力が私たちにあることを必ずしも反映していない。そ
れゆえに、楽観主義は私たちがほとんど個人的にコントロールできない分野に
関連しているといわれる（Gallagher & Lopez, 2009）。楽観主義と比較すると、希
望は自分に何ができるか、目標達成のために率先して行動を起こせる（self-ini-
tiated actions）ことに焦点を当てている（Alarcon et al., 2013）。今ある学術的根拠
が示すところでは、希望があることでレジリエンスが生じたり、ポジティブに
取り組めたりする。希望をもちすぎて困ることを実証する研究はほとんどない
（Snyder, Rand et al., 2002）。

▌希望理論とは何か

　希望については、多様な分野でそれぞれ異なる概念化がされているが、過去
40 年の間では、リック・シュナイダーら（Snyder, Harris et al., 1991）が提唱する
理論が最も広く受け入れられている。希望理論は、人間はもともと目標達成に
向けて行動していくものであるという理解のうえに成り立っている。希望はそ
の実行段階で最善を尽くそうという考えに反映されている（Snyder, 2002）。し
たがって、希望とは望む目標に到達する能力があると信じること（ウィルパワ

ー）からモチベーションが大きく高まっている状態であり、そのための行動計
画（ウェイパワー）（Snyder, Irving et al., 1991）を伴っている。言い換えると次の
ように要約できる。

　　　希望＝ウィルパワー＋ウェイパワー

■ 希望：ウィル（意志）とウェイ（計画）

　希望に備わるウィルパワーは、目標に向かって進んでいき、困難な場面でも
粘り強く頑張れるという感覚によって増強される。希望を高くもっている人は、
困難な場面で落胆するのではなくて、逆にウィルパワーが高まってエネルギッ
シュに粘り強く対応することが研究で明らかになっている（Snyder, Rand et al.,
2002）。しかし、ウィルパワーだけでは十分でない。目標達成のために高いモ
チベーションをもっていても明確な戦略なしにいたら（これこそ一般的に考えられ
ている希望であるが）、どうだろうか。ここにウェイパワーが登場する。ウェイ
パワーは目標達成をするためにさまざまな方法を考えるパスウェイ思考をする[24]
ことで増強される。どのような可能性があるのか創造力をもって多角的に考え
る視点を与え、目標達成に近づくために必要な資源（リソース）を利用できる。
これは目標に向かって進むうえで、しばしば現れる障害を克服するための鍵と
なる。ウィルパワーとウェイパワーが組み合わさることで、目標に向かうエネ
ルギーが醸成され、迅速かつ柔軟な思考ができるようになる。その結果、対応
力が増し、変化や成長を促進することが可能になるのだ（Snyder, 2002）。

■ どんな利益があるか

　一般的に高い希望をもっている人はエネルギッシュで他人と比べることがな
く、自分自身のスタンダードがあって、それに基づいた明確な目標をもってい
る。彼らは困難や障害を挑戦であると捉えて、まさかの時の備えによって克服

24　目標達成までの道のりを考え出す能力があると信じること（Snyder, C. R. (1996). To hope, to
　　lose, and to hope again, *Journal of Personal and Interpersonal Loss, 1*(1), 1-16, https://doi.
　　org/10.1080/15325029608415455)。

していく（Chang, 1998; Gallagher et al., 2017; Lopez, 2013; Snyder, 2002）。この点については幅広い分野で研究がなされているが、興味深いことに希望は次のようなポジティブな結果を生み出すことがわかっている。

- 学業成績を上げる（Marques et al., 2017）
- 退学率を下げる（Gallagher et al., 2017）
- さまざまな業績分野での目標達成を可能にする（Feldman et al., 2009）
- 人生の困難な体験を和らげる（Valle et al., 2006）
- 自尊感情を高め、落ち込む気持ちを緩和する（Snyder et al., 1997）

　研究によると、これらの利益は大学生活だけでなく、職場でも効果を上げることがわかっている。メタ分析によれば、高い希望をもつことはポジティブな結果、例えば、職場でのパフォーマンスや仕事への満足感、コミットメントやウェルビーイングの向上につながる（Reichard et al., 2013）。だから、自分の希望構築力（hope-building skills）を上げることによって、今後何年にもわたりポジティブな効果を感じることができるだろう！

　これまで説明したように希望は多くのポジティブな結果をもたらすことから、希望の価値を資源（リソース）として捉えることができる（資源保護理論（Conservation of Resources Theory：COR）; Hobfoll, 1998）。COR によると、適切な個人的資源──例えば、スキルや社会的ネットワーク、自由にできる時間──などをもつことは、本人のウェルビーイングを高めるといわれている。希望はそれ自体が心理学的なリソースであるが、ほかのリソースの獲得を促進するわけだ（Hobfoll, 2002）。要約すると、希望は私たちの思考を広げ、自己内外のリソースを活用させる。それによって忍耐力が増して、大学入学や卒業という移行期におけるチャレンジを和らげてくれる。

　希望のような心理学的リソースは有限であるがゆえに、状況が悪化しすぎる

25　私たちは時間や集中力、身体的エネルギーなどのリソースを駆使して任務を完了しようとするが、それらは休息によって補充されストレスを軽減するとされている（Kim, S., Park, Y., & Niu, Q. (2017). Micro-break activities at work to recover from daily work demands. *Journal of Organizational Behavior*, *38*(1), 28-44, https://doi.org/10.1002/job.2109）。

と消えてなくなるかもしれないという懸念がある。しかし最近の研究によると希望については、そうではないことが示唆されている。大学生のレジリエンスに関する7つの適応要素について調べた研究では、希望だけが（強みの活用、グリット、自己の信念をコントロールすることよりも）今後のレジリエンスを予測できる特質で、とりわけ不確実なことに対して対応力があることがわかった（Goodman et al., 2017）。まさに希望こそが不安定（volatility）・不確実（uncertainty）・複雑（complexity）・曖昧（ambiguity）な世界に立ち向かう中で、鍵となる概念であることを示している。

研究結果の要約

- 希望とは単なる希望的観測以上のものである。それは目標達成に向けて努力できると信じること（ウィルパワー）と、そこに到達するための計画を立てること（ウェイパワー）の組み合わせである。それによって、ゴールを目指すエネルギーが作り出され、困難な状況に立ち向かう忍耐力が高まるのだ。

- 希望を高くもつ学生は学内で幅広くポジティブな成果を上げる。モチベーションとウェルビーイングが高まり、成績が上がり、自分のスタンダードに基づいた目標を設定できる。

- 希望自体がリソースともいえるが、成長繁栄するためのほかのリソースを獲得する際にも役立つ。

- 希望は、不確実なものや困難に立ち向かうときに私たちを守ってくれる。とりわけ、大学入学や卒業などの移行期において役に立つ。

行動に移す：ウィルパワーとウェイパワーを構築する

幼少期の経験から「生まれつき」希望をもちやすい人もいるが、研究によれ

26　グリット（GRIT）とは闘志（Guts）、粘り強さ（Resilience）、自発性（Initiative）、執念（Tenacity）の略でやり抜く力のこと。アンジェラ・ダックワース（Angela Duckworth）が提唱した。

ば、希望は大人になってからでも開発できるとされている（Feldman & Dreher, 2012; Pedrotti et al., 2008; Weis & Speridakos, 2011）。希望は一時的な経験として存在しうること（Martin-Krumm et al., 2015）、希望的思考は生きていくうえで具体的な場面、例えば教育やスポーツ、仕事などに活かされること（Magyar-Moe & Lopez, 2015; Snyder, Feldman et al., 2002）もわかっている。本節では希望をもてるようになるために、具体的に何をすればよいのかについて説明する。

- ウィルパワー：行動に移すために「モチベーション筋」を鍛える。
- ウェイパワー：発散的で創造的なパスウェイ思考を開発して、あなたの将来をデザインしていく。

これらの実践をすることで、希望に火が付くための基礎を作っていると考えてみてはどうだろう。この節の最後の演習は、上記のパワーを最大限に活用して、あなたの心に点火することだ。「実践」という言葉をここでは意図的に使っているが、これは一度きりの努力とは異なる。希望を実践する力を意図的に鍛えていくことで、一時的な体験から継続的なリソースの1つとして希望をもてるようになるのだ。

ウィルパワー（エージェンシー[27]）

通常、目標設定の際に大事なのは、達成することがどれくらい具体的で明確か（第5章参照）、また達成したいというウィルパワーがあるかだ。ウィルパワーのみに頼って目標を達成しようとすると、自制心が働かなくなり、希望を開発することで活性化される心理的な影響を無視してしまうことにもなる。人類固有の特性の一つに予見——可能性のあるさまざまな未来を細部に至るまで想像して見通す力——がある（Seligman, 2018）。じつはエージェンシー思考[28]とは未来を想像して複数のシミュレーションをし、そこから一つに決めることとして

27　学習者が複雑で不確かな世界を歩んでいく力のことであり、自らの教育や生活全体、社会参画を通じて、人々や物事、環境がよりよいものになるように影響を与える力のこと（溝口慎一（2020）『社会に生きる個性——自己と他者・拡張的パーソナリティ・エージェンシー』東信堂）。
28　私たちには希望する未来に向けて進む意志・自信・能力などがあり、達成するまで努力を続けられるという考え方。

概念化される（Seligman, 2018）。これはモチベーションを作り出すエネルギーとなり、推進力となる。この後の演習では、このモチベーションについてさらに探究していく。

▌ 未来予測：希望のムードボード[29]を作る

シェイン・ロペスは希望理論を推進する学者の一人であるが、とりわけ教育現場において希望理論を実践的に活用することに長けていた。彼は希望の予見的な側面を含む未来予測（*future-casting*）という新語を編み出した（Lopez, 2013）。未来予測とは、エージェンシー思考を開発するために、未来にいる自分をイメージしてみることだ。そうすることで希望と楽観主義の関係性が活性化し、モチベーションが上がる。なぜならば、望む未来と今の行動や態度の直接的な関係がわかれば、努力やコミットメントが強くなるからだ。次の演習はローラ・キング（King, 2001）の「最高の自分」（best possible self）を応用したものだが、楽観主義を活性化することが研究からわかっている（Carrillo et al., 2019）。

1．静かな場所と時間を確保して、15分間、静かに内省する時間を設ける。これは今の自分と自分の将来のための投資なので、環境をきちんと整えよう。

2．下の指示を使いながら、目を閉じて5分間、未来の自分をイメージする。

> 将来の自分を想像してみよう。どれくらい先のことかはあなたが決める。1年後、5年後、10年後……何年後でも構わない。その日、あなたはエネルギーに満ちていて成長繁栄している。あなたが努力したお陰で、人生の目標を達成できている。あなたの可能性が花開き、夢が叶っている。人生でどういうことが起きたらよいのか、そのためにはどのような決断をすればよいのかが明確になっている。

3．できる限り生き生きと細部にわたって想像してみる。あなたは何をしているのか？　どこにいるのか？　誰と一緒にいるのか？　どのように感じているか？　五感を駆使すること。もし、ビジョンを実現することを

29　デザインの分野でよく使われる手法で、アイデアを画面や紙面にコラージュするもの。

妨げるものがあると気づいたときは、ただそれに取り組む時間があることを認めて再びイマジネーションの世界に戻り、何が可能なのかを想像してみる。

4．次の10分間は想像したことを日記に詳細に記述する。あなたが想像したことが一番表現しやすい形式を使い、自由に思いつくままに書いたり、絵を描いたり、マインドマップ[30]を作ったりするのもよいだろう。どのような形式でも構わない。大事なのは10分間続けてみることだ。それによってすぐに浮かんだものだけでなくて、心の深いところにある詳細なものに近づくことができる。それらは、今は関係のないことに思えても、未来をデザインするうえで大事な要素になることがある。

5．最後のステップは、この想像した未来で感じたエッセンスを表す自分だけのムードボードを作ることだ。モチベーションを高めるために頻繁に使われるビジョンボード[31]は、具体的な結果に固執しすぎており、制限されている。それよりも、あなたを刺激してくれるアイデアを集めてそれらを見える形にしてみよう。「何」があなたをやる気にさせるかよりも、「どのように」や「なぜ」気分を高めてくれるのかに集中する。こうすることで想像する未来へつながるさまざまなパスウェイ（道筋）への扉を開けることができる。

■ ウェイパワー（パスウェイ）

この見出しからもわかるように、いよいよパスウェイ思考を強力に組み合わせて希望を高める時がやって来た。これまでの「リバースエンジニアリング」[32]や「逆マッピング」[33]的なアプローチで目標達成を計画することのデメリットは、

30　頭の中で考えているアイデアや思考などを、中心となる概念から分岐する形で描写していく図のこと。
31　自分が将来なりたいイメージに近い写真・イラスト・言葉などを用紙やボードに貼り付けたもの。
32　人工物や加工品から、その製造過程におけるノウハウや知識を抽出するプロセスのこと。
33　教育者が学びの体験をデザインする際に使うテクニックであり、具体的な学習目標を達成するために、授業科目における学生の到達目標を決めてから、授業の中身を構築すること。

正解が一つしかないという考えに基づいていることだ。しかし、発散的思考ができるようになると、アイデア間の意外な関係性がわかり、問題解決のための斬新なアプローチができるようになる（Grant, 2016）。発散的思考ではいろいろな方向から物事を考えるので、現実に役立つ道筋を幅広く考えられるようになる（Nusbaum & Silvia, 2011）。発散的思考は創造的思考の同義語だと思われがちだが、じつは創造的プロセスの一部にすぎず、問題解決・観念化・創造力などと結び付きがある（Nusbaum & Silvia, 2011; Runco & Acar, 2012）。希望をもつことにつながるパスウェイ思考の前提でもある。

●演習 4−1 ●

計画を準備する

　意思決定においては、偶発的（例：もしこれが起きたら、〇〇をしよう）、もしくは収束的（選択肢を分析・評価する）なプロセスが現状では広く推奨されているが、ここでの私たちの課題はどのような可能性にもオープンでいることだ。発散的思考力を高めようとパスウェイを計画する前に、次の初心者向けの演習をしてみてはどうだろうか。

- クリップをどのように活用できるか、できるだけ多くの使い道を 3 分間で考えてみよう。発想が止まってしまうこともあるかもしれないが、それをやり過ごして 3 分間をフルに活用すること。
- 発想が止まったときにどのような方法でそれをやり過ごしたか、当たり前の使い方が新しいアイデアを出す邪魔をするときにどう対処したか、その他アイデアが浮かばなくなったときにどのような気持ちになったかについてふり返る。

　この初心者向け演習をグループで実施した場合はどうだったか？　出されたアイデアの質と量は同じだっただろうか？　この演習を数千名の参加者と実施したところ、グループでアイデア出しをした方が毎回より多くのアイデアが生まれた。もちろん、量が多いほど質がよいとは限らない。しかし、アイデア間の関連性や違いをみることで斬新な問題解決につながる。グループでアイデアを出すときには、相乗効果や見方の違いから閃きが生まれ、私たちの想像力に火を付ける。

　これまでの多くの研究結果から、希望がもつ社会的な側面へ目を向けること

が求められている。例えばリーとギャラハー（Lee & Gallagher, 2018）によると、希望を高くもつ人ほど自分たちの目標達成のために他者のサポートを求めるという。同時に他者の目標達成もサポートし、お互いに社会的なつながりを強めることになる。次の実践はこの点をふり返るために作られたもので、あなたがもつ社会的つながりの中にある知恵を活用して希望を高める。

協働ラボを作る

協働やコミュニティーを創り出すグループには、いろいろな呼び方がある。知恵のサークル、マスターマインド・グループ[34]、個人的重役会など。その中でも希望をもつという意図を最もうまく表現しているのが協働ラボ（ColLab: collaboration lab）である。これは協働の重要性を表すとともに、パスウェイ思考の開発の助けとなる相互作用を実験的に試す場という意味である。

1. 協働ラボを作るには、考え方の違う人を意識的に含めることによって発散的思考への閃きや創造力を高めることができる。と同時に、あなたと似たような願望や価値観をもつ人も含めること。自分の知っている人から2つの名簿を作る（自分の周りにいる人だけに限らない）。1つの名簿は考え方が異なる人たちで、もう片方は価値観が似ている人たちの名簿。その名簿に載るのはどのような人たちなのか、発想を大きくして考えてみよう。実際にその人たちを招待する必要はない。この過程であなたにとって大事な考え方や価値観がわかる。

2. どちらの名簿にも登場する人のリストを作る。あるいは両方の名簿から協働ラボに呼ぶ人をバランスよく選ぶ。

3. 選んだ人たちを試しに協働ラボに呼んでみる。それほど高くない目標を選び、具体的なパスウェイについて一緒にブレインストーミング[35]をして

34　2人以上の人が集まり、共通の目標を達成するグループのこと。
35　複数人が自由闊達に意見を出し合うこと。他者の考えから連鎖反応的に起きて、1人では考えつかないアイデアが生まれることがある。

みる。これによってその人たちが協働ラボにフィットするか、プロセスが合っているのかもチェックできる。そして自分だけでなくて、その協働メンバーにとって希望が生まれるチャンスを最大化するには、どのような基本原則が必要かを試すことができる。

希望の物語地図をデザインする

さて、今や希望をもつためのウィルパワーとウェイパワーを構築する方法が身についた！　希望とはモチベーションに関係するダイナミックなシステムであり、ウィルパワーとウェイパワーの相互作用によって希望が生まれることを思い出そう。最後の演習では、自分にとって大事な目標に向かう地図を描くことで希望のもつパワーを最大限に解き放とう。この方法は、希望を育成するには認知的で物語的なアプローチが効果を上げるという研究に基づいている（Cheavens et al., 2006; Hedtke, 2014; Lopez et al., 2000）。シェイン・ロペスの希望地図のテクニックとジョセフ・キャンベルの提唱した物語の原型である英雄の旅（Hero's Journey）[36]を組み合わせたもので、変化のプロセスを地図のように描

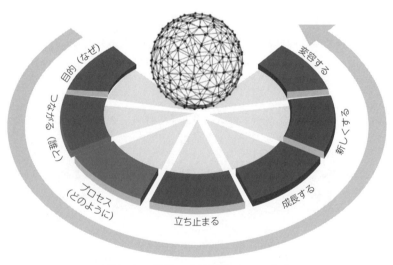

図 4 - 2　希望への羅針盤（コンパス）

くのが効果的であるとされている（Williams, 2019）。この演習では、以下の問い
かけに対して物語ボードを作成していく。地図を描くのに正解はない。この後
に出てくる質問に答えていくだけだ。図 4 - 2 はあなたのプロセスを導くコン
パスである。矢印に従って進むこともできるし、「横やり」が入り後退や再確
認する必要があるかもしれない。このプロセスに沿って、それぞれのつながり
や希望のもつエネルギーについて描いていくことを忘れないように。

　勇敢な旅に出る前に、持ち物を点検しておこう。今回は「軽いがインパクト
がある」装備で出かけよう。旅に役立ちそうな自分の強みや価値観（第 3 章参
照）を思い出そう。それらを旅の道連れにするために、書き出しておこう。

▌なぜ？

　自分の価値観や目的に合致した目標を立てるときこそ、ウィルパワーを充電
するチャンスだ。この目的意識、もしくはなぜ？と問いかける力（whypower）
は、限られたリソースの使い道を決め、段取りを立てる指針として働き、粘り
強さを高めるエネルギーとモチベーションをもたらす（Mascaro & Rosen, 2005;
McKnight & Kashdan, 2009）。最初のステップでは、そもそもなぜこの旅をする
のかをふり返ってみよう。具体的な結果を求めるよりも、そうすることで、自
分がデザインするパスウェイがより柔軟なものになる。本来の目的に近づくた
めに、希望する目標を書いてみよう。これはキーズ（Keyes, 2011）によると、
「達成することへのゆるがぬ決意の特質であり……才能を駆使し、深い自尊心
や効力感をもたらし、公共の利益（common good）におおいに貢献するもの」
（p. 286）だ。つまり、冒険への呼びかけなのだ！

▌誰？

　次に旅の案内をしてくれるメンターを選ぼう。誰の知恵を活用できるだろう
か？　あなたより前に似たような道をたどったのは誰か？　あるいはあなたの
中の希望を湧きあがらせてくれるのは誰か？　彼らに聞きたい質問を書いてお

36　米国の神話学者ジョセフ・キャンベルは世界中の神話に登場する数々の英雄伝説を研究した結果、
　　共通した一連の流れがあることを発見した。

こう。

どのように？

ここで物語がとても面白くなる。「自分自身の冒険を選ぶ」ときが来たのだ！　行きたい場所に到達するために、少なくとも3つの異なるあらすじを書いてみよう。これはメンターと一緒にしてみてもよいし、自分の前に旅した人に刺激を受けるかもしれない。物語の展開に一切の限界はないのでクリエイティブに書いてみよう。

グラウンディング

もちろんどれだけよい物語でも困難に立ち向かう場面はあるし、勇敢な旅の足止めになるものがある。そのときには盲目的な楽観主義ではなくて、希望へと向かう地に足の着いたアプローチをすることだ。それぞれの物語のあらすじには、英雄が遭遇するであろう「ドラゴン」や障害についても書こう。

成長する

物語を前に進めるには、「ドラゴン」を退治するのに役立つスキルやリソースについて考える必要がある。この挑戦の中で成長することは、これまで固執していたものを手放すことを意味するかもしれない。そのことが成長のチャンスになり、どう物語を変えていくか、湧き出るアイデアを書き留めておこう。

新しくする

物語のこのあたりで英雄は大きな挫折を体験し、しばしば疲れを感じ落胆している。目的地までの道のりに待ち構えている最後の「大試練」に立ち向かうためには、旅の途中で休憩し、エネルギーを補充したり、蓄えを使ったりすることが大事だ。ここでは、何が自分のエネルギーを新しくしてくれるのかを考え、物語のあらすじにその方法を書いてみる。メンターに戻って来てもらうことかもしれないし、自分一人でふり返りをすることかもしれない。

▍変容する

　旅の最終章で英雄は目的地に到着するが、前もって決めていた場所とは違う場所かもしれない。偉大な物語に共通するのは、不可能が可能になると新たに気づくことと、その旅の間に自己変容が起きることだ。物語ボードにこの部分を書くのはまだできないかもしれないが、トンボのシンボルに刺激を受けて、自分がどのように変容するのか考えてみるとよいだろう。世界中のあらゆるところで、トンボは変化・変容・順応性・自己実現などのシンボルとされている。旅を通じて得られる精神面と感情面の成長こそが変容の源である。トンボは何世紀にもわたり、希望・幸福・新しい始まり・変化などのシンボルである。

おわりに

　物語はここで終わらない。どんな素晴らしい物語も、次の大冒険への種まきにすぎないからだ。高校から大学への移行はかなりのストレスを作り出すもの（Pritchard et al., 2007）だが、希望をもつことが超多忙な大学生活の中で自分を守ってくれる（Davidson et al., 2012）。人生において希望を育成する投資をすることは、大学で成長繁栄するためのリソースシステムを構築するチャンスだ。加えて、自分以外の人に希望をもたらすこともできる。この旅についてもっと詳しく知りたい場合は、Hope Lab で検索してみよう。

　世界はあなたの希望の物語を必要としている。希望に満ちたリーダーたちのコミュニティーを作ることができたら、世界は今と比べてどう変わるだろうか。彼らは地球上のあちこちに希望のさざ波を引き起こす。その波は今日あなたから始まるのかもしれない。

やってみよう、考えてみよう

　本章の45ページを参考に、プロジェクトを計画・実行するための協働ラボを作ってみましょう。何か違いが感じられたかどうか、グループ内で感想を互いに共有しましょう。

第5章

できることに集中する

はじめに

　人は成長繁栄（thrive）するために生まれる。私たちは、自分の生活を豊かにすると信じるものは何でも切望する。私たちが切望するものの中には、捉えどころのないものもあるが、私たちの挑戦を止めるものではない。私たちは望むことを達成するためにどうすればよいのか？　この問いは2つのことを思い起こさせる。選択と夢だ。選択については、自分にとって本当に意味のあるものを選択する権利は誰にでもある、と私は信じている。夢については、「目標のない夢は願いごとにすぎず、計画のない目標はただの夢だ」（出所不明）という諺は、何かを望むだけでは必ずしも十分ではないという考え方を補強している。

　人間は過去・現在・未来という、時間に関連づけて自分自身を考えることができる。私たちは、自分が現在と将来に何を求め、何を望むのか考え、大志と夢の実現に向けて計画を立て、行動を起こすことができる。目標をもつことで、人は自分の人生を選択した方向に向け、将来への道をコントロールできるようになる。さらに、自分たちの考えや感情、行動を理解するのにも役立つ。

　本章では、目標設定と目標達成に関する理論を、研究結果とともに紹介し、以下のことを学んでいく。

　• さまざまなタイプの目標について知る。

- 目標達成の支えになるであろう要因を理解する。
- 目標設定と目標達成についての異なる視点を探る。
- 目標をもち、モチベーションを上げるための戦略を学ぶ。

すべてが始まるところ

「千里の道も一歩から」という格言は、中国の哲学者老子のものといわれている。この感動的な言葉は、何かを達成するためには、重要な最初の一歩を踏み出す必要があることを思い出させてくれる。厳密にいえば、旅はその前にもう始まっている。旅は目的地を知る、または考えるところから始まるからだ。どこかへたどり着くには、あなたが向かう場所、つまりあなたの目標を決める必要がある。

通常、目標は目的または望ましい結果と定義される。しかし研究者たちは目標をさまざまな方法で説明してきた。リトル（Little, 1989）は「いつもの火曜日のささやかな気晴らし」（例：自分の部屋を掃除する）から、生涯にわたる壮大な強迫観念（例：我が人民を解放する）までさまざまな行動を含む、個人的なプロジェクトの概念について研究している。エモンズ（Emmons, 1992）は、「主に広範で、抽象的、かつ拡張的な方法」で目標を設定する人々を高レベルの努力家と呼び、他方でもっと具体的で、特定の、浅い言葉で目標を立てる人々を低レベルの努力家と呼んだ。

つまり、すべての目標が等しいわけではない。一部の研究者は、目標を3つのカテゴリー——行動・成果・学習——に分類する（Latham et al., 2016）。成果目標は、結果を達成するために必要な行動よりも、結果やできばえに重点を置く。例えば、化学の課題で最高点をとることは成果目標だ。そして、外部から気を散らすものを断ち切って、化学の授業に完全に集中することは行動目標だ。さらに、化学の授業で取り上げられた概念を深く理解することは学習目標になるだろう。これらの目標のカテゴリーはなぜ重要なのか？　その理由は、目標はあなたの（結果・行動・学習への）注意力に焦点を置くからだ。それはさらに、あなたの感じ方やモチベーションのレベルにも影響を与える。

　目標は私たちの日常生活の一部なのだ。私たちは、3つのカテゴリーに基づいて目標を設定することが多い。

1．具体性のレベル：非常に具体的なもの（例：果物や野菜を毎日5皿食べる）から、より一般的なものまで（例：健康的なライフスタイルを実践する）。

2．タイミング：短期（例：今日は30分間走る）から、中長期まで（例：来年はマラソンを走る）。この例では、短期的な目標が長期的な目標をサポートしており、両方が重要であることがわかる。

3．接近か回避か：健康になること対病気を避けること。

　私たちは、これらのカテゴリーを使って、生活のさまざまな領域で目標を設定する。例えば、ある領域（例：週に3回フィットネスジムに行く）はほかの領域（例：楽しい社会生活を送る）よりも具体的であるかもしれないし、または避けたいことかもしれないし（例：借金をしないように毎月の予算を管理する）、何かに向かって行動を起こすかもしれない（例：休暇のためにお金を貯めようと夏のアルバイトを探す）。さまざまなカテゴリーの目標は、あなたの欲求とニーズを支え、日常的な選択をするのに役立つだろう。

　ほぼすべての目標を達成できるようにする、重大な判断基準が一つある。努力の継続だ。私たちは、善意の有無に関わりなく、勢い・関心・エネルギーを失う前に、何かに向かって取り組み始める状況にある。当然のことながら、私たちは目標にワクワクし刺激を受けているときの方が継続しやすい。意図的変化理論（Boyatzis & Howard, 2013）は、私たちが望ましいビジョンや目的を特定すると、それを学習課題に変換できると説明する。このことから、「○○すべき」のカテゴリーに当てはまる目標が必ずしも刺激的であるとは限らず、達成するために余分な努力が必要になる理由がわかるだろう。

大志から現実へ

　望ましいビジョンを特定すると、努力を持続しやすくなることがわかったの

で、次の問いは「目標を設定して達成するためには、ほかに何が役立つだろうか？」ということになる。数十年にもわたる研究とフィールドワークに基づく目標設定理論（Locke & Latham, 2002）では、人は簡単で漠然とした目標よりも、より困難で具体的な目標を達成する可能性のほうが高いと説く。なぜなら、より困難な目標を達成するためには、より多くのエネルギーと努力が必要になるからだ。ほかの重要な要因は、目標にコミットしていること、それを達成する能力をもっていること、進捗状況に関するフィードバックを得ることだ。「人が目標にコミットし、達成するのに必要な能力をもち、さらに相矛盾する目標をもたない限りは、目標の難易度と課題の達成との間には正の線形関係がある」（Locke & Latham, 2006, p. 265）。

　自分の能力に対する信念は非常に重要だ。「できると思っても、できないと思っても、あなたは正しい」というヘンリー・フォードの有名な格言は、信念が行動を導き、結果に影響を与えることを示している。自己効力感理論（Bandura, 1997）によれば、何かできると信じれば信じるほど、その達成に向けて必要な行動をとるようになる。その結果、目標は達成されやすくなる。例えば、あるレポートでよい成績をとることができると信じている場合、うまくやるために必要なことを行う意欲が高まる。「人は望ましい結果を得るために成功する可能性があると信じられない限り、活動を開始したり、困難や失敗が起こった場合に耐え忍んだりする動機をほとんどもたない」（Caprara et al., 2006, p. 32）。

しなやかマインドセット対こちこちマインドセット

　目標についてのあなたの考え方は、世界をどのように認識しているかという、あなたのマインドセット[37]に関連している。あなたはすでに、しなやかマインドセット（growth mindset）とこちこちマインドセット（fixed mindset）という概念に出会っているかもしれない。ある研究によると、自分の才能を（勤勉や優れた戦略、ほかの人からの手ほどきを通じて）開発できると信じている個人は、しなや

37　これまでの経験や教育から人がもつ無意識の思考や行動のパターン。

かマインドセットをもっている（Dweck, 2017）。こうした人々は、こちこちマインドセットをもつ人、すなわち自分の才能は生まれつきのもので、新たな才能を開発することはできないと信じている人たちよりも、より多くのことを達成する傾向にある。例えば、「数学はまだ得意じゃない」（だから、自分の知識を拡げるために数学を頑張り続ける）と「数学は苦手だ」（どれほどの努力を数学に費やしたとしても、数学がわかるようには決してならないだろう）の違いを考えてみよう。結果として起こることは、予言の自己成就だ。[38] もし数学を学べると信じているなら、力を注ぎ上達する。もし数学などわかりっこないと思うなら、数学に努力を注ぐことはしないので上達せず、思っていた通り数学が苦手なままだ。「しなやかマインドセット」という用語を作り出した研究者のキャロル・ドウェックによれば、しなやかマインドセットだけをもっているということはない。私たちはみな、しなやかマインドセットとこちこちマインドセットを併せもっており、生涯を通じてそれらを発展させ変化させていく。

　おそらくあなたの目標はあなたのマインドセットによって導かれることが多いだろう。もっと上達できると信じていることには多くの努力を注ぎ、ほかの領域ではそうでもないことにあなたは気づくだろう。次の質問を自らに問いかけてみよう。

- 自分自身をごまかしていないか？
- 不可能かもしれないと感じている事柄にあえて、「まだ」という小さな単語を追加するとどうなるだろうか？
- 自分の目標と計画を考えるとき、前進するために今ここでできることは何だろうか？

「小さな一歩」の力

　自己効力感を高める方法の一つは、目標に向かう旅の中で勝利を収めることだ。目標理論では、もし目標が大きすぎたり複雑すぎたりしたら、その目標を

38　こうなるだろうと思って行動していると、そのような予言的な思いによって、思っていた通りのことが実現してしまう現象。

達成する可能性を高めるために、それを小さなかたまりに分割するよう提案している。つまり、あなたがエベレストに登りたい場合は、まずさまざまな下位目標を設定するとよいだろう。例えば、体力をつける、旅行のためのお金を貯める、そして精神力を高めるなどだ。これらの下位目標をさらに細分化して、計画し行動する。

　行動に関しては、より細やかな小さな行動（micro action）に焦点を当てることで、長期的には大きな変化（macro change）につながることが、研究結果として示されている。ケンタッキー大学の28名の学部生を対象にした研究によれば、いくつかの小さな行動変化が、学業成績の向上など参加者の生活におけるポジティブで大きな変化をもたらした（Kim, 2014）。これらの小さな行動の中には、朝いつもより10〜20分早起きする、授業中は携帯電話を遠ざけておく、計画を予定表に書きとめておく、教材と演習問題をざっと復習する、などがある。ここで鍵となるのは、これらの小さな行動は、時間・努力・資源（リソース）をほとんど必要としないため定期的に実行できるということだ。

　だから、もしあなたが目標に向かって実行したい大きな行動で苦労しているのなら、今日できる小さな行動について考えてみよう。例えば、5時間勉強することよりも、本を1章読む方がはるかに簡単だ。小さな行動の特徴は、達成可能であるがゆえに、やりとげる可能性が高くなるということだ。小さな行動をやりとげることに成功すると、達成感と自己効力感の感情がサポートされ、さらに多くのことを行うモチベーションが得られる。ある研究では、人は目標を達成したり、目標に向けて前進したりすると、ポジティブな感情を感じることが示されている（Snyder, Shorey et al., 2002）。だから最終的な結果は、自分自身のことをよく感じ、目標を追求し続けるよう鼓舞するのだ。小さな行動はあなたの友だ。日常生活にそれらを取り入れ、自信とウェルビーイングの感覚を高めることを忘れないように。

続けるエネルギー

　あなたを行動に駆り立てるために何が必要だろうか？　答えはあなた次第だ。

　ある研究者は、私たちをやる気にさせる 3 つの基本的な心理的ニーズとして、自律性、コンピテンシー（資質・能力）および関係性を挙げ、それらは同時に人々のウェルビーイングをサポートする心理的ニーズでもあると仮定している（自己決定理論; Ryan & Deci, 2001）。自律性とは、自分には選択する自由があると知ることだ。コンピテンシーとは、自分は何かをうまくやることができると信じることだ。そして関係性とは、他者とのつながりを感じることだ。

　自己決定理論は、――内発的ニーズであれ、外発的ニーズであれ――何が目標を選ばせているのかに関心がある。外発的動機づけは、地位・金銭・賞賛などのように、外的な報酬（reward）に関連しており、内発的動機づけはより高いレベルのウェルビーイング、さらなる自律性および高いパフォーマンスと結びついている。加えて、「際立って外発的な内容を伴う目標（例：富、イメージ、名声）を追求することは、際立って内発的な内容を伴う目標（例：人間関係、成長、コミュニティ、健康）を追求するよりも、メンタルヘルスの悪化に強く相関する」（Vansteenkiste et al., 2004, p. 246）。あなたはおそらく、人生で設定するさまざまなタイプの目標のすべてにおいて、内発的および外発的ニーズの双方によって動機づけられるだろう。その際、内発的ニーズによって動かされるものが、より充実した人生への鍵を握っているかもしれない、ということを覚えておくことも重要だ。

あなたの心を歌わせる

　さらに、あなたは内発的に動機づけられた目標にこだわっていくだろう。ある研究によれば、自己調和（self-concordant）的な目標――すなわち自分の関心や価値観と整合性がとれる目標――を選択する人は、より目標を達成しやすく、ウェルビーイングの向上を経験しやすい（Burke & Linley, 2007）。シェルドンとエリオット（Sheldon & Elliot, 1999）は、3 つの継続的な研究において、人は自己調和的な目標に向かうときにより多く前進し、自己調和的な目標の達成は、ウェルビーイングの向上につながることを示した。自己調和的な目標を達成するために、より継続的な努力をする可能性が高いからである。加えて、目標が

達成されると、「ウェルビーイングの向上に不可欠な自律性、コンピテンシー、および関係性の経験」（Sheldon & Elliot, 1999, p. 485）を感じる。

　この考え方は、その人にとって最も重要なことと一致する目標設定が最も効果的である、とする意図的変化理論によっても支持されている。さらに、この理論は「理想の自己（私がなりたい自分）につながることで意図的な変化が始まるとき、変容のプロセスは内発的動機づけ、個人の情熱、共鳴する意味、そして可能性への信念に基づくようになる」（Boyatzis & Howard, 2013, p. 215）と説明している。ボヤチスとホワード（Boyatzis & Howard, 2013）は、持続的な変化はビジョンによって動かされ、集中をもたらし、人に心理的および生理学的エネルギーを与えることによって変化を促す、と述べている（p. 218）。

主導権を握る

　自分の目標と大志を自分の価値観に合わせることができると、素晴らしい気分になる。とはいえ、ときにはどうしようもないと感じることもあるかもしれない。この感情は力を奪い、自らが望むものを追求するモチベーションを低下させるだろう。

　心理学では、「統制の所在（locus of control）」と呼ばれる概念が研究されている。これは、統制に対する人々の一般化された認知と定義される（Daniels & Guppy, 1997）。自己効力感は、何かで成功できるという信念に関連しているが、統制の所在は、特定の状況に対して人々がコントロールできていると感じる度合いに関するものである。統制の所在を内にもつ人は、自分に何が起こるかを決定している主な要因は自分自身であるとみなし、統制の所在を外にもつ人は、偶然や強力な他者などの外的要因を、自分に起こることの主な決定要因とみなす（Rotter, 1966）。

　ご想像の通りかもしれないが、自分の状況をコントロールできると感じる度合いは、目標や選択に対する感じ方に直接影響する。自分の選択に関する見方、そして何が自分の影響力の範囲内にあるのかについては、常に熟考する価値がある。あなたはすべてをコントロールすることはできないが、それでもこれら

の状況にどのように対処するかを選ぶことはできる。例えば、バスケットボールをしていて、最後の数試合の直前に怪我をしてしまったら、決勝でプレーできないという事実を変えるためにできることはほとんどない。しかし、その状況にどのように対処し、代わりに何をするかはあなた次第だ。あなたは状況を悲観して、自分の部屋に一か月引きこもるかもしれない。あるいは、時間がなくて先延ばしにしていたことのために、その時間を使おうと決心するかもしれない。または、自分のチームを応援するためにトレーニングと試合に参加しようと決意するかもしれない。これらの選択肢は、あなたの気持ちに明確な影響を与える。そして、いくつかの選択肢はほかの選択肢よりもポジティブだ。

　目標に関する理論と研究は、魅力的かつ発展している領域だ。すべてに当てはまるものはないが、自分自身の目標を設定する際に考慮すべき、鍵となるポイントをいくつか紹介する。

- 目標をもつことで、方向性と選択肢を感じられる。選択しないことも一つの選択であることを忘れないで！
- 目標は、具体的あるいはより一般的なものにすることができる。短期的なのか長期的なのか。何かに向かっているのか遠ざかるのか。
- あなたは、自分の価値観に沿ったワクワクするような目標に対して努力し、達成する可能性がより高くなる。
- 私たちは、より高い目標を目指し達成する傾向がある。
- 目標にコミットすると、それを達成する能力が高まる。
- 複雑な目標は、小さなかたまりに分割するとよい。
- 小さな行動を取り入れることで、自信とウェルビーイングの感情を高めることができる。
- 内発的な目標は、より高いレベルのウェルビーイング、より多くの自律性、より高いパフォーマンスに関連している。
- 統制の所在が内側にあることは、目標を設定して追求する方法にポジティブな影響を与える可能性がある。
- もしあなたが、何かを成し遂げることができていないのならば、「まだ」という言葉を追加して、しなやかマインドセットのメリットを思い出そう。

知識を行動に移す

目標設定に関する理論と研究について理解を深めたところで、その知識を自分の生活にどのように応用できるだろう？

■ ビジョンを創り出す

研究に示されているように、ビジョンをもつことはモチベーションを高め、そのビジョンに向かって前進するために必要な道順を決定するのに役立つ。自分が望むものを視覚的に表すビジョンボードを創るのが好きな人もいる。写真・コラージュ・絵・言葉を使い、紙や段ボール紙の上にビジョンボードを創ることができる。オンラインツールを使って創ることも可能だ。創る際には、あなたにとって魅力的でワクワクするものにしよう。ボードの真ん中に自分の写真や絵を置き、キャリア・家族・友人・人間関係・お金・健康・自己成長、その他あなたにとって重要なことといった、あなたの人生のあらゆる側面を考えよう。これはあなたの人生だから、あなたが選ぶのだ！ そして、これらの領域で何を達成したいかを考えて、自分のビジョンボードを創ろう。

ビジョンボードには、以下のものを必ず含めよう。

- 大きな夢——あなたの心を歌わせる夢。
- 毎日の運動や犬の散歩などの小さなこと——あなたに毎日の喜びをもたらすことを考えよう。

ビジョンボードは、リトル（Little. 1989）の言葉で表現するなら、「ささやかな気晴らし」と「生涯にわたる壮大な強迫観念」の両方に関連している。

■ 目標のための空間と時間を作る

ビジョンができたら、長期的な目標（12か月以上先）と短期から中期の目標（今から12か月後までの間）を考えよう。それが何であるかはまだわからなくても大丈夫だ。あなたに喜びをもたらすもの、またはあなたの人生にもっと必要な

ものを書き留めよう。

そして、次の質問に対する答えを書き出してみよう。

- これらの目標を達成したいという、説得力のある理由は何か？
- 達成するために何が必要か？
- より小さなかたまりに分割する必要があるか？
- 目標の達成に近づくために、今すぐできることは何か？

時間と優先順位を決めるときは、目標の達成をサポートする活動に十分なスペースを確保しよう。より計画的な方法で目標に向かって進みたい場合は、週単位や日々の目標と行動を設定してもよい。あなたの士気とモチベーションを維持するために、たくさんの楽しい活動を含めるようにしよう（第10章参照）。

■ 目標を賢く（SMART に）立てる

SMART に関して何も書かないで、この章を終わるわけにはいかない。SMART という略称をあなたはすでに知っているかもしれない。具体的（specific）、測定可能（measurable）、実現可能（achievable）、関連のある（relevant）、そして一定の期限（time-bound）がある目標のことだ。SMART な目標は、達成するものを明確にすることに役立ち、私たちが正確な手順をとることを可能にする。SMART は、数十年間にわたり経営理論の専門用語として有名な目標設定手法であったにもかかわらず、誰もがこのアプローチから恩恵を受けているわけではない。より広範で抽象的なアプローチを好む人たちもいる（エモンズ（Emmons, 1992）を参照）し、目標自体よりも手順に焦点を当てることを好む人たちもいる。しかし目標を設定したり、人生で欲しいものについて考えたりする方法に、正しいも間違いもない。あなたに合ったものを選択しよう。

■ あなたにとって何が重要なのか？

自分の価値観に沿った目標を設定すると、ウェルビーイングの感覚が向上しモチベーションが高まる。あなたの価値観は、結婚・出産・老化などのライフイベントに応じて、生涯にわたって変化する可能性がある。価値観とは、健

康・業績・成功・地位・優しさ・誠実さ・愛・友情・家族などだ。

　自分の価値観を探る簡単な方法の一つは、次の3つの質問を自らに問いかけることだ。

- 自分の人生で最も重要なことは何か？
- 寒くて暗い朝、何のために起床するのか？
- 自分は何のために生きているのか？

　時間をかけて、できるだけ多くのことをリストアップしよう。そして、それらを同じようなかたまりに分けよう。例えば、成功・技能・成績は一緒になるかもしれない。優しさ・育むこと・思いやりは、もう一つ別のかたまりになるかもしれない。そしてそのほかのものをまとめる。その作業が終わったら、あなたのトップ5を選んでみよう。5つに絞り込む理由は、あなたにとって本当に重要なものを特定するのに役立つからだ。自分が大切だと思っている価値と、家族・友人・社会から課せられた価値の二通りがあることに注意を向けよう。もちろん、あなたの価値は育った環境や生活している環境の影響を受けている可能性がある。しかし、あなたが本当にもっている価値と、ひょっとしたら「自分のためにもっている」価値とを区別することが重要だ。例えば、競争の激しい環境で勉強する場合、「一番になる」または「勝つ」ということは、ほかの人が採用する共通の価値観である可能性がある。そうした価値観が本当に、あなたの心に響くかどうかを考えることが大切だ。

　あなたの価値観は羅針盤として作動し、あなたの価値観に沿った目標を設定すると、次のような好循環が生まれる。自分の目標に気分がよくなるので、達成しようといっそう努力する。その結果、達成する可能性が高くなる。あなたは目標を達成し、自分に対してよい気分になる。そして、ウェルビーイングの感覚、自信、自己効力感およびモチベーションが高まり、新しい目標を創るのだ！

▎相矛盾する目標に対処する

　価値観は、あなたが相矛盾する目標（conflicting goals）をもっているときにも

62

役に立つ。相矛盾する目標とは、同時に達成することが不可能、または互いに矛盾している目標のことだ。一例としては、休暇のためにお金を貯めたいということと、服やちょっとした小物（ガジェット）に使えるお金をすべて使いたいということがあげられる。

　相矛盾する両方の目標を実現するために、使う資源（リソース）――この場合はお金――を分けると、目標を達成するのに時間がかかったり、どちらかまたは両方を「妥協している」と感じるかもしれない。あなたの時間とエネルギーをいつ・どこで・どのように使うかを選択することで、人生をどう体験するのかが色づけられる。矛盾を調和するのが難しいことに気づいた場合は、いつでも自分の価値観を指針として使い、それに従って目標を選択することができる。

▌物事を視野に入れる

　目標はあなたに役立つように設計されており、その逆ではない。人生には予期せぬことが起こり、物事や目標は変化する。目標を達成することに集中しすぎると、視野狭窄に陥ってしまう可能性がある。どんな犠牲を払っても目標を達成することは逆効果になり、身体的および精神的な健康にとって有害となる可能性がある。ケイズ（Kayes, 2006）は自己破滅的な目標への志向性（goalodicy）、すなわち私たちの自己イメージが自らの目標と結びつきすぎて、後戻りしたり方向転換したりするのが難しくなることについて述べている。一例として、エベレスト登頂をめざす登山者が夢中になるあまり、いかに致命的な危険を冒し、これ以上探索を続けるべきではないという兆候を無視するかを挙げている。

おわりに

　旅を楽しもう。ただし、時々立ち止まって、人生の目標を見つめ直そう。夢をもち続け、よい選択をして、日々の生活の中で多くの喜びの瞬間を見つけて、自分に感動とモチベーションを与えよう。

やってみよう、考えてみよう

あなたの目標を明らかにするため、60ページを参考に、自分のビジョンボードを創ってみよう。

まず、ボードの中心にあなたの写真や絵を切り抜いて貼る。その周りに、キャリア・家族・友人・人間関係・お金・健康・自己成長、その他あなたにとって重要なことといった、あなたの人生のあらゆる側面を内省しながら、魅力的でワクワクする、写真、コラージュ、絵または言葉を貼ろう。

ボードには必ず、あなたの心を歌わせる大きな夢と、あなたに毎日の喜びをもたらす、運動や犬の散歩などの小さなことを表現するものを入れよう。自分自身のビジョンボードができれば最高だ。何回も試しに創ってみよう。

第6章

自分をケアする

はじめに

　　ルイザは、疲れた目をこすっていた。時計に目をやると、午前 2 時だった。 8 時
　には出勤しなければならないのに、あと1000語も書かなければならなかった。それ
　に、生物の試験も控えている。職場では朝はゆっくりしているから、もう少し勉強
　の時間をとれるかもしれない。授業後は、すぐに自分の部屋に戻るべきだったが、
　シャノンが動揺していて、友だちの助けを必要としていたのだ。「少なくとも、私
　の友人はいつも私を頼りにしてくる」とルイザは思った。とはいえ、勉強のことは
　気になるし、遅れをとるわけにはいかない。パニックになりそうな気持ちを抑えな
　がら、なんとか説得力のある文章を書こうと頑張った。

　大学生活は、非常に多くの課題をもたらすことがある——実家から離れた生
活への適応、新しい友人をつくって友情を維持すること、デートしたり、自分
の性的アイデンティティを探求すること、小論文の執筆や試験勉強をすること、
アルバイトとしてフルタイムやパートタイムで働くことなど。その過程で、あ
なたは自分をどれだけケアできているだろう？　残念ながら、私たちの多くは、
自分自身のケアが得意ではない。ルイザのように、あなたは自分のことをケア
するよりも、他人のケアをすることの方が得意かもしれない。もしかしたら、
それはあなたにとっては、重要ではないことかもしれない。もしくは、自分の
ことを考えるのは、身勝手だと思っているのかもしれない。あるいは、ただ時

間がないのかもしれないし、どうすればよいのかわからないのかもしれない。しかし、大学やその先で生き延びるだけでなく、本当に成長繁栄（thrive）したいのであれば、自分をケアすることはきわめて重要である。

　本章では、セルフケアについて説明する——セルフケアとは何か、なぜそれが重要なのか、そして、どうすれば生活の中に取り入れることができるのか。嬉しいことに、自分のケアは比較的時間と労力がかからない。つまり、簡単な行動で大きな収穫を得られる。この章を読み終える頃には、あなたは以下のことができるようになっているだろう。

- 継続的なストレスが心身の健康に与える影響を認識できる。
- セルフケアを定義し、それがなぜ重要なのかを理解する。
- 日常生活に取り入れられる簡単なアクティビティを発見し、気分や機能を良好に保つことができるようになる。
- 優先順位をつけた週ごとの計画を立て、どんな課題に直面しても気分や機能を良好に保つことができるようになる。

研究の考察

　成長繁栄には、人生のさまざまな領域で気分をよくし、良好に機能することが含まれる（Huppert & So, 2013; McQuiad & Kern, 2017）。成長繁栄とは、課題や苦労がないことを意味するのではない。実のところ、多くの人が、数多くの苦労を経験しているにもかかわらず、成長繁栄している感覚をもっていると報告している（Wellbeing Lab, 2020）。これは重要な指摘である。なぜなら、自分自身をケアすることは、直面している葛藤の大きさによって異なる経験となるからである。自分をケアすることは、人生がうまくいっていてほとんど問題に直面していないときには、ウェルビーイングを支えるポジティブな習慣を積極的に開発することにつながる。困難な時期には、さまざまな対処法を用いて効果的に困難を乗り切ることにつながる。

ストレスとコーピング

　私たちの経歴や選択に関わらず、人生には困難がつきものである。私たちは、さまざまなストレッサー——近づく試験、交通渋滞や天候の変化など——に直面する。ときには、重病や怪我、愛する人の死、別離や離婚、結婚、就職、大人への移行や世界的規模のパンデミックなどの強烈なストレッサーのこともある。大きなストレッサーは、私たちの健康やウェルビーイングに重大な影響を与える可能性がある。しかし、私たちを圧倒するのは日々の小さなストレッサーの積み重ねであることの方が多い。

　ストレスのモデルは多く存在する。古典的なモデルでは、遭遇したストレッサーがそのストレッサーに対処する能力を超えたときに、ストレスの経験が生じるとしている（Lazarus & Folkman, 1984）。つまり、重要なのはストレッサーそのものではなく、ストレッサーへの評価や認識であり、その結果、生理的および感情的なストレス経験がもたらされるということだ。ホブフォル（Hobfoll, 1989, 1998）は、経済的な比喩を用いて、人は自分が大切にしたい資源（例：家・車・よい仕事・特定の個人的資質・お金・権力）を保護し、もち続けようとするものであると説明している。それらの資源が失われたり、脅かされたりしたときに、ストレスを経験するのである。カーヴァーとコナースミス（Carver & Connor-Smith, 2010）は、目標達成の困難さを予期したり経験したりするときにストレスが生じると述べている。

　これらの見解から、脅威を感じる（悪い結果が生じることを予期する）、害を感じる（悪い結果がすでに生じたと確信している）、喪失感を覚える（望むものが奪われてしまったと思える）場面においてストレスが生じることが明らかになっている（Carver & Connor-Smith, 2010）。例えば、近づく試験はあなたの能力を危険にさらし、害を及ぼすかもしれない。試験に落ちたときの結果を反芻することで、過去の試験は有害となるかもしれない。親元を離れて暮らしていると、家族の喪失を感じるかもしれない。これらはすべてストレスを感じる原因となり得る。

　コーピングとは、脅威・害・喪失に対して私たちが対応する多様な方法のことである（Carver & Connor-Smith, 2010）。本来コーピングの概念は幅広く、豊

かな歴史と多くの定義、カテゴリー、アプローチに関する見解を包含している（Compas et al., 2001; Folkman & Moskowitz, 2004）。例えば、ラザルスとフォルクマン（Lazarus & Folkman, 1984）は問題焦点型と情動焦点型の行動を区別している。問題焦点型コーピングは、エネルギーをストレッサーに向け、それを除去したり、回避したり、あるいはその影響を軽減する方法を見つけるものである。情動焦点型コーピングは、ストレッサーによって引き起こされた苦痛に焦点を当て、リラックスしたり、他者からの情緒的サポートを求めたり、泣いたり、叫んだり、問題を否認したり、感情を回避するなどの行動を含む。ほかには、従事型行動と撤退型行動を指摘する人もいる（e.g. Moos & Schaefer, 1993; Roth & Cohen, 1986; Skinner et al., 2003）。従事型コーピングとは、ストレッサーそのものやストレッサーによって引き起こされた感情に直接対処することである。一方、撤退型コーピングには、ストレッサーまたは苦痛な感情から逃避することが含まれる（Carver & Connor-Smith, 2010）。例えば、マインドフルネス、他者に援助を求めること、その出来事の捉え方を考え直すことなどは従事型アプローチを反映している。それに対して、物質を乱用したり、自傷行為、空想、その他否認の形態をとるものは撤退型を反映している。従事型アプローチは、より有用で生産的である一方、撤退型アプローチは、ストレッサーによって生じた感情を軽減することはできるが、それは短期的な解決にすぎない。一時的には軽減されるものの、効果的ではなく、長期的には害となることが多い。

　コーピングは、経験されているストレッサーに対する反応的なものと捉えられることが多い。しかし、脅威や有害なことが起こるのを未然に防ぐこともできる（Aspinwell & Taylor, 1997）。能動的コーピングは、問題となり得るものを特定し、それらストレッサーの影響を緩和または軽減するための戦略を立てる、というように問題に焦点を当てる傾向がある。例えば、新学期が始まると、いくつかの試験や課題の提出期限がある第7週がとくに困難であることを認識するかもしれない。そこで、その週までに課題を終わらせる計画を立て、7週目には試験勉強と成績アップに集中できるようにするのだ。

　このようなさまざまなコーピングが組み合わさって、独特のコーピングスタイル——つまり、さまざまなタイプのストレッサーに対処する独自の方法——

が生まれる（Carver & Connor-Smith, 2010）。コーピングスタイルは、幼少期から培われ、生涯を通じて変化し、発達し続ける。日常生活で遭遇する内的・外的ストレッサーが多種多様であるように、問題に対処する 1 つの正しい方法があるわけではなく、状況や人によっても異なる（Frydenberg, 2017）。しかし、いくつかのアプローチは、ほかのアプローチよりも健康的で、生産的で、適応的である。例えば、オンラインゲームをすることは、認知的に困難な課題から解放されることもあれば、やるべきことを先延ばしにし、短期的な快楽と引きかえに長期的なネガティブな結果をもたらすこともある。

▌セルフケア

　セルフケアとは、自分の身体的・精神的・社会的健康とウェルビーイングをケアするために、意図的に行う活動のことを指す。例えば、健康増進につながる定期的な行動をとったり、内省や休息の時間をとったり、気分がよくなるような活動をしたりすることである。これは能動的なアプローチであり、機能不全の症状を治療するためというよりも、心身のポジティブな健康を築くことに重点をおいたものである。ケアは、自分自身を見つめ、積極的に行われるものである（Bressi & Vaden, 2017）。

　セルフケアとストレスの関係については、これまで多くの研究が行われてきた。私たちの身体では、自律神経系が制御システムとして働いていて、心拍・消化・呼吸などの多くの身体機能を無意識のうちに調整している。自律神経系は交感神経系と副交感神経系の 2 つに大別される。ストレスは交感神経系を刺激し、コルチゾール[39]の分泌を促し、さまざまな身体機能を発動させ、闘うか逃げるかの準備をさせる（Cannon, 1932）。これは、対向車を避けたり、怒っているワニから逃げたりするような短期的なストレッサーにかなった適応反応である。また身体は賢く、自己調整もする。ストレッサーが過ぎ去ると、副交感神経系が働き、活性化していた反応を抑え、正常なレベルの機能を回復させる。身体は内的・外的ストレッサーの集中砲火の中でバランスをとることで、自然

39　コルチゾールは、副腎皮質から分泌される内分泌系の代表的なストレスホルモンである。

にアロスタシス[40]を維持しようとする。その過程は、私たちが変化に直面した際に、安定性を取り戻す助けとなる（McEwen, 1993; Sterling & Eyer, 1988）。私たちの身体は驚くほど回復力が高く、さらなるストレスがかかっても大丈夫なようにエネルギーを蓄えている。しかし、ストレスがあまりにも長く続くとアロスタシスを維持することが難しくなり、蓄えられていたエネルギーは枯渇し疲弊していく。慢性的なストレスがかかると、交感神経系への刺激が持続する。安静時の心拍数が上昇し、ほかの生理的システムに負担をかけるようになる。心身の不調や慢性疾患を引き起こしやすくなり、早期死亡のリスクさえあるのだ（Friedman & Ker, 2012; Graham et al., 2006; Kemeny, 2007; Segerstrom & Miller, 2004）。慢性的なストレスが続くと、燃え尽き症候群になる可能性がある。燃え尽き症候群は、健康が破綻した状態で、圧倒的な消耗感、不信感、学業からの逃避、パフォーマンスの悪さ、達成感の欠如と特徴づけられる（Maslach et al., 2001）。

　重要なのは、多くの研究が燃え尽き症候群の予防や回復にセルフケアが果たす役割を強調していることだ。セルフケアは副交感神経系を刺激し、気持ちを落ち着かせ回復させるので、次なるストレッサーに対応することができる。簡単なセルフケア活動を定期的に行うことで、私たちが遭遇する多くのストレッサーに対する反応の回路を遮断できる。コンピュータを例に考えてみよう。一度にたくさんのプログラムを実行すると、次第にどんどん遅くなり、ついにはフリーズしてしまう。そのとき、あなたはどうするだろうか。再起動すれば、メモリがクリアになりリセットされる。コンピュータは定期的に再起動することで、より効果的に働くようになるのだ。同じように、私たちの身体も再起動が必要だ。質のよい睡眠、定期的な運動、瞑想、よい食事などが、私たちのリセットを促し、うまく機能し続けるのに役立つ。

　たしかに、困難なときよりも体調や機能が良好なときの方が、セルフケアを行うのは簡単だ。試験や小論文の課題でストレスを抱えているときのことを考えてみよう。睡眠、運動、食事に何が起こるだろうか？　多くの人にとって、

40　アロスタシスについては10ページの訳注10を参照。

よい習慣は止まってしまう。しかし、これらの栄養素は回復とパフォーマンスには不可欠なものである。大切なことは、効果的な対処法を学び定期的なセルフケアの習慣を身につけることで、積極的に健康づくりを行い、ストレスや緊張にうまく対処できるようになることだ。

まとめ

　これらの研究をまとめると、私たちは自分をケアするために役立ついろいろな事柄を知っている。

- ストレスの経験は、私たちが脅威・害・喪失を認識したときに起こる。ストレッサーは、必ずしもストレスの経験につながるわけではない。ストレッサーが自分の能力や許容量を超えていると認識したときに、苦痛を感じるのだ。

- コーピングとは、私たちがストレスに対応するための多様な戦略のことである。今回は以下の5種類のコーピングを取り上げた。
  - 問題焦点型コーピングは、ストレッサーの除去や回避、またはその衝撃を緩和する方法を見つけ出すことを目的としている。
  - 情動焦点型コーピングは、ストレッサーを経験した結果生じる感情に対処する。
  - 従事型コーピングは、ストレッサーと湧き起こる感情の両方に直接対処する。
  - 撤退型コーピングは、ストレッサーとそれに関連する感情から逃避しようとする。
  - 能動的コーピングは、害を未然に防ぐことと、潜在的なストレッサーの衝撃を軽減し和らげることに重点を置く。

- 困難に対処する方法は、人や状況によって異なるため、唯一の正しい方法はないものの、よりよいアプローチはある。重要なのは、効果的なコーピングを学び、ストレスや困難をうまく切り抜けるための健康的なコーピン

グスタイルを身につけることである。

- セルフケアは、自分の健康やウェルビーイングのために行う活動である。これは、私たちの生理的・精神的なプロセスを回復させ、疲弊や燃え尽き症候群のリスクを軽減させる。

- ストレスの多い時期には、セルフケアが犠牲になりがちだが、そんなときこそ重要になるものだ。セルフケアはわがままなものではなく、むしろ、私たちがベストな状態で機能し続けるために必要なものである。

I-CARE で実践しよう

忙しい大学生活の中で、自分を大切にすることを優先させるにはどうしたらよいだろう？　I-CARE の枠組みが役に立つだろう。

I：私たちはセルフケアの実践を通じて、自分のウェルビーイングの**知的な主体**（intelligent agents）となる。

C：自分にも他者にも**思いやり**（compassion）を示そう。

A：私たちはセルフケアをどのように実行に移すかを、**自分で**選択することができる（authentic）。

R：私たちは人との**つながり**（relationships）によって、モチベーションを高められ、支えられている。

E：忙しい生活の中でも取り入れられるシンプルな戦略を用いて、セルフケアを**簡単**（easy）にできる。

以下では、これらの要素についてそれぞれ説明し、自分自身を効果的にケアするためにできる簡単なことを紹介する。

重要なのは、I-CARE は自分自身を大切にすることを求めている、ということだ。ある人にとっては簡単なことであり、自分には価値があると信じて、自分を支えるためにできることをしたいと思うだろう。しかし、自分自身を受け入れることができず、自尊心が低く、自分の価値に疑問を抱いている人もいる

ことだろう。もし、もがき苦しんでいるのなら支援を求めよう——例えば、信頼できる友人や親戚、カウンセラーや医師など、あなたの話を深く聴き、あなたが経験した困難なことを理解して、あなたの旅路を手助けしてくる人たちに。あなたはこの世界に多くのものをもたらし得る。それはあなた自身の価値を認めることから始まるのだ。

▎知的な主体（intelligent agents）

　I-CARE は、私たちが自分自身のウェルビーイングの知的な主体であることから始まる。自分自身をケアすることは、どんな自己啓発的なアドバイスにも盲目的に従うことではない。むしろ、エビデンスに基づくアプローチの中から自分に合ったものを批判的に見極めることを意味する。本書では、数多くのツールや方法を紹介している。エビデンスに基づくアプローチを実践し始めると、何が自分に合っていて、何が合っていないのかがわかるようになる。その実践を通して、自分のウェルビーイングの知的で積極的な主体となる力が与えられる（McQuiad & Kern, 2017）。

　セルフケアは優先されるべきものだ。私たちは、しばしばセルフケアをする時間が足りないと感じる。しかし、ウェルビーイングの知的な主体として、日常生活の中にセルフケアの予定を組み込む必要がある。これは、優先順位をつけることを意味する。次の簡単な演習で、優先順位を考えることができる。頭の中で想像する思考実験として行うこともできるが、材料を準備して自分で試してみるとよりよいだろう。

●演習 6 - 1 ●

石を使って目標について学ぶ

必要な材料：大きな瓶、いくつかの大きな石、小石、砂。

　まず、瓶を砂でいっぱいにしよう。砂は、私たちの注意を引くあらゆる小さなもの、つまりとくに意味のない時間泥棒を表している。次に、小石を入れる。小石は、より重要ではあるものの、まだ私たちにとって最も重要なものではない。そして、一番大きな石を加える。大きな石は、私たちが本当に大切にしているものを表している。するとどうだろう？　多くの場合、大きな石をすべて入れるだけのスペース

はない。そこで、別の瓶を用意するか、想像してみよう。今度は、大きな石を最初に入れよう。瓶の中には何もないので簡単に収まる。次に、小石を入れる。小石は大きな石を囲むように落ちていく。次に、砂を加える。そうすると、小石と大きな石の隙間が埋まっていく。

　数分かけて、あなたの大きな石を書き出してみよう。あなたにとって本当に重要なものである。あなたは、おそらくそんなに多くの「大きな石」はもっていないだろう（多分２〜５つ程度）。そのうちの１つをセルフケアにする必要がある。次に、あなたの小石について考えてみる。優先順位は高いものの、大きな石ほど重要ではないだろう。そして最後に、あなたの砂を特定しよう。これは日々の生活の中でやらなければならないことや、時間がかかるがあまり自分のためにならないことだ。

　毎週、数分かけて時間の使い方を考えてみよう。大きな石（セルフケア活動含む）から始め、その周りに小石や砂など、ほかのものを入れてスケジュールを組む。そして、週の終わりに、自分の一週間をふり返ろう。大きな石を守れたか、それとも砂や石に乗っ取られてしまったか。次の週は、どのように大きな石の優先順位をつけることができるだろうか？　大きな石に優先順位をつけることで、時間が経つにつれて、想像以上に多くのことを達成し、時間に余裕をもつことができるようになるはずだ。

思いやり（compassion）

　自分自身や他者への思いやりとは、他者の痛みに気づいてその苦しみを感じ、それを軽減したいと願うことである（Wispe, 1991）。人は誤りを犯しやすいものだと捉え、私たちは判断することを控える（Neff, 2003）。思いやりは、他者に向けられるものと思われがちだが、自分自身に向けられることもある。セルフコンパッションには、自分の苦しみに心を開き、自分の痛みを和らげたいと願い、失敗や不十分さがあっても自分を人間として受け入れることが含まれる（Neff, 2003）。重要なのは、セルフコンパッションを通して、他者への思いやりが深まるということだ。

●演習 6 - 2 ●

人間であることを認める

　しくじった経験はある？　最善を尽くしても、物事はいつもうまくいくとは限ら

ない。私たちは、失敗を嫌う社会に生きている。最善を尽くし、自分の至らなさを隠すことが奨励されている。「失敗するのは自分だけなのだろうか？　なぜほかの人はみんなうまくいっているように見えるのだろう？」と考える。あらゆるイメージを創造することができるにもかかわらず、私たちは不完全で誤りやすいものなのだ。セルフコンパッションには、自分の失敗をより大きな人間的経験の一部としてみることが含まれている（Neff, 2003）。

　うまくいかなかった状況を考えてみよう。紙を用意し、以下の質問の答えを自由に書き出してみよう。

1．何が起こった？　その時の状況を詳しく説明してみよう。

2．あなたは何をした？　あなたの行動は何だった？　判断を加えず、ただ書き出してみよう。

3．あなたの行動の結果はどうだった？　その結果何が起こったかを、簡単にふり返ってみよう。

4．あなたはその状況から何を学び、今後どうするだろうか？　後からふり返ることで明らかになる学びや洞察が常にある。あなたの経験から明らかになった教訓と、その経験からの学びをじっくりと考えてみよう。

5．この出来事はあなたの人間性をどのように反映しているだろうか？　ほかの人にみられる似たような反応を考えてみよう。あなたもほかの人と同じように人間なのだと認識するだろう。

真正性（authenticity）

　真正性とは、自分自身に正直になることである。それは、自分が誰なのか（単に表面的なイメージではなく、自分の性格・価値観・長所・短所）、何を感じ、考え、どんな行動をしているのかを知ること、つまり「気づき」から始まる。そして、真正性は、自分らしさを尊重した生き方や行動をすることであり、他者が期待するイメージや他者が想定する自分になるのではなく、自分の価値観に合わせ、自分の欠点も長所も受け入れることである。

強みを知り、受け入れる

　私たちはしばしば、自分が世界に提供できるあらゆるものより、自分の悪いところすべてを特定することに長けている。私たちは皆、強みをもっている。目に見えて簡単に発揮できる強みもあれば、発見されるのを待っている強みもある。自分の強みを認識し、それを活用することで、日々の活動は、退屈で意味のない枯渇したものではなく、魅力的で有意義で健康的なものになる。自分の強みを知るためのツールはたくさんある。例えば、Value in Action（VIA）Character Institute は、無料で質問票を提供しており、自分の強みを探り日常生活で活用するのに役立つ（第3章参照）。自分の強みがわかったら、自分も他者も最高の状態にするために、毎日これらを活用しよう。

人とのつながり（relating）

　人間は、他者とつながり、関わり、所属感を感じたい、という深い欲求をもっている（Allen et al., 2018; Baumeister & Leary, 1995; Ryan & Deci, 2000）。私たちはまた、他者と相互に関連し合っている——私たちの行動は他者に影響を与え、他者も私たちに影響を与える（Kern et al., 2020）。私たちの身近にいる人々の存在自体が、自分自身のケアをする理由になる。自分自身が元気であるからこそ、ほかの人が元気になる手助けができるのだ。人間関係も支えになる。自分のケアをすることは自発的な活動ではあるが、自分一人ですべてを行うという意味ではない。自分自身をケアすることは、必要なときに助けを求めるタイミングを知ることだ。

支援を活用する

　あなたは助けを求めるのが得意だろうか。一流のパフォーマーや成功者は、自分一人で成功に到達したわけではない。彼らは、つまずき、自分を疑い、やめたいと思ったときに、励ましやサポートを与えてくれたり、アドバイスの提供や、道具的な問題解決の欲求を満たしてくれたりする数多くの人々が周りにいたのだ。しかし、私たちは、しばしば自分一人で物事を実行しようとする。

　一枚の紙を用意し、紙の真ん中に自分の手を置いてなぞろう。それぞれの指に、必要なときに助けを求めることができる人の名前を書く。手のひらの外側に、それぞれの人がどんなことを手助けしてくれるか（例：話を聴いてくれる、励ましてくれる、交通手段を提供してくれる、情報を教えてくれる）、そしてその人がなぜ助けになるのかを書く。それから、別の紙にもう一度手のひらをなぞろう。今度は、さっきの人以外に、あなたが助けを求めることができる人や組織を 5 つあげよう。手のひらの外側にもう一度、どのような手助けをしてくれるか、なぜその手助けが必要なのかを書こう。壁に貼って、困ったことがあったら周りの人の手を借りることを考えてみよう。そして、必要な人に手を差し伸べよう。

▌ 簡単（ease）

　変化を起こし定着させるには、日常生活に簡単に取り入れることのできるシンプルな行動が必要であることを示すよい証拠がある。まず現実に向き合おう。現代は忙しい時代だ。あなたの時間やエネルギーが求められることは数多くある。そのため、よいことだと思っていても、セルフケアは後回しにされがちである。実際、毎年新年になると、人々は数多くの決意を固める——そのうちのいくつが最初の数日ないしは、数週間を超えて続くだろうか？　私たちはモチベーションと意志の力に頼っているが、それはすぐに消えてしまう。それよりも、I-CARE を日常生活に簡単に組み込んで、自動的かつ容易にできるようにすることが必要なのだ。

● 演習 6 - 5 ●

▌ 小さな習慣を身につける

　小さな習慣——つまり取るに足らないようにみえるが、簡単に実行でき、やがて自信とやる気の感覚を構築できる小さな行動を考えてみよう（Fogg, 2020）。小さな習慣は30秒以内という短時間でも行える。小さな習慣のきっかけとなる行動をある行動を結び付け、その行動の直後に報酬を与えることで、その行動はポジティブな感情と結びつく。例えば、瞑想を始めようと思ったとしよう。いきなり30分の瞑想をしようとするのではなく、まずは授業前に深呼吸を数回することから始めてみよう。数分早く教室に到着する。座って目を閉じて、数回深呼吸をする。それから、

小さな習慣をやり遂げた自分を褒めてあげよう。自分にポジティブな言葉を投げかけたり、祝福の小躍りをしたり。そのうち時間をのばし、別の場所でも練習してみよう。柔軟にいろいろと実験し、何が自分に合っているか、その小さな習慣をどのような活動と結びつけたらよいか、そして祝福の方法を探っていこう。

おわりに

　自分自身をケアすることは、複雑で困難なことでも時間がかかることでもなく、大きな見返りがあるものなのだ。重要なのは、大学生活は学位取得やそれ以降の勉強をサポートする規則正しい習慣をつくる絶好の機会だということだ。ストレスが増えると、自分自身と他者のためにセルフケアの重要性が高まる。この章では、なぜ自分自身をケアすることが重要なのかを明らかにし、セルフケアを実行に移すための簡単なアプローチとして I-CARE を提案した。成長繁栄は一夜にしてならず。ストレスや緊張にさらされながらも、小さなことが積み重なれば、自分も他者も最高の状態になるのだ。あなたの旅が最高のものになることを祈っている。

やってみよう、考えてみよう

　あなたにとって、楽しい！と思える時間は何をしているときだろう。最近の
ことだけではなく、小さな頃に夢中になったことなども思い出して書き出して
みよう。

- ・
- ・
- ・
- ・
- ・
- ・
- ・

　このリストは、あなたが気持ちの落ち込みを感じたり、気分転換をしたいと
感じたりしたときに取り組めるコーピングのレパートリーとして、今後もバー
ジョンアップをし続けていくとよいだろう。

第7章
今、この瞬間に生きる

はじめに

アリスはとても忙しい大学1年生だ。学生生活は数か月前に始まったばかりだが、彼女は初めて実家を離れて、誰にも邪魔されない生活を満喫している。新しい人々と出会い、新しい友だちをつくり、大学のキャンパスと学生生活の明示的および暗黙的ルールにも慣れ、自分なりの新しいスケジュールやルーティンもつくり、そして厳しい授業にも真剣に取り組んでいる。

アリスはワクワクしながら学生生活に没頭している。彼女は勉強に、パーティに、そしてアルバイトにも精を出している。忙しいので時が過ぎるのが早く、新しい経験や学びをふり返る時間がほとんどないことに気がつく。ときには、疲れすぎて机で寝てしまったり、講義に集中できないこともある。こなさなければならない試験やレポートのことが心配で、友だちやアルバイト先の同僚とちゃんとつきあえないこともある。

また時々、ジェットコースターに乗っているような感覚になり、自分に何が起こっているのかわからなくなることもある。手を広げすぎることで学習や成果に影響が出るのではないかと心配している。彼女は、このジェットコースターから降り、起こっていることすべてを慎重に検討して評価したいと願っている。次にやるべきことを思い悩むより、自分が今やっていることを楽しみたい

と考えている。

　アリスの大学にはマインドフルネス・コースがあり、友だちが彼女をそのコースに誘ってきた。アリスは、また新たにやるべきことが増えるし、とくにそのコースでは毎日の実践課題があるので気が進まない。彼女はマインドフルネスについてほとんど何も知らないので、次の質問に対する答えが欲しいと考えている。

- マインドフルネスとは何か？
- 実践するには何が必要か？
- 私たちにどういう利益があるのか？

この章で取り上げるのはまさにこれらの質問なのだ。

マインドフルネス

　今日、マインドフルネスは学校・大学・病院・職場、そして政府機関などいたるところにあふれている。ある人はセラピーと考え、ある人はテクノロジーと考え、多くの人々はライフスタイルの選択肢としてみている。西洋では数百万の人々がマインドフルネスを実践し、東洋ではさらに多くの人々によって実践されている。公の議論では、現代社会のすべての病気を癒す神秘的な万能薬として紹介されることもある。残念ながら、その人気の高まりとともに多くの神話や誤解が生まれてきた。

　以下ではマインドフルネスとは何か、どう実践するか、何の役に立つのか、そして研究成果に基づく潜在的な効果についてみていこう。その中で、いくつかの一般的な神話や誤解を解いていこう。この章を読んで演習を実践したら、あなたは以下のことを理解しているだろう。

- マインドフルネスの概要：マインドフルネスとは何か、マインドフルとマインドレスが何を意味するのか。
- マインドフルネスの一般的な神話と誤解を知る。
- マインドフルネスの実践方法の理解：何が公式で何が非公式の実践か？

瞑想とは何で、それをどう実践するのか？　マインドフルネスの最適な実践方法は何か？

- マインドフルネスとその治癒力の理解に関する広大な研究を垣間みる：どういうときにマインドフルネスが正しい解決策になるのか？　マインドフルネスの潜在的な効果は何か？　マインドフルネスの課題は何か？
- その効果を簡単に得るためにできるエクササイズ。

マインドフルネスへの東洋的アプローチ

ここで取り上げるマインドフルネス・アプローチは、ジョン・カバット゠ジンとその同僚によって1970年代に開発された。このアプローチは仏教の瞑想実践を利用していたので、マインドフルネスの東洋的アプローチと考えられている。仏教では、マインドフルネスの実践は高いレベルの気づきを意味する。先進国で受け入れられやすくするために、この実践は「西洋化」され、その宗教的およびスピリチュアルな側面は抑えられ、非宗教的で治癒的および瞑想的な実践として創られた。このようにしてマインドフルネスは今日実践され、提供されている。マインドフルネスはさまざまな身体的・心理的な状態を緩和するために用いられることから、その方向性は治癒的なものだと考えられている。

マインドフルネスを探究する

カバット゠ジンは仏教哲学に基づき、マインドフルネスを「特定の方法で注意を払うこと：意図的に、今この瞬間に、判断すること無しに」(Kabat-Zinn, 1994. p. 8) と定義している。マインドフルネスは、内的な体験と同じように外的な出来事の観察を引き出す (Baer, 2003)。私たちが内的な出来事に注意を払うとき、自分の中で起こっている思考・感情・身体の感覚を観察することがある。外的な出来事に注意を向けることは、私たちの周りで起こり感覚に捉えられた、あらゆる光景・音・出来事に注意を向けることである。

カバット゠ジンの定義によるとマインドフルネスには以下のことが含まれる。

- 注意の自己制御
- 私たちの注意を内的および外的な経験へと向わせること

- メタ認知的意識
- 受容的・非判断的な態度の採用

　マインドフルネスに関する最も大きな誤解の一つは、それが瞑想しているときにのみ起こる状態だと考えられている点である。実際は、マインドフルネスは日常生活の中で何度も経験する状態なのだ。何かに注意を払うときはいつでも、私たちはマインドフルであるといえる。つまり、私たちはどうすればマインドフルになれるかということをすでに知っているのだ。マインドフルネス瞑想は、マインドフルである時間を日常生活に広げることを目的としたトレーニング方法だと、カバット゠ジン（Kabat-Zinn, 2003）は明言している。

マインドフルネスと「マインドレスネス」

　マインドフルネスはしばしば「マインドレスネス」と対比される。マインドレスネスは表面的な気づきの状態として説明され、そこでは自動的な思考・習慣・行動に頼って仕事をこなしている。要するに自動操縦の状態だ。マインドレスな繰り返しは専門性や最高のパフォーマンスを身につけるために利用できる。

●演習 7-1

違いを探究する

　あなたは運転免許証をもっているだろうか？　もしもっているのなら、試験に合格してから初めて運転したとき、どのように感じたかを思い出してみてほしい。警戒心、ストレス、慎重さ、興奮はあっただろうか？
　さて、数か月後に運転したとき、あなたはどのように感じたか思い出してほしい。たぶん、運転中もリラックスして運転を楽しみ、食べたり話したり、頭の中でToDo リストをつくったりしていたのではないだろうか？
　試験に合格した最初の週の運転では、私たちはマインドフルな状態である可能性が高い。私たちは運転技術やスキルに全神経を集中させていることだろう。それと比較して数か月後、私たちの運転技術は練習を通して習慣化され自動化されている。それゆえ「マインドレス」に運転できるようになっている。まるで自動操縦のように、運転にすべての注意を払う必要はなくなり、マルチタスクが可能になっている。

これがマインドレス・モードと呼ばれる状態だ。マインドレス・モードは私たちが
かなり高い能力の状態に達したときに起こる。マインドフルネスとマインドレスネ
スの間にあるこの切り替えは、私たちが新しいスキルを学ぶときにいつも起こって
いる。

　マインドフルな注意とマインドレスな注意の違いは、マインドフルネスに対
するもう一つの誤解に関係している。私たちは常にマインドフルであるべきだ
と期待されているわけではない。それは可能なことでも望ましいことでもない。
生活にはマインドフル・モードとマインドレス・モードの両方が必要で、私た
ちは常にその間をいったりきたりしている。もちろん、時折自動操縦であるこ
とは、エネルギーを節約したり専門性が必要なことをする際に重要だ。しかし、
多くの人はほとんどの時間を自動操縦モードで過ごしていることが研究でわか
っている（Kabat-Zinn, 1994）。この高いレベルでのマインドレスネスは、私たち
のウェルビーイングにとって害になる。なぜなら、自動操縦の状態ではミスが
起こりやすくなり、衝突や事故も増えるからだ。カバット＝ジン（Kabat-Zinn,
1994）は、この習慣的な注意の浅い状態により心の統制がとれず、私たちの内
的／外的に生じているプロセスを調べる道具としての心は信頼できなくなると
主張している。
　マインドフルネスの研究と実践の重要なメッセージは、人生で最適なウェル
ビーイングを維持するためには、2 つのモード間のバランスが必要ということ
だ。つまり、私たちの多くはよりマインドフルになって、自動操縦の時間を減
らすことが必要になる。
　それゆえ、マインドフルネスの実践の目的は、思考を自己調整する能力を高
めることで、統制された心を発達させることにある（Kabat-Zinn, 2005）。ある意
味、マインドフルネスは私たちの心をコントロールするためのツールを提供し
ている。これは、今から説明する瞑想を含むさまざまなマインドフルネスの実
践を通じて身につけることができる。

マインドフルネスの要素

マインドフルネスの実践には 3 つの本質的な要素がある（Shapiro et al., 2006）。
- マインドフルネス実践における実践者の意図
- 起こってくる内的および外的な体験に注意を向けること
- 実践者がマインドフルネス実践に持ち込む態度

マインドフルネス実践の意図は、「なぜ実践するのか」「実践を通して何を得ようとしているのか」という問いに答えることだ。研究によると、実践者の意図はいくつかのカテゴリーに分かれる傾向がある（Shapiro et al., 2006）。
- 心と身体のリラクセーションまたは自己鎮静化
- 自己調整──自己をコントロールする
- 自己探究──自己を知る
- 自己解放──自己超越：より高い目標につながることができる。悟りへの到達またはよりスピリチュアルになる。

多くの人は、リラックスしてストレスを減らす意図からマインドフルネスの実践を始める。人によってはこれが別の意図に移り変わることがある。興味深いことに、マインドフルネスの効果に関する研究は、これらの意図と効果に相関があることを示している。

注意には 6 つの構成要素がある（Brown et al., 2007）。
- 現在に集中していること
- 観察しているものに関して明瞭であること
- 差別的でないこと
- 意識と注意の柔軟性を保つこと
- 私たちの体験に対して特定の価値観に囚われない立場をとること
- 注意の安定性を得ること

実践者はマインドフルネスの実践を通して、これらの特質を次第に身につけられることが示唆されている。

　態度の特徴には、次にあげる性質のすべてまたは一部が含まれている（Shapiro et al., 2005）。

- 判断しない：今、この瞬間を中立的に観察すること
- 受容：物事をあるがままに容認し受け入れること
- 手放す：思考・感情・体験を手放すこと
- 忍耐：物事の進行をそれ自身の時間とペースに任せること
- 優しさ：柔らかく、思いやりがあり、優しい見通しをもつこと
- 心を開く：物事を新たに考える、または新しい可能性を創造すること
- 共感：他者の心の状態を理解すること
- 努力しない：物事を無理に進めず、目標を達成しようとしないこと
- 信頼：自分自身と人生で展開しているプロセスに自信をもつこと
- 寛大さ：見返りを求めないで与えること
- 感謝：感謝すること
- 慈悲：他者を思いやり、無条件に赦し愛すること

　これらの態度は強力であり、マインドフルネス実践の核となる。マインドフルネスのトレーニングは、こうした態度をマインドフルネス実践と毎日の生活に持ち込めるようにデザインされている。

マインドフルネスの介入

　カバット＝ジンとその同僚は1979年に、マインドフルネスストレス低減法（Mindfulness-Based Stress Reduction: MBSR）というプログラムをマサチューセッツ医科大学院で開発し世に送り出した。MBSR は集団を対象とした介入で、参加者が日常生活でマインドフルになれるように、定期的にマインドフルネスを実践するよう訓練する。今日、医療・教育・職場で提供されている多くのマインドフルネスのプログラムは、オリジナルの MBSR の構造・内容・原則に基づいている。

　MBSR の内容は以下の通りである。

- 週1回のグループミーティングが全8〜10回あり、その中で参加者に対し

て、マインドフルネスの指導と実践、ヨガの実習、グループでの話し合い、個別のサポートが行われる。

- 参加者は自宅で１日40〜60分のマインドフルネスの実践をすることが求められる――トレーニングの効果を得るためにはこの日常的な実践がきわめて重要である。１日40分が最適な実践時間と考えられているが、最近の研究によると、10〜15分の実践でも大きな効果が得られることがわかっている（Creswell, 2017）。
- 多くの場合、１日か２日にわたる集中的な黙って行うマインドフルネス瞑想が実施される（Didonna, 2009）。

今日 MBSR は広く行われている。通常、訓練されたマインドフルネスのファシリテータがグループワークを中心に進行し、対面やビデオ会議システムを利用したオンラインで行われている。さらに、書籍やビデオ、またはオーディオプログラム、それにスマートフォンのアプリを使って（ファシリテータなしの）自分で実施する方式でも提供されている。ファシリテータがいて対面またはライブのビデオ会議で提供されるものは、ビデオまたはオーディオによる講義や、書籍・アプリで提供されるものよりよい結果を示している。その主な理由は、ファシリテータがいないプログラムでは脱落率がかなり高いためである（Gál et al., 2021）。

MBSR は、最初は慢性疼痛の患者のための追加治療として開発された（Kabat-Zinn 1982）。ほかの多くの身体的および精神的な条件のもとでも、長年にわたり成功裏に検証された（Ivtzan & Hart, 2015）。今日では、いくつかの国民健康保険サービス（例えば英国の National Health Service（NHS））で、ガンや心臓病、さまざまな慢性疾患（線維筋痛症、高血圧、喘息、皮膚疾患など）と診断された患者に対して提供されている。また、ストレス・うつ・不安・パニック・心的外傷後ストレス障害（PTSD）・睡眠障害・疲労など、さまざまな精神的症状を抱える患者に対しても提供されている。MBSR の目標は、日々のマインドフルネス実践を通して培われる患者の自己調整能力の強化により、身体的および精神的疾患を低減することにある（Kabat-Zinn, 2003）。

●ふり返りのポイント●

痛みを手なずける

　MBSR は仏教の瞑想リトリートにヒントを得て開発された。瞑想リトリートでは、実践者はしばしば何時間も動かずに座っていることが求められる。実践者は自然と楽な姿勢になるが、長時間じっとしていると筋肉と関節の痛みを感じることがよくある。その際、痛みを和らげるために姿勢を変えるのではなく、痛みの感覚と、湧き上がる思考・感情・衝動に意識的に集中しながら、それらに対して判断しない態度をとるよう求められる。痛みの感覚を受容しながら観察する能力は、痛みによって引き起こされる苦痛を緩和すると考えられている。なぜなら、痛みやそれに伴う感情は「単なる思考」であり、真実や現実を反映したものではないので、痛みから逃げたり、痛みを避けたりする必要はないという意識を補強するからだ（Baer, 2003）。カバット＝ジン（Kabat-Zinn, 1982）は、痛みを悪化させることなく痛みに長くさらされると、痛みによって引き起こされる感情的な反応性が低下する脱感作[41]につながり、その結果痛みが和らげられると主張している。

　カバット＝ジンら（Kabat-Zinn et al., 1992）は、不安や抑うつなどの精神的疾患も同様のメカニズムで緩和されると述べている。彼らは、悩ましい考えや感情から逃げずに、受容的な態度で繰り返し注意を向けることで、感情的な反応を減らし症状を和らげると主張している。実践者は、MBSR を繰り返し実践することにより、身体的であれ精神的であれ自分の症状に対してあまり反応しなくなり、それゆえ、有害な思考や行動のパターンをよりよく抑制することができるようになる（Shapiro et al., 2006）。

MBSR には 2 種類のマインドフルネスの実践がある。

- 公式の実践：さまざまなタイプと長さの瞑想実践。
- 非公式の実践（日々のマインドフルネス）：マインドフルな注意を日常の中に持ち込む——マインドフルに歩く、マインドフルに食べる、マインドフルに料理する等。

望ましい結果を得るためには、この両方を定期的に実践することが重要だ。

41　もともとは、アレルギー反応などを和らげるために、反応の抗原となるものを少量から投与し始め、だんだんと多くすることにより、アレルギー反応を抑制する方法を指す。これを心理的にも応用し、恐怖や不安を感じるような負の感情を起こすものから段階的に抜け出す方法も指す。

そのため前述の毎日40分のプログラムは、公式と非公式の実践から構成されている。

呼吸瞑想をやってみよう

　背中をしっかりとサポートしてくれる椅子にゆったりと座る。上体を起こしていることに努力を要しない程度の楽な姿勢にする。足を床につけ手は膝の上に置く。心地よくなったら、目を閉じる。

　次の音声（英語）を聞いてみる。https://www.youtube.com/_m-KfN6k4Kw

　心地よく座って目を閉じて、自分の呼吸に意識を向けてください。自分の呼吸だけに集中して、それを意識してください。息を吸って……息を吐いて……息を吸って……息を吐いて……呼吸のペースと深さに注意を向けてください。鼻から肺に出入りする空気、おなかが膨れたりしぼんだりすることにも注意を向けてください……あなたの呼吸に寄り添って……何も変えようとせず、息をコントロールしようとしないでください……ちょうどそれがあるように、そのままにしておいてください。息を吸って……息を吐いて……息を吸って……息を吐いて……

　心がさまよい注意が呼吸から離れていくことに気づいたときは、静かに注意を呼吸に戻してください。優しく、心地よく、判断せずにやってみてください……心がさまよったと気づいたときは呼吸に戻ることを、寛容と思いやりをもって受け入れてください。息を吸って……息を吐いて……息を吸って……息を吐いて……

　準備ができたら、ゆっくりと「今、ここ」に戻ってきてください。

▌マインドフルな動き

　これは日常生活のあらゆる活動にマインドフルな注意を持ち込むことだ。料理するとき、皿を洗うとき、シャワーを浴びるときに、その活動をしながら頭の中で上司や友だちや義母と生々しい会話をするのではなく、活動そのものに注意を払い、その経験に完全に寄り添うことが求められる。

●演習 7 - 3 ●

マインドフルな注意力を身につける

　マインドフルな動きの実践（Stahl & Goldstein, 2019）では、すべての注意を身体の動きに向けることが提案されている。立ち上がって、以下の指示にできる限り従ってみる。身体的な困難がある場合は、この演習を始める前に医師または理学療法士に相談しよう。次の音声（英語）に従ってこの演習を始めてみる。https://www.youtube.com/gZbwHPjMBCA

　　素足か靴下でだいたい平行になるように足を少し離して立ちます。背中はまっすぐに、しかし硬くならないように、肩の力を抜いて両腕は下ろしておきます。

　　これらのストレッチを行う際には、動きの中で自分をいたわり、優しく接することが大切です。どこまで伸ばすか、どこで保っておくかは、身体の知恵に任せましょう。この実践は、穏やかな動きをしながら身体への気づきを養う機会として捉えてください。

　　立っている状態で、足が床に接しているところに注意を向けてください。両足に均等に体重をかけ、膝をやわらかくし足を少し曲げてみてください。これがどのように感じられるかみてみましょう。自然に呼吸をしてください。次に、息を吸いながら、床と並行になるまでゆっくりとマインドフルに両腕を上げていきます。この状態で少しの間呼吸してください……そして、息を吸いながらゆっくりとマインドフルに、両腕が頭の上に来て、手のひらがお互いに向き合って上向きにストレッチできるまで、上げていきます。

　　息を吸うときに自分自身を床につなげ、次の数呼吸の中でこのようなストレッチアップをしてみてください……。

　　そして準備ができたら、ゆっくりと息を吐きながら戻します。呼吸しながら両腕を下ろします……腕の動きとともに変化する感覚に意識を向けてください……腕が下ろされるまで。

　　そして今、自然に呼吸し、木から果物を摘むように、あなたの頭の上に右の腕を伸ばしてください。身体を通して感じられる感覚に注意を向け、伸ばすときに呼吸がどうなっているかを意識してください。

　　そして今度は、つま先を地面につけたまま、左足のかかとを床から離してストレッチしてください。身体を通してストレッチを感じてください。自然に呼吸してください……そしてかかとを床に戻してください。手を下ろし始め、よかったら指を目で追ってください。手を目で追いながら、どんな色と形をしているかに注意を向けてください。そして中心に向き直り、呼吸の感

覚とともにこのストレッチの後の感覚に意識を向けてください。

　次に、自然に呼吸して、今度は左手を、果物を摘むために伸ばしてください……それから、ストレッチをするために右足のかかとを床から離してください。もう一度、身体のどの部分がストレッチしているかに注意してください。自分の限界を超えるようなかすかな動きも、気がつくだけでそのままにしておきます……そして、ゆっくりと静かに、かかとを床に戻します……両腕をゆっくりと戻し、よかったらこの過程をすべて目で追ってください。両腕を休ませてください。顔を中心に戻し、呼吸の感覚とともにこのストレッチの後の感覚に意識を向けてください。

　次に、腰に手を置き、ゆっくりとマインドフルに息を吐きながら、頭と肩を左に曲げ、腰は少し右へ動かし、身体が足から腰と胴体にかけてカーブをつくるように曲げてください。

　息を吸って……どれだけ曲げるかは重要ではなく、その動きに対する注意の質が重要です。そして、息を吸うときにまっすぐに立つ状態に戻り、しばらくそのままでいてください。

　同じ動きを右側でも繰り返します。息を吐きながら、両手を腰に当て、頭と肩が右に曲がるように優しくマインドフルに行います。そして息を吸うと……息を吸いながら、まっすぐに立った状態に戻り、しばらくそのままでいます。

　最後に肩を回します。まず、肩を耳の方へ持ち上げ、次に肩を後ろに動かして下げ、最後に肩を体の前でギュッとくっつけます。そして、これらの動きを、上・後・下・前と、滑らかに転がすように続けます。呼吸の速さと回転のスピードを合わせ、動きの半分で息を吸い、残りの半分で息を吐くようにします。

　そして今度は向きを変え、肩を逆方向に動かすようにします。

　次に、静止して、ここに立ち、身体の感覚、これらのストレッチをした後の感じ、そして息が身体に入ったり出たりする感覚に意識を向けます。

　この実践の終わりに際して、「今にいることに時間をかけてきた自分」を祝福してあげましょう。

瞑　想

　瞑想はMBSRの中に含まれる重要な実践の1つである。しかし、瞑想とは何だろうか？　そして日常生活で私たちがよりマインドフルになり、統制のと

れた心を得るために、どのように役立つのだろうか？

　瞑想は「非分析的な方法で注意を集中しようとする意図的な試みを共通にもつ一連の技法」(Shapiro, 1980, p. 14) と定義されている。瞑想実践の目的は「心理的プロセス・意識・アイデンティティ・現実の本質に関する深い洞察を探究し、心理的ウェルビーイングと意識の最適な状態を獲得すること」(Walsh, 1983, p. 19) である。また、瞑想の目標は、メタ認知および注意と思考の自己制御を発達させ、苦しみを軽減すること (Wallace, 2005) とされている。瞑想中に実践する深いレベルの知覚は、実践者が日常生活に持ち込もうとしているあり方の様式といえる (Olendzki, 2009)。

　一般的な瞑想法は次の3つに分けられる (Shapiro et al., 2005)。

- 集中瞑想：集中実践の中では、実践者は内部および外部の刺激を無視して、注意を単一の対象や思考に集中するようコントロールする。意識を、呼吸・マントラ[42]・単語・言葉・音など、瞑想の対象に集中する。マントラ瞑想、慈悲の瞑想、超越瞑想 (transcendental meditation：TM) などは、集中技法と考えられている (Siegel et al., 2009)。

- マインドフルネス瞑想：注意を広げるための精神的な実践と考えられている。その目的は、特定の対象に集中するのではなく、移り変わる経験に注意を向けることだ (Siegel et al., 2009)。マインドフルネスの実践の中で、実践者はその瞬間の意識に影響力をもつものであれば、内的であろうが外的であろうが何にでも注意を向けようとする。彼らは観察した経験に対して、開放・受容・思いやりの態度をとるよう、そしてそれが負担になるとしても、経験の評価・批判・変更・停止の試みは避けるよう教えられる (Baer, 2003)。禅の瞑想は、マインドフルネス実践の一例である。

- 観想的瞑想：この瞑想は、不知ということを受け入れ、より大きな精神 (神のような高次の力) に働きかけることを含んでいる。実践者はこの状態か

42　日本語では真言と訳され、祈る際に唱える言葉 (呪文) を指す。瞑想の際、意識を集中するためにも使われる。

ら問いを立て、未解決の問題を意識に上らせることがある。観想的瞑想は、治療的文脈よりもスピリチュアルな実践として行われることが多い。

MBSR や同様のプログラムの中で、瞑想実践にマインドフルネスと集中の技法を組み合わせて導入していることは注目に値する。例えば、呼吸瞑想の初期段階では、呼吸に集中する必要があるので集中技法が提案されている。MBSR を含むさらに進んだ瞑想実践では、（呼吸に集中するような）集中技法から開始し、その後、実践者がその瞬間に起こっていること（例：身体の感覚・思考・感情）をすべて観察するよう求められるマインドフルネス技法に移行する。こういったことから、集中技法がマインドフルネス実践を促進させることが、研究で見出されている（Shapiro et al., 2003）。

▌瞑想はどのようにして統制された心を創るのか？

ほとんどの瞑想は、私たちの意識を観察し注意を調整する、動的なプロセスを含んでいる。瞑想で心を働かせると、私たちの注意があちこちに飛んでいること（マインドワンダリング）に気づくことがよくある。瞑想では「注意があちこちにさまよったら、注意を戻してください」という指示がされる。それゆえ、マインドワンダリングに気がついたら、ゆっくりとその思考のつながりから離れ、注意を受容的かつ寛容に瞑想へと戻す。その際、自分自身を叱ったり、間違ったことをしていたと考えないことが大切だ。心はさまようものなのだ。さまよい、そして注意を瞑想実践で指示された対象に戻すという心のサイクルは、1回の実践の間に何度も繰り返される（Olendzki, 2009）。そのため、このプロセスの本質は、意識の内容ではなく管理のプロセスにある（Didonna, 2009）。研究によれば、このプロセスは脳にとって強力なエクササイズとなるため、マインドフルネスの重要な仕組みの1つである。繰り返し実施することにより、私たちは注意をコントロールすることを学ぶ。注意をコントロールする力は、私たちの思考・感情・行動そして身体感覚を自己調整する能力を促進し開発すると、研究で明らかにされている（Didonna, 2009）。

身体的・心理的不調を減らすために、マインドフルネスが有効に働くもう一

つの重要な仕組みは、思考・感情そして身体感覚の関係性を変化させることだ
(Shapiro et al., 2006)。この仕組みは矛盾を含んでいる。一方では、私たちが絶
えず思考の川で満たされていることに気づくことが必要だ。マインドフルネス
を実践することにより、自分自身と非常に密接な関係を築き、思考をよりよく
理解できるようになる。感情と身体感覚に関しても同様の認識を得る。他方で
は、私たちは思考・感情・感覚に巻き込まれないことも学ぶ。これは非同一化
と呼ばれるもので、まるで外から見ているように、自分の思考・感情・感覚を
分離することができるようになるものだ (Shapiro et al., 2006)。

●演習 7 - 4 ●

停止することを学ぶ

　思考・感情・感覚を分離する能力を開発するための、いくつかの瞑想と非公式の
実践がある。以下の短い非公式の実践は、思考・感情・身体感覚などの内的な出来
事に意識を向けさせることにつながり、困難な出来事やストレスが多い出来事の後
で、身体と心のバランスを取り戻すことを可能にする。
　この実践は STOP と呼ばれ (Stahl & Goldstein, 2019)、以下の 4 つのステッ
プから構成されている。
- S＝Stop（停止する）
- T＝Take a breath（呼吸する）
- O＝Observe（観察する）
- P＝Proceed（進行する）

　忙しい日々の中で、自分の中に何が起こっているのか気づかないことがあるかも
しれない。しかし、ほんの一瞬立ち止まって（S）呼吸を整え（T）、自分の思考・
感情・感覚を含めて何が起きているのかを見極めること（O）で、自分の経験と再
びつながり、感情のバランスをとり、より効果的に行動し対応すること（P）がで
きる。この実践は、非常に啓発的だ。肩に痛みがある、歯をくいしばっている、座
り心地が悪い、などに気づくかもしれない。また、お腹が空いている、疲れている、
ストレスが溜まっている、イライラしている、不安になっている、などに気づくか
もしれない。ストレスや動揺を感じたら、いつでもこの STOP 演習を実践するこ
とができる。自分がどこにいるのかに気づいたら、それを認め、受け入れ、緊張を
解き、バランスを取り戻すことができる。この実践は、特定の活動の前や後に行う

こともできるし、１日のうち何度か立ち止まって自分自身と向き合う時間を設けることもできる。この演習によって、あなたは自分の心理的なウェルビーイングの管理に積極的に関わり、今、この瞬間がどんなに困難で強烈であっても、よりバランスがとれた平和な瞬間として経験する能力を得ることができる。

マインドフルネス介入の研究

　過去50年間にわたり、マインドフルネス・トレーニングと治療はその心理的・身体的効果が検証された。研究が示しているのは、マインドフルネス・プログラムはさまざまな身体的・心理的状態を改善できるということだ。多くの研究は MBSR に焦点をあてている。またいくつかの介入は、マインドフルネスに認知行動療法（cognitive behavioural therapy：CBT）を組み合わせている。主な例は、マインドフルネス認知療法（mindfulness-based cognitive therapy: MBCT）だ（Segal et al., 2002）。これはもともと、うつ病の病歴をもつ患者の再発を防ぐために考案されたが、不安症などのほかの疾患に対してもよい結果を出している（Chiesa & Serretti, 2011）。

　マインドフルネス・プログラムの研究には、何千もの論文がある。以下では、膨大な文献を要約し垣間見ていく。いくつかの研究によると、脳の電気的な活動はマインドフルネス・トレーニングに反応し、α波と θ波（双方ともリラクセーション状態で発生する）の増加とともに、（覚醒に関係する）β活動の上昇を促すことがわかった（Chiesa & Serretti, 2010）。多くの研究により、マインドフルネス・トレーニング終了後の４～８週間後、脳の特定の部位がしばしば活性化するだけでなく、脳の構造およびパフォーマンスの変化が見られることが報告されている。影響を受けるとされる部位は、痛み・感情・意識・注意・認知・自覚・内観・記憶・感覚や視覚の処理・情動反応と行動反応の調整に関係するところだ（Chiesa & Serretti, 2010; Marchand, 2012）。さらに、マインドフルネス・トレーニングは呼吸や代謝のパフォーマンス、血圧とコルチゾール分泌により測定されるように、身体の休息状態を引き起こすことが示されている（March-

96

and, 2012)。マインドフルネス・トレーニングをがん患者に提供したところ、免疫機能が強化されることがわかった（Witek-Janusek et al., 2008）。いくつかの研究では、教育現場（主に学校や大学）で実施した場合のマインドフルネスの効果を検証しており、マインドフルネス・トレーニングが、短期と長期の記憶機能・注意力・認知・好奇心・集中力・メタ認知・認知的柔軟性・想像力・創造性・創作力などの学習スキルを改善することが明らかにされている（Marchand, 2012）。いくつかの臨床的な試行は、マインドフルネス・トレーニングの後で主観的な痛みの体験が著しく減少することをはっきりと示している（Chiesa & Serretti, 2010; Grossman et al., 2004; Kabat-Zinn et al., 1992）。MBSR は乾癬患者の皮膚の状態の改善（Kabat-Zinn et al., 1998）、そして、がん患者の睡眠の改善と疲労の減少をもたらした（Shapiro et al., 2003）。

　心理学では、マインドフルネス・トレーニングは不安・パニック・悩み・ストレス・抑うつ・自殺願望・自傷行為・反芻思考・神経症・怒り・認知的混乱・思考抑制・PTSD・薬物依存などの心理的苦痛の症状を著しく下げることができるとされる（Keng et al., 2011）。マインドフルネス・トレーニングは双極性障害・社会恐怖症・精神症・解離・境界性人格障害・摂食障害の症状の軽減に有効であることが示されている（Chadwick, 2014; Kristeller & Wolever, 2010; Williams et al., 2008; Zerubavel & Messman-Moore, 2013）。

　マインドフルネス・トレーニング後のウェルビーイングの改善には、幸福感・人生の満足感・心理的ウェルビーイング・人生の質（quality of life：QOL）・ポジティブ感情・希望・首尾一貫感覚[43]・制御感覚・自律性と独立性・対処スキル・レジリエンス・道徳的成熟・スピリチュアリティ・自己実現・自己共感・ストレス耐性・情動調整・自尊心・自己受容・博愛・信頼・共感・許

43　首尾一貫感覚（sense of coherence: SOC）は、アーロン・アントノフスキーがアウシュビッツ絶滅収容所の生存者を研究するなかで発見した健康の要因である。SOC は、把握可能感、処理可能感、有意味感という 3 つの下位尺度から構成され、その総和が SOC の値となっている。把握可能感は自分の周りで起こることを把握できているという感覚、処理可能感は自分の周りで起こるさまざまな問題に対して有効に対処できるという感覚、有意味感は自分の人生には意味があるという感覚である。この 3 つの値が高い人ほど健康の度合いが高く、ストレスへの対応能力が高いと考えられている。

し・感情を表現する力・社会関係や社会適応の向上、そしてユーモアのセンスの向上が含まれている（Frieset, al., 2012; Keng et al., 2011; Robins et al., 2012）。この研究の簡単な概要からわかるように、マインドフルネス実践は素晴らしい成果を残しているので、これらのエクササイズに毎日取り組むことをお勧めする。

● 演習 7 - 5 ●

慈悲の瞑想 1

この章の終わりに、慈悲の瞑想を紹介しよう[44]（Stahl & Goldstein, 2019）。実施の際は、次の音声（英語）を利用することができる。https://www.youtube.com/1bF0Mice-yc

> 貴重な時間を瞑想に費やしている自分自身を祝福してから、実践を始めましょう。今、この瞬間にいることができるようになったら、身体と心、それに自分の内に起こってくるすべてに意識を向けてください。ただあなたの内にあるすべてを認め、そのままにしてあげてください……評価や判断なしに。ふつうに、そして自然に呼吸しながら、ゆっくりと意識を呼吸に移してください。息を吸って、息を吐いて……ただ呼吸に意識を向ける……吸う息と吐く息、ただ生きています。息を吸って、息を吐いて、息の始まりと息の終わりを観察してください。ただ息をしています。
> 次にゆっくりと、鼓動する心臓に注意を向けてください。そして、その感覚を感じて、命がいかにはかなく尊いものかに思いを馳せてください。心臓は、あなたとすべての生き物にとっての、より深い思いやりと愛への入口です。自分自身の大切な人生を、思いやり・慈悲・愛とともに感じてください。慈愛の力強さを感じてください。それは、差別や分離や偏見なく、すべての生き物の頭上を照らす太陽や月や星々のような、無限の利他的な愛です。この愛を、あなたの心臓・皮膚・肉・臓器・骨・細胞、そして存在の中に取り込んでください。あなたが、自分自身への深い思いやりと共感に心を開き、あなたが不完全で完璧な存在であることを認識し、受け入れることができますように。自分自身を愛することには抵抗があるかもしれません。あなたの課題を認めて、このワークに取り組んでください。愛のある思いやりを自分自身に向ける体験を感じるために、寛容であってください。数分間、次のフ

---

44 仏教で古くから行われている瞑想の一つで、慈愛の瞑想と呼ばれることもある。幸せを祈ることを自分から始めて段階的に周りに広げていき、最終的には生きとし生けるものすべての幸せを祈る。

レーズに心を開く時間をとり、自分自身の存在にそれを浸透させてください。

・私が安全でありますように
・私が健康でありますように
・私がやすらかでありますように
・私が平安でありますように

　次に、あなたに影響を与えた 1 人、または多くの恩人・教師・メンターやほかの人に愛のある思いやりを広げ、同じフレーズを繰り返します。

・彼らが安全でありますように
・彼らが健康でありますように
・彼らがやすらかでありますように
・彼らが平安でありますように

　さらに、家族や友人やコミュニティの中で、あなたに近い人や親しい人に愛のある思いやりを広げます。

・彼らが安全でありますように
・彼らが健康でありますように
・彼らがやすらかでありますように
・彼らが平安でありますように

　次はどちらでもない人々、知人、知らない人々に愛のある思いやりを広げます。

・彼らが安全でありますように
・彼らが健康でありますように
・彼らがやすらかでありますように
・彼らが平安でありますように

　次は、あなたの人生で出会ったにがてな人々にも愛のある思いやりを広げることを考えてみます。これらの人々に愛のある思いやりを送るのは、難しいか全く不可能かもしれません。恨みはあなたの健康やウェルビーイングに有害な影響を及ぼすということを理解したうえで、愛のある思いやりと共感を自分自身に送ることにより、それを中和してみましょう。それから許しについて考え、対立と思いやりのなさの根源には、恐れと気づきの欠如があることを理解しましょう。心を開き、愛のある思いやりをライバルまで広げ、そしてさらに、彼らがより大きな気づきを得て、恐れを愛に変換するような心への入口を見つけることを願いましょう。優しく、ゆっくりと、愛のある思いやりをあなたの人生の中の敵やにがてな人々に送りましょう。

・彼らが安全でありますように
・彼らが健康でありますように
・彼らがやすらかでありますように
・彼らが平安でありますように

　次に、少し時間をとり、恵まれない人のことを考えてみてください。あなたの心に、身体的または情動的な痛みを抱えている人を思い浮かべてください。困難や課題に直面している人が、癒しや平安を体験しているところをイメージしてください。そしてこの癒しの輪をすべての存在に広げてください。身体の病気と心の苦痛を経験しているすべての生き物が、平安でありますように。次に、愛のある思いやりを自然災害や戦争の犠牲になっている人たちや、お腹を空かせている人たち、家が無い人たちに送ってください。彼らもまた平安でありますように。愛のある思いやりを、不安・ストレス・孤独・疎外・絶望を感じている人たち、そして、依存症の人たちや迷っている人たち、あきらめている人たちに広げてください。彼らもまた平安でありますように。誰も見捨てることなく、苦しんでいる人たちが平安でありますように。慈愛のエネルギーを空のように限界がなくなるまで拡大し、すべての人類と生き物に放射し始めてください。大きいか小さいか、弱いか強いか、見えるか見えないか、近いか遠いかに関わらず、何も省かず、すべての生きとし生けるものに、慈愛を送りましょう。この広大な愛を地上・水中・空中のすべての生き物に送り、慈愛をすべての方向に広げましょう。

・生きとし生けるものが安全でありますように
・生きとし生けるものが健康でありますように
・生きとし生けるものがやすらかでありますように
・生きとし生けるものが平安でありますように

　慈悲の瞑想を終えるときは、呼吸に戻り、息が出入りする身体全体を感じてください。息を吸うとき上昇し、息を吐くとき下降している身体を感じてください。この瞑想の終わりに、あなたが得たものをすべての存在と分かち合うことができますように。すべての存在が平安でありますように。

おわりに

マインドフルネスであるもの

• 自動操縦システムをオフにして、自分の人生につながり、より今にいられ

る機会。

- 私たちがすでにもっている注意と気づきの様式。
- 自己認識・受容・自己共感を発達させる方法——自分自身の思考・感情・身体感覚にもっと気づき、それらをありのままに受け入れ、判断せず、思いやりをもって反応することを学べる。
- ストレス・不安・抑うつ・痛みなどのさまざまな精神的・身体的不調を軽減することができる方法。
- レジリエンスを発達させ、困難な時期にさらなる苦痛をつくり出さないようにする方法。
- 思考・感情・行動の自己調整能力を発達させ、反応性を抑え、より優しく偏りのない態度で人生の出来事に関わることを学ぶための手段。
- 自分や他者に慈愛を伝え、共感的で、利他的で、信頼し、思いやりをもって接する方法。
- ウェルビーイングや知恵の向上をもたらすあり方。
- その利点に関する重要な研究があり、学術的根拠に基づいていること。

マインドフルネスではないもの

- マインドフルネスは、すべての悩みやストレス要因をすばやく取り除いてくれるものではない。マインドフルネスの効果を得るためには、一貫した実践と努力が必要だ。
- マインドフルネスは、心を空っぽにしたり常にマインドフルであることを要求する実践ではなく、瞑想しているときにだけ起こるものでもない。
- マインドフルネスは画一的なアプローチではない。マインドフルネスの実践方法は人それぞれで、また、すべての人に合うわけではなく、すべての人に効果があるわけでもない。そのため、他人に強制するべきではない。
- マインドフルネスは万能薬ではない。マインドフルネスは心身の障害を軽減することができるが、医学的治療や心理療法の代用として使用すべきではない。
- マインドフルネスは、全か無か（all-or-nothing）の体験ではない。実際に

トレーニングプログラムに参加し、好きなだけ試して関わり、ゆっくりと
実践の習慣を身につけることができる。
- マインドフルネスは、人生から距離を置き、困難な経験や記憶、感情から
逃れるための実践ではない。実際には、あなたがより強く自分の経験と関
わり、受容と自己共感により、困難をやり過ごすことを可能にする。

　結局、マインドフルネスが自分に合っているかどうか、人生にどの程度フィ
ットするか、役に立つかどうかを決めることができるのはあなただけだ。もし
機会があるのなら、ぜひ試してみてほしい。この章を読んで、あなたが興味を
もち、やってみようという気になったのなら幸いだ。マインドフルネスの実践
は、新しいあり方・やり方、他者との関わり方を生み出すための発見の方法を
提供する。私たちは新しい可能性を発見し、その過程で自分自身と親しくなる
ことができるかもしれない。

やってみよう、考えてみよう

　本章では時間をとって実施する公式の実践が紹介されているので、最後に日常生活の中で行える非公式の実践をいくつか紹介する。興味を引くものがあれば、ぜひ毎日継続して実践することをお勧めする。

1．呼吸瞑想

　呼吸瞑想は演習7-2で説明されているが、ここではガイドなしで呼吸瞑想を実施してみる。時間的には1〜2分、ただ呼吸に意識を向けてみる。朝起きたとき、夜寝る前、昼間に気がついたとき、講義の前、サークル活動の前、呼吸はいつでもしているので、気がついたときに少しだけ呼吸に意識を向けてみよう。可能であれば目は軽く閉じた方が意識を集中しやすい。できるだけ毎日同じ時間帯に実施できるとよい。

2．歩行瞑想

　演習7-3でマインドフルな動きを実践したが、ここではガイドなしで歩行に意識を向けてみる。右足をあげて着地し、左足をあげて着地し、という身体の動きや感覚を観察しながら、普段より少しゆっくりと歩いてみる。歩くことは毎日しているはずなので、気がついたときに、ここからあそこまでやってみようと決め、数歩でも数十歩でもかまわないのでやってみるとよい。ただし、歩行に意識を集中しても危険がない場所でどうぞ。

3．ボディ・スキャン

　本文中では説明されていないが、ボディ・スキャンは MBSR や MBCT で使われている方法の１つだ。頭のてっぺんから足の先まで、身体に順番に意識を向けていく。夜寝る前にベッドや布団の中で行うと、意識が足の先に到達する前にぐっすりと寝てしまうことも多いかもしれない。もちろん朝起きたときや、日中に椅子に座っている状態で実践することもできる。ネットで検索すると複数のボディ・スキャンのガイドがあがっているので、参考にするとよいだろう。

4．勝手に幸せを祈る

　演習７‐５慈悲の瞑想１をやってみてどんな感想をもっただろうか。「にがてな人の幸せなんか願えないよ」という人や、「いろいろな人の幸せを案外すんなりと願えた」という人まで、さまざまな感想があるのではないだろうか。ここでは、慈悲の瞑想を簡略化して、日常生活で出会う人の幸せを勝手に祈ってしまおう。日常生活で出会う人に対して「この人が幸せでありますように」と、勝手に、内緒で、心の中で祈ってしまおう。相手は、家族や友人でも、たまたま町で見かけた知らない人でも、自分でもかまわない。１日に祈るのは、１人か２人程度で十分だ。もちろんもっと沢山の人に対して祈っても OK だ。祈ってみて、自分の中に何が起こるか観察してみよう。

第*8*章

関係性を築く

はじめに

　他者との関わりは、明確な目標を達成するための一時的なもの（例：クラスメートと協力して授業中に快適な座席を確保する）にしろ、長期的なもの（例：友人をつくる）にしろ、私たちの日常生活の大部分を占めている。実際、私たちの感情や気分の相当な部分は他者と関係がある。人間関係は、私たちの日常の浮き沈みの一部だ。さらに、計画的あるいは計画外での素晴らしい自己成長の機会を与えてくれるだけではなく、人生の節目をいみじくも示してくれる。ポジティブな人間関係を形成し維持する能力は、活気に満ちた社会組織と、そこに住む社会的な主体——あなたのことだ——が成長繁栄（thrive）する内なる世界の両方にとってきわめて重要である。大学生活は、同じ志をもつ人々とつながり、学習を共有し、思い出を協創し、生涯にわたる友情を築くための、かけがえのない、ワクワクする、やりがいのある、社会的キャンバスを提供してくれる場であると広く認識されている。

　本章では、人間関係について検討し、なぜそれが重要であるか、そしてポジティブな人間関係のつくり方を育み、実践する方法について考察する。ポジティブな人間関係が、あなたのウェルビーイングや活力、自己成長、そして将来に向けた貴重な社会関係資本[45]（social capital）の構築にとって、いかに役立つか

を探究する。本書の主旨に則り、自己充足感に対する志向性を高め、その満ち足りた状態から惜しみなく与えることを通じて、自己と他者との関係を築く自然な能力を深化させていくことを意図している。

有意義な人間関係

　長い間、大切な誰かとの親密な人間関係と相互作用の研究は、哲学者、社会・発達心理学者、パーソナリティ心理学者、およびポジティブな人間関係を利用するセラピーに注目する医療従事者の関心事であった。親しい人間関係は、目標を共有し価値観がつながっている個人間の連続的な相互作用を通じて現れる傾向がある。交流の共有、開示、有意義なつながりを特徴とする親しい人間関係は、私たちの人生においてきわめて重要な役割を果たす。形成期から成年期の間、何らかの方法で人生の旅を形作る経験を提供するからだ。例えば、ある研究によると、私たちの親近感と帰属感、人間関係への満足度、感情的な気質、失敗に対して防御的に反応しない能力、および全体的な個人のウェルビーイングは、私たちが関係をもっている人たちが応答的に反応してくれる経験により、向上することが示されている。この「パートナーの応答性」のポジティブな影響は、相手が私たちを理解して、私たちの経験を認めるような方法で注意を払い、気にかけてくれていることを、どの程度感じとれるかに関係している（さらに学習したい場合には、セルカックら（Selcuk et al., 2019）を参照）。

　時々、日常会話の中で人間関係をまるで「もの」のように、つまり複数の人を包み込む「泡」であるかのように語ることがある。そのような語り方は、概念のうわべは重なっているかもしれないが、人間関係は「予期せずに人々に起こる」もの、または一度起こったらそこにあるだけというような、静的で自己永続的なものであるという誤解を招く可能性がある。ところが、じっくり考えてみると、人間関係は最初から最後まで、個人の信念、ニーズ（欲求）、期待、リアルタイムな感情の状態、および状況的動機のレンズによりフィルタリング

45　人と人とのつながり、信頼、互酬性などを柱とし、それらを資本と捉えて重視する考え方やその概念。

された、情報交換とさまざまな伝達手段（multi-modal）を通じたフィードバックの活発なプロセスによって、区切られていることがわかる（例えば、レイスとルスバルト（Reis & Rusbult, 2004）を参照）。この人間関係づくりのプロセスは、個別で静的なものではなく、積極的に参加している個人の間で行われ、それぞれが自らの主観的な見方と、「与え」たり「受容する」スタイルをもっている。言い換えれば、人間関係とは、個々の参加者が意識的または無意識に貢献（差し出す）し、受容する（受け取る）ことにより創られる、ダイナミックで相互主観的な空間を通じて、またそれゆえに展開する。したがって、一般的に言われるように「私たちが人間関係から何を「受け取る」（受け取れる）かは、私たちが人間関係に何を「差し出す」（ことを選択するか）に大きく左右される」ことになる。人間関係の質と経験の両方を決定し協創するという、私たちの積極的な役割を認識することは、成熟した人間関係と自己習得に向かう、重要かつ力強い（エンパワメントな）志向である（例えば、ベッカー（Becker, 1992）やフィーニー（Feeney, 2007）を参照）。

　有意義な人間関係とは、私たちに影響を与える人間関係である。それは、両親や兄弟姉妹、ほかの保護者や家族、友人、恋人との親しい人間関係かもしれない。同様に、私たちがメンタリング46で関与している人たち（例えば、学生支援サービスのファシリテーター）のような期限付きの専門家連合も含まれるかもしれない。これらの人間関係は、関与する活動の性質、お互いの開示の程度などによって異なる。しかし鍵となる共通の特徴が一つある。それは、肯定・喜び、そして心の安らぎに出会う可能性と同時に、不満・失望・仲違い、あるいは傷心に出会う可能性が並行して存在していることだ。これは認識しておくべき、重要な緊張関係の二分法だ。親しく有意義な人間関係が「よい」かどうかの中心には、不快な出来事や経験が展開する空間を建設的かつ公平に認知し、対処するのに十分な間、許容し保持する能力がある。それが可能であるかによって、人間関係がポジティブな生活を制限し妨げているか、あるいは、ポジティブな

46　企業などでよく実施される人財育成の手法の一つで、メンターと呼ばれる指導役の社員とメンティーと呼ばれる指導を受ける社員が一対一で対話するなどして、メンティーの自己成長を支援する手法。

生活を可能にする触媒として作用しているかがわかる。ポジティブな人間関係を促進するのに役立つ思考と行動の習慣について深く掘り下げて学ぶ前に、人間関係と人間の状態のありように関するいくつかの鍵となる理論を検討してみよう。

なぜ私たちは人間関係の中にいる必要があるか？

　私たちが発達し、適応し、成長繁栄するためには人間関係が不可欠であると研究は示している。人間関係の中心は、私たちが社会的に受け容れられていることだ。私たちはこの承認を求め、積極的に応答する。これは、私たちが組織化されたコミュニティに住む社会的存在として生き残るために進化してきた、中核的な社会的動機の一つだ。社会心理学者のスーザン・フィスケ（Fiske, 2018）は、60年以上にわたる人間関係に関する心理学の研究を統合し、有意義な人間関係を形成し維持するために、私たちの焦点と努力を活性化し方向づける役割を担う、5つの包括的かつ相互に関連する社会的動機を見出した。認知的動機と感情的動機の混合である5つの核となる社会的動機とは、所属（belonging）、理解（understanding）、統制（control）、自己高揚（enhancing self）、他者への信頼（trusting others）だ。5つの頭文字 BUCET を「バケット（bucket：バケツ）」と読むと、この理論を覚えることができる。

┃ 所　属

　私たちは、強く安定した人間関係が提供する安全性・快適さ・不安の低減を通じて、身体的および心理的な生存を保証するため、人間関係を築きグループに所属したいという、根源的な欲求（need）をもっている。目に見える、あるいは目に見えない文化的規範は「所属」を促し、私たちが所属していると感じたり証明したりするためにとる行動のガイドラインを設定する。私たちが一緒にいることを選択した人たちとの有意義で深いつながり、または軽やかで楽しい出会いを経験することは、この動機に対処し満足させるのに大いに役立つ。自分の居場所があり、それはいま自分たちがいる場所だと知ることで、自己感

108

覚（sense of self）を高めているからだ。

理　解

　人には、他者を理解し、他者に理解されたいという根源的な欲求がある。他者をざっくりと理解することで、私たちは彼らの目標や願いに共感し、彼らの意図を予測できるようになる。このことは、集合的な価値観が出現することを可能にし、協働と共存の基盤をつくる。これは人がともに生き残り、成長繁栄するために重要だ。

　理解されたと感じることは、共有された意味と現実の欲求を拡大し、複雑で根深い動機となる。それは、他者から認知され、理解され、受容されていると感じるような方法で、私たちが見られることを含んでいる。このように見られることで、私たちの個性が尊重され、独自性が受容される。この認識は、自分が「特別」な存在であり、それに値するという私たちの感覚を強化していく。したがって、「私たちをわかってくれる」人たちや私たちが「わかる」人たちとつながり、一緒にいることを楽しむ傾向があることは、驚くに値しない。こうした自己を開示する方法は、礼儀正しい好奇心と開放性のある場所から他者を見るという単純な行為となる。

統　制

　統制は、社会的環境や境界と自分自身を管理する能力があり、効果的であると感じる根本的な欲求だ。私たちは、自分の行動を誇示し、影響力をもっていることを知らせるよう動機づけられている。言い換えれば、私たちは差異を生み出し、意図した結果を達成できると考えたいのだ。そうすることで不安が軽減され、カオスではなく継続性と秩序により未来を特徴づける自信が生まれる。そうしなければ、空気を読むことに敏感になり、コントロールを（再）確立しようとする方法としての情報収集に夢中になってしまう。フィスケ（Fiske, 2018）が述べているように、コントロールの価値に対する信念は、「人々がお互いをどのように理解しているか、特定の態度がどのように保持されているか、人々が最初にどのように（お互いに、または一方的に）惹かれているか、そして人

間関係がどのように感情を生むかを説明する」(p. vi)。

　「統制（コントロール）」という言葉には、否定的な意味合いが込められていると考えがちだ。しかし、私たちの欲求を効果的に伝えたり、特定の種類の助けを求めたり、または、説得力のある方法で提案をしたりするためのスキルを使うことが、いかにポジティブで実りある人間関係を導くのに役立つ社会的統制の形態であるかについて、考えてみよう。言い換えれば、他者が私たちの目標達成を助けてくれるとき、私たちは効果的であると感じ、統制されているという感覚になる。さらに、彼らは私たちの意図を把握し、反応を選択する。このようにして、彼らの理解・貢献、および統制という社会的動機が満たされることになる。

　もちろん依存の問題もある。自律性は、ポジティブな人間関係を築く社会的動機としての統制の概念に光を当てる。依存性と自律性は、どちらも必要なものであり、避けられないものだ。緊張と不快感は、依存性と自律性のどちらかに偏ったり、釣り合わなかったりしたときに現れる。しかし、この「自分の快適領域（comfort zone）の外に出るシナリオ」からは、新しい可能性と気づきが得られやすい。一歩退いて俯瞰すると、これら２つの対照的な立場が一見逆説的に見える状態にあることがわかり（フィーニー（Feeney, 2007）も参照）、依存性と自律性の相互依存関係を受け容れることで、支えとなるポジティブな人間関係づくりのリズムを経験することができるようになる。ドイツの哲学者アルトゥール・ショーペンハウアーの「ヤマアラシ（のジレンマ）の寓話」(1850年代)は、心理学者ジークムント・フロイトによって1920年代に有名になった。おそらく、人間関係づくりの中心にある、個人の成長自立を促す（enabling）リズムを捉えるのに役立つだろう。すなわち、私たちはフローと運動を最もよく促し[47]、停滞と断絶を防ぐ「親しさ」と「自律性」のバランスを達成しようとする（ルプニッツ（Luepnitz, 2002）参照）。ヤマアラシの寓話では、冬の寒い日にヤマアラシの群れが集まっている。温まるために、彼らはお互いに近づこうとする。しかし、ご想像の通り、彼らが寄り添って暖をとろうとすると、針でお互いを刺

47　時間を忘れ、完全没入して集中している心理的状態。

してしまう。そして、お互いの針の痛みを止めるために、再び離れて広がると、今度は寄り添うことによる暖かさという利点を失い震え始める。このためヤマアラシたちは元に戻り、再び近づくというサイクルを繰り返しながら、痛みなしに暖かくなる最良の距離を見つけようとする。

▎自己高揚

　この中核的な社会的動機は、拡張するという根本的なニーズ——つまり、自分自身を知り、自分の可能性を実現することと定義される。モチベーションの自己拡張モデル（Aron et al., 2013）は、社会的成功と個人的充足、価値観と目標、友情と恋愛の美学に対する、私たちの主要な心的構成と態度のいくつかの側面を説明するのに役立つ。このモデルとそれを裏づける多くの研究によると、親しい人間関係は、私たちのパートナーの信念・視点・知識（私たちについての相手の気づきを含む）、および社会的アイデンティティ、さらにその他の社会関係資本と資源（resources）を同化することにより、拡張したいという人間の欲求と気質を自然に満たしている。すべてが等しい場合には、このプロセスはペアとなっているパートナーを動機づけ、力を補うことに焦点を当てた、進行中の「自己の中に他者を含める」相互プロセスと並行する。どの人間関係を築くかを選択し、それがなぜ双方の参加者にとって重要なのか知ることは、充実し目的のある人生を送るための、私たちの内なる対話にとって重要なトピックである。

　ほかの人たちからの共感は、資源についての私たち自身の内なる自己共感のレパートリーを増やし、自尊心・セルフケア、および自己信念の足場に確実になる（マシェクとアロン（Mashek & Aron, 2004）も参照）。しかし、その逆もあり得る——ある人たちからの否認または共感行動の不足が、内的な資源を枯渇させ、自己不信を育む可能性がある。そのような場合、私たちはネガティブな思いに悩まされていることに気づくかもしれない。私の居場所はここだろうか？　私は何かに値するだろうか？　私には能力があるだろうか？　私たちは、自分の気分をよくしてくれる人を好み気遣うが、一緒に過ごし、感情のエネルギーを拡張してくれる人について慎重に考えているとは限らない。「彼らは私の中で

最高のものを引き出してくれる」という、心地よく活気に満ちた感覚を私たちに与えてくれる人たちとこそ、人間関係を築くべきである。

▌他者への信頼

これは、すべての核となる社会的動機をつなぐ強力な欲求である。他者を信頼することは、自己開示・相互依存・コミットメント、およびアタッチメントの基礎的な前提条件となる。私たちは飛躍的な信念に突き動かされて、率直な立場をとり、私たちが交流している人々は優しいという確信をもって行動する。公正で思いやり（compassion）のある人々の世界への期待は、開放的で好奇心旺盛なマインドセット[48]を生み出し、すべてが等しくあれば同じ見返りをもたらすようになる。開示と露出は「リスク」のようにも感じられる。それは、誤解されたり、拒絶されたり、嘲笑されたりすることに対して、私たちが無防備または敏感だと感じさせるからだ。しかし、自分自身を他者に「露出する」とき、私たちは自分への気づきを最も多く得ることができる。ここでは、実存的な視点が役に立つ——実存する（to be）（充実した人生を送るために、実存するようになる（to become））という勇気を奮い立たせるためには、「リスク」と、創造的でポジティブな行動をとることへのコミットメントが要求される（Tillich, [1959] 2014）。

要約すると、核となる社会的動機とは、「ほかの人々が関与する状況で人々の思考・感情・行動を推進する、根本的かつ根底にある心理的プロセスを説明する」ものである（Fiske, 2018, p. 12）。それらは個人の性格の問題というよりは、人と状況との相互作用、人間の本性と社会的条件の相互作用によって生成される。私たち一人ひとりは、類似性の程度にはさまざまな違いがあるものの、これら5つの核心的な社会的動機の原動力を経験している。それらの重要性を認識すればするほど、私たちの行動をより高次の価値観に合わせ、私たちが望んでいるような人間関係を確立し育むことに力を注ぐようになる。

48　マインドセットについてさらに学習したい人は、第5章を参照。

アタッチメント

　前節で提示した５つの核となる社会的動機に加えて、アタッチメントの概念を考察することも重要だ。アタッチメントとは、自己と他者が親しくなり、つながりをもとうとする、強い愛情の絆のことである。これは、有意義な人間関係の鍵となる特長であり、信頼（trust）および信頼する（trusting）ことが複雑に絡み合っている。成年期のアタッチメントでは、人間関係とアタッチメントのダイナミクスの初期パターンが、私たちの自己感覚を形成し始めた幼児期の支配的なアタッチメントのスタイルを反映し、繰り返す可能性がある（例えば、ミクリンサーとシェーバー（Mikulincer & Shaver, 2007）を参照）。一言でいえば、主なアタッチメントの型（安定型、とらわれ型、拒絶型、恐れ型）は、内面化された自己と他者のモデルに基づいている。私は何者か？　この問いへの答えは、ポジティブかネガティブか、自立的か依存的かなど、重く積み重ねられた自己についてのナラティブに導かれる傾向にある。他者とは何者か？　こちらの答えは、ポジティブかネガティブか、信頼に値するか信頼できないか、避けるべきか出会うべきかなど、重く積み重ねられた他者についてのナラティブに導かれる傾向にある。（成人の恋愛関係におけるアタッチメントの型のさらなる詳細についてはフィーニー（Feeney, 2008）参照）。ここで特筆したいのは、私たちは自分自身に（絶えず）語り続けるべきだということだ。例えば、私たちが成熟し、他者の前にいる私は何者なのか？という問いに対する自分たちの答えが、定期的に再考されないような場合だと、それまでのナラティブを現実の問題としておさらいすることができなくなってしまう。このことは、いまの自分自身を最もよく表している価値観と自己信念に気づく機会を逃したことを意味する。私たちは常に自分自身に追いつこうとしている。私たちが自分自身に語るナラティブを吟味し、必要なときかつ必要に応じてそれをアップグレードすることは、自己情動調律のギャップ——つまり自分自身を知りポジティブに導く程度の浮き沈み——をうまく管理するための基本である。

ポジティブな人間関係：自己と他者

　ポジティブな人間関係は、開放性・流動性・非侵入性・正直で思慮深い対話を特徴とする、個人の成長自立を促す志向として説明できる。それは、個人が「目立つ」（差別化する）、個人が拡張する（意図して感じとる）、そして両方の個人がつながる（所属する、信頼する）ために、最適な条件を保持できる人間関係に通じる。自己と他者がどのように人間関係を結び得るのかを理解する方法の一つに、マルティン・ブーバー（Martin Buber, [1923] 2004）によって提唱された「我とそれ（I-It）および我と汝（I-Thou）」の理論がある。

▌我とそれ（I-It）または我と汝（I-Thou）

　ブーバーは、関係的存在の2つのモードを識別する。我とそれ（*I-It*）または我と汝（*I-Thou*）だ。「我とそれ」として理解される人間関係には、他者の価値と意義を単なるモノとみなし、最小化する態度が含まれる。この場合、我は人間関係を結ばず認識しない代わりに、他者を一つのそれとして否定することが許される。それは、予測可能で、そこに投影される価値と属性を付され、単なるモノとして認知され経験されるようになる。他方で、我と汝として理解される人間関係は、相手の主体性と意義を相互に認め合う態度を含んでいる。我も汝も、主観的な現実・好み・欲求をもつ主体として認識され、どちらにも、共有する人間関係の空間の中で、これらの現実・好み・欲求を選択し実行する権利がある。汝はマインドフルな人間存在として認知され、経験されるようになる。そのように完全に肯定されるマインドフルな存在、全体性をもつ認められた存在として、経験されるようになる。ポジティブな人間関係とは、我と汝の関係の中で有意義に生きることなのだ。

●ふり返りのポイント●

ポジティブな人間関係の経験則

- 自分自身に語りかけることは重要だ。独り言の観察から得ることは多い。

- 私たちが自分自身をどのように「愛する」かは重要だ。それは、他者にどのように接してほしいかという、私たちの期待の障害物にもシグナルにもなる。

- 人間関係を築くには、出会いが伴う。オープンで、好奇心旺盛で、偏見がなく、自分自身と他者に出会えるスタイルを育むことを選ぼう。このようにして、私たちは毎日何か価値あることを学ぶとともに、当たり前の見方と、そこに内在する堂々めぐりを避けられる可能性が高くなる。

- 人間関係づくりには、与えること（giving）が含まれる。（例えば、何かを証明する必要があったり、または特定の結果が期待されるなど、ニーズのある場からではなく、）豊富にあるところから他者に与えよう。そうすれば後悔や、私たちの「与えること」についての感情が十分に評価されていないと感じる余地がなくなる。

- 人間関係づくりには、与えることが含まれる。誠意をもって自分自身に与えよう。疑わしく思えたときには、自分の意図を信じよう。──今日あなたに会った人に、何を見てほしいだろうか？　どのように接してほしいだろうか？

● 演習 8 - 1 ●

人生における意味を考える

次の格言を読んだとき、どのような考えが頭を横切るだろうか？

- 「誰かと対立するときはいつでも、自分の人間関係を損なうか深めるかの違いを生む要因が 1 つだけある。それは、態度だ」（ウィリアム・ジェームズ）

- 「私の許しなしに、誰も私を傷つけることはできない」（マハトマ・ガンジー）

気づくスキル

- 自分自身に語りかけることは最も重要だ。私たちは独り言を観察することができる。主体性の感覚をより大きく発展させ、私たちがより明確になれる方法の一つは、より気づくことだ。一言でいえば、気づくことは、「役立つかもしれない追加情報を意識する」（van Nieuwerburgh, 2020, p. 65）の

に役立つ。好奇心をもち、予断や判断を捨てて気づくことは、気づきを習得するための強力なツールになり得る。

●演習 8 - 2 ●

親しい友人のことを考える

親しい友人のことを思い浮かべ、次の 5 つの質問にあまり多くのことを考えずに答えよう。頭に浮かぶ最初の考えは、有用な気づきを提供する傾向がある。

総点数の最低は 5 点、最高は25点で、理想的な点数は15点から20点の間だ。

1．私はこの人と一緒にいることを楽しんでいる。

1（ほとんどない）─ 5（とてもそうだ）

2．「黙っている」こともできるが、この人と一緒にいて孤独を感じることはない。

1（ほとんどない）─ 5（とてもそうだ）

3．彼らに「聞いてもらって」おり、理解されていると感じる。

1（ほとんどない）─ 5（とてもそうだ）

4．毎日彼らの話を聞いてサポートするのは簡単だ。

1（ほとんどない）─ 5（とてもそうだ）

5．私たちは緊張や論争をオープンかつ合意のうえで、解決する方法を知っている。

1（ほとんどない）─ 5（とてもそうだ）

●ふり返りのポイント●

ポジティブな人間関係を築くための実践的な10の戦略

1．感謝しよう。日常的に他者に感謝の気持ちを示し表現しよう。
2．有用（available）であろう。自分にとって重要な人間関係のために、定期的に時間を割こう。
3．敬意を払おう。違いを認めて感謝し、人々の欲求を尊重しよう。
4．肯定的であろう。あなたが関係する人々を認識することを忘れないようにしよう。彼らの話に耳を傾ける時間をつくろう。彼らが自分の経験について話すときに、共感を示そう。

5．信頼しよう。他者の最善の姿を仮定しよう。結論を急ぐことは避けよう。疑問を感じる場合は、まず彼らに確認しよう。

6．好奇心をもとう。あなたの人間関係に何が起こっているかに注意しよう。心を開き続け、他者のことを当たり前だと思わないように気をつけよう。

7．説明責任を果たそう。相手がそうしてほしいと思う方法で、相手に接することを忘れないでおこう。自分がどのように接することを期待しているかを明確にしよう。

8．ポジティブでいよう。他者の強みに注目する機会を見つけよう。ネガティブな感情のバランスをとり、他者に彼らが資源に富んでいることを思い出させるのに役立つからだ。

9．与えよう。惜しみなく他者に与え、人間関係のために正しいことを行い、「正しくあること」へのあらゆる先入観を脇に置こう。

10．寛容であろう。手放す備えをしよう。人は誰でも間違うものだ。

●ふり返りのポイント●

修復的会話：心から話す

さまざまな理由で良好な人間関係が損なわれることがあるかもしれない。このような場合には、できるだけ速やかに人間関係を修復するための措置を講じよう。そのための方法の 1 つは、「心から話す」ことだ。これを行うプロセスを以下に示す。

1．思慮深いコミュニケーション
- 攻撃的にならずに話し、防御せずに聴こう。

2．認める
- 傷ついたと主観的に感じた行動（言葉、行動など）について話そう。
- 個人の主観的な現実を、軽視したり否定したりせずに聞こう。

3．じぶんごとにする
- 気づきを得るのに十分な時間をとろう。
- 人を傷つけたり不快な感情にさせてしまったら、責任をとるために、十分な時間をとってその感情とともにいよう。

4．前進する――修復の可能性
- 反省を表明し、心からの謝罪をしよう。
- 過去を理解し、「今ここ」にいる間、未来を協創することに貢献しよう。

おわりに

　この章の目的は、ポジティブな人間関係に注目し、実験するスキルを習得するために力を注ぐよう誘う理論的および実践的な足場を提供し、有意義な人間関係を築くことの重要性と利点を説明することだった。人間の生き方の中心にある2つの注目すべき原動力は、目的をもつことと貢献することだ（例えば、ボニウェルとトゥナリウ（Boniwell & Tunariu, 2019）を参照）。私たちの生活におけるポジティブな人間関係は、成長自立し共感する能力を通じて、これらの原動力の基本となる。有意義な人間関係の中では、自己拡張や実現、および本章で述べた5つの核となる社会的動機に関連する肯定的な機会を通じて、目的が促進される。例えば、適切に「見られている」と感じることは、私たちの個性と差異を尊重し、自分は「特別」でそれに値するという感覚を強化するのに役立つ。このポジティブな人間関係の大きな贈り物は、パートナーの応答性の質に大きく依存している。有意義な人間関係では、ほかの人に与えたり奉仕したりする機会によって、貢献が促進される。それは、所属したいという社会的動機に対処するだけでなく、必要とされているというグラウンディング[49]の感覚を提供する。ポジティブな人間関係の瞬間から瞬間への経験には、自己肯定感や満足感をもたらす特性がある。これらの経験は積み重なって、前進するための自己共感、自己鎮静、グリット[50]および前へ進む決意といった内的資質を形成するようになる。人間関係づくりの術を正しく会得することは、必ずしも簡単なことではないが、試みる価値は十分にあるだろう。

49　グラウンディングについてさらに学習したい場合には、第4章および第9章参照。
50　グリットについては40ページの訳注26参照。

やってみよう、考えてみよう

　116ページのふり返りのポイント「ポジティブな人間関係を築くための実践的な10の戦略」を一週間続けてみよう。そして日記帳をつけるように、一日の終わりに、下記の10の戦略のどれをどんな状況で使うことができ、その効果はどうだったか、そのときの自分の気持ちとともにできるだけ具体的に書いてみよう。一週間の終わりには、自分の人間関係がどのようにポジティブに変わったか、実感することができるようになるだろう。

　1．感謝しよう。

　2．有用（available）であろう。

　3．敬意を払おう。

　4．肯定的であろう。

　5．信頼しよう。

　6．好奇心をもとう。

　7．説明責任を果たそう。

　8．ポジティブでいよう。

　9．与えよう。

　10．寛容であろう。

第 *9* 章

逆境に備える

はじめに

　まず深呼吸から始めよう。このシンプルな動作は、私たちの心身を落ち着かせるのに効果的で、困難な状況に直面したときによく必要とされる。伝統的な章のはじめ方とは異なるかもしれないが、「この章を読み飛ばしていただいても構わない」ということも書いておく。もし、あなたが人生の重要な問題に取り組んでいる最中なら、このトピックを読むだけで気が滅入ってしまうかもしれない。それは理解できる。自分自身がどう感じているかに耳を傾けよう。今が読むタイミングでなければ、後日、あなたにとってふさわしいと思うときに、この章に戻って読んでもらえればよい。

ニーチェさん、教えてください

　私たちの多くにとって、人生は美しい山と困難な谷を併せもち、その間に快適な局面があるものだ。大学に通うことは、ドキドキ・ワクワクする一方、知的にも社会的にも大変なことであり、そしてその他多くの感情をもたらす。また、大学生活において、さまざまなタイプの困難に直面することもあるだろう。「逆境に備える」というのは、本の章としては奇妙なタイトルだと思うかもし

れない。なぜなら、逆境は備えられないものだからだ。多くの場合、それが逆境の本質であり、あなたの人生の見方について、予期せず疑問を投げかけてくるものである。そのため、逆境は備えたくないものなのだ。しかしながら、ここでは困った状況に陥ったときに、自分を助けてくれる資源（リソース）に囲まれることは可能であると示したい。もしかしたら、あなたは、厳しい逆境体験後に生じる可能性のあるポジティブな変容を認識するかもしれない。

　逆境にどう備えるかについてはさまざまな視点があり、その多くは、本書のほかの章で取り上げられている（例えば、6章の「自分をケアする」や7章の「今、この瞬間に生きる」など）。本章では、このテーマに適した2つの心理学的概念である心理的レジリエンスと心的外傷後成長について焦点を当てていこう。

　本章では、心理的レジリエンスをポジティブな適応につながる逆境の前、最中、後のダイナミックなプロセスとして定義する（Chmitorz et al., 2018; IJntema et al., 2019）。つまりレジリエンスは、あるときは逆境に直面しても強く立ち向かえる能力であったり、軽い障害から比較的早く回復できる能力であったりする。そして、多くの場合、何らかの形で強化され、より臨機応変に対応できる能力であったりする。最も重要なことは、レジリエンスには、いつ力強く立ち上がるべきか、傷つき回復する必要があることをいつ受け入れるべきかを知るための知恵が含まれているということだ。

　私たちは時々、現実がより身近なものとなり、人生とその見方を根本から見直す必要に迫られることがある。このような出来事は、しばしば自分自身や世界に関する「思い込みを打ち砕く」ものであり、非常に困難でトラウマになりかねない（Janoff-Bulman, 1992）。しかし、このような過酷な体験であっても、ときに人生観が変わるほどの成長をもたらすことがある。この現象は心的外傷後成長（post-traumatic growth: PTG）と呼ばれることが多く、その過程と結果の両方として捉えられている。PTGは、人生における非常に困難な状況での奮闘の結果生ずる、ポジティブな心理的変容の体験と定義される（Tedeschi et al., 2018）。本章では、これらの変化を行動志向的で（Hobfoll et al., 2007）、身体的なもの（Hefferon, 2012; Hefferon & Kampman, 2020; Hefferon et al., 2009）として捉えている。つまり、その変化はあなたの考え方や行動、さらに身体との関係性に現

れる、ということである。

　先述のようなコンセプトは、私たちの日常的な言葉の中に常に存在している。ニーチェの有名な言葉「私たちを殺さないものは、私たちを強くさせる」を聞いたことがある人は多いだろう。「穏やかな海で達者な船乗りは育たない」という言葉や、「もっと気概をもて」という善意の言葉も聞いたことがあるかもしれない。また、人生においては、自分の力の限界に達していると感じ、もっと強くなりたいと思わないときもある。「これ以上の挑戦はもう結構。体力とコンディショニングはもう十分だ。海がそんなに達者な船乗りを求めているのなら、陸にいたほうがよいだろう！」と。つまり、逆境に立たされたとき、このような諺をなかなか受け入れられず、トラウマとなって傷つくこともあるかもしれない。よって、今読んでいただいている章は、あくまでこれらの概念を探究するための招待状であり、処方箋ではないということを強調しておきたいと思う。私はここで、多くの人が希望や強みを見出したり、あるいは自分がすでに経験し発揮していることに気づいていながら、言葉にすることができていなかったこれらのアイデアを共有したい。

　本章では、以下の内容を含む。
- 逆境を定義し、いかにそれがありふれたものであるかを認識する。
- レジリエンスと心的外傷後成長を定義し、それぞれが発揮されるタイミングを知る知恵を呼び起こす。
- いくつかの演習を行うことで、あなたの人生においてレジリエンスや心的外傷後成長を認識し、育むことができるようになる。

研究成果を知ることで安心を得る

　本章では、とくに人生における厳しい試練、つまりトラウマになりかねない時期を取り上げる。心理的レジリエンスとの関連で逆境を定義する場合、研究者の間で明確に意見が一致しているわけではない。むしろ逆境には、日々の小さなストレッサーから重大な有害事象までさまざまなものが含まれる（Bryan et al., 2018; Ijntema et al., 2019）。より一般的に合意されているのは、逆境に対する私たちの主観的な理解がこの定義の本質的な要素である、という考えだ。言

い換えると、ある人にとって強いストレスとなることでも、ほかの人にとってはそれほど不快なストレスにはならないかもしれない、ということである。状況に対するあなたの評価が重要なのだ。ここで何が起こっているのか？　私はこの状況に対処できるのか？　この状況に対処するためのリソースはあるだろうか？　過去の経験も重要である。初めて課題で失敗したとき、初めて失恋したとき、初めて仕事をクビになったときといった初めての経験はすべて、過去に経験したことがないので衝撃となり得る。したがって、私たちはそのような出来事の重大性を大きく評価し、この問題に対処するためのリソースが不足していると捉え、その影響が広範に及ぶと考えるかもしれない。

　PTG における逆境やトラウマは、「非常にストレスフルで挑戦的な、人生を変える出来事」（Tedeschi et al., 2018, p. 4）と定義されている。これらの出来事は、「個人の世界観や機能に地震のような揺さぶり」を与える（Tedeschi et al., 1998, p. 2）。地震のメタファーは、トラウマがその人の世界観の土台を揺るがすことを説明するために使われることがある（Tedeschi et al., 2018）。PTG にとって逆境は、客観的側面と主観的側面の両方を含んでいる。つまり、ほとんどの人がその状況を非常にストレスフルであると感じ、個人的な反応としては苦痛と無力感を伴うということだ。私はよく、トラウマを「泥棒」と呼ぶ——トラウマは、人生のある側面（例：仕事、アイデンティティの一部、安心感、趣味、友人）を奪ってしまうからだ。たとえトラウマティックな出来事が 2 人の間で似ていたとしても、トラウマが奪うものは常に個人的である。私たちは、すべての人の個人的な旅を意識的に尊重し、ほかの人は苦しんでいなくても、自分がもがき苦しんでいるように思われたら自分自身をいたわろう。このような苦労の末に得られる成長の道筋もまた、非常にユニークなものであることをここで述べておきたい。

■ レジリエンス：曲がるべきか、曲がらぬべきか？

　心理的レジリエンスを定義するさまざまな方法として、木のメタファーがある（Lepore & Revenson, 2006）。ある木は嵐に見舞われて曲がり、すぐに元の位置に戻る。このタイプのレジリエンスは、研究文献の中ではしばしば回復のレ

ジリエンスと呼ばれる（Lepore & Revenson, 2006）。跳ね返る、立ち直る能力である。回復のレジリエンスを示す人は、ウェルビーイングにわずかな、あるいは短期的な支障をきたしても、非常に速やかに以前の機能レベルに戻るだろう（Fletcher & Sarkar, 2016）。ここで注意しておきたいのは、回復のレジリエンスは、その人が起こった出来事の影響を受けていないと示唆するものではない、ということである（Zautra et al., 2010）。あなたは、以前のように物事を行うことはできなくなって、辛く不快なときを二度と体験したくないと思っているかもしれない。しかし、これは一時的なもので、その状況が過ぎ去った後には、すぐに自分自身を感じることだろう。

　次に、嵐の中で強く立ち続ける木もある（Lepore & Revenson, 2006）。このタイプのレジリエンスは抵抗のレジリエンスと呼ばれ、逆境に直面しても強く立ち向かうこととして知られている。抵抗のレジリエンスを示す人は、困難に見舞われても、以前のウェルビーイングの状態やパフォーマンスを維持することができる（Fletcher & Sarkar, 2016）。ザウトラら（Zautra et al., 2010）は、このタイプのレジリエンスを持続可能性——つまり継続する能力だと表現している。あなたは苦難に直面してもいつも通りの生活を送り、自分のしていることを楽しむことができる抵抗のレジリエンスを発揮しているかもしれない。困難に直面しながら、それに対処するリソースと能力をもっていると認識しているのだ。

　最後に、嵐の中で曲がり、適応していく木もある。再び元の形に戻るというわけではなく、なんとかして強い風に適合させる。再構成のレジリエンスは、個人の困難から立ち直る能力がより強まり、かつ見識が広がること（Walsh, 1998）とみることができる。このようにレジリエンスを定義すると、「回復とポジティブな成長」をもたらすPTGと似ている（Walsh, 2012, p. 399）。

　ときには、強く立ち向かうことも選択肢の一つであり、困難な時期を乗り越える助けになるだろう。しかし、あまりにも長い間、強く立ち続けていると疲れてしまう。多くの場合、最も賢明な方法は、助けが必要であると認めることだ。休憩・休息・回復は、それが必要だと認めることで初めて可能となる。レジリエンスは、その違いを見極め、しかるべき行動する知恵なのである。

▌PTG：希望の光

　「心的外傷後成長」という言葉は、リチャード・テデスキとローレンス・カルホーン（Tedeschi & Calhoun, 1995）によって1990年代半ばに初めて使われた。この現象は、世界中の臨床現場で臨床家が、最も悲惨な体験をした後でさえ、人々がしばしば、その旅から得たと思われる恩恵について表現する場面に立ち会ったことに端を発している（Joseph, 2012参照）。これらのポジティブな変化は「それまでの自分の適応レベルや心理的機能、人生の認識を超えて発現した」個人にとってはまさに変革的なものであり、彼らの成長を意味する（Tedeschi et al., 1998, p. 3）。現在、トラウマティックな出来事の後に経験されるこうした変容は、認知的・行動的・感情的、さらには生物学的にポジティブな変化とみなされている（Tedeschi et al., 2018）。それは、人々が自分自身をどのように見ているかを、彼らの人間関係の中、そして人生哲学において目の当たりにすることができる。このように、出来事そのものから成長が生まれるのではない、と理解することは重要である。むしろ、PTGはトラウマの後遺症と折り合いをつけるために努力しているなかで発展するのである。喪失と向き合い、受け入れ、新しい洞察のための余裕を作り出すには何年もかかることがある。PTGはトラウマティックな出来事の直後に、素早く反応したり変化することではない。漸進的な変化は、長く展開する旅の一部である（Tedeschi et al., 2018 ; Tennen & Affleck, 1998）。成長を育む過程では、「考え、感じ、行動する」新しい方法が求められる。なぜなら、起きてしまったことはその人が「ベースラインの機能に戻る」ことを許さないからである（Tedeschi et al., 2018, p. 5）。これは、PTGを報告する人は、ある意味で以前の機能レベルを超えていることを意味する。

　PTGを報告する人々は、その成長の成果において共通のテーマをもっていることが多い（Hefferon & Kampman, 2020; Kampman et al., 2015; Tedeschi et al., 2018参照）。

- 人生に対する感謝
- 人間としての強さ

- 他者との関係を築く能力
- 新たな可能性
- スピリチュアルで実存的な変容
- 身体への新たな気づき

　大きな逆境を経験した人は、しばしば自分の人生により感謝するようになったという。以前は当たり前だと思っていた些細なことを、より楽しめるようになったと話すこともある。逆境は私たちが想像もしなかったような方法で問いかけてくるので、人間としての強さの感覚を身につけることさえあるかもしれない。この感覚について人々は、「もしこれを乗り切れたら、今後何が起きようともやっていける」と表現することがある。また、自分の人生に関わる人々に今まで以上に感謝するようになり、他者との関わり方が変わってくることもある。真の友人や、自分の人生にとって本当に重要な人は誰かを見極め、その関係を大切にし、それを維持するための努力を惜しまなくなるという。ほかにも、新しいキャリアに就く機会（例：人前で話す仕事）を得たり、有意義で新しい趣味に没頭したり（例：スポーツ）など、経験後に新たな可能性が生まれ、やがて認識されるかもしれない（Kampman & Hefferon, 2020）。トラウマを経験することで、この広大な世界の中で自分がいかに小さい存在であるかを思い知らされることが多い。一方、成長を報告する人は、自分よりも大きなもの——人類——の一部であることについても語る（Kampman et al., 2015）。つまり、逆境に対処することで、スピリチュアルで実存的な変容がよく生じるのだ。最後に、重い病気や怪我などの身体的トラウマは、身体への新たな気づきにつながるより身体化された PTG の経験を呼び起こすかもしれない。身体的 PTG を報告する人は、自分自身の身体的存在をより認め、感謝し、自分の身体を労わるようになったと語っている（Hefferon, 2012; Hefferon & Kampman, 2020; Kampman & Hefferon, 2020; Kampman et al., 2015）。いくつかの研究では、個々人の物語に明確な類似性が認められ（Tedeschi et al., 2018）、成長体験は先述のテーマを中心に展開されていることが示されている。それでも、逆境後に達成される成長は、あなた自身と同じく常に唯一無二のものである。

スティーブン・ジョゼフ（Joseph, 2012）は、トラウマ後の成長について、輝く花瓶のメタファーを使って説明している。ジョゼフは、私たちの人生には、大切な花瓶が倒されるようなときがあると述べている。花瓶は衝撃で割れてしまうこともあるが、元通りに直すこともできる。おそらくひびが見えるだろうが、同じ花瓶であることに変わりはない。修理の仕方によっては、以前よりも強くなっているかもしれない。しかし、場合によっては衝撃が強すぎて、花瓶が粉々に割れてしまうこともある。そうなると、もう元の花瓶には戻れない。しかし、時を経て、その残骸からモザイク画という唯一無二の美しいものを作り上げることができる。

まとめ

- 人生において、ほとんどの人が逆境に立たされるので、もがき苦しむのは正常なことである。
- 逆境は常に個人的なものである。ある人にとって大きなストレスになることが、ほかの人にとってはそうではないかもしれない。
- 心理的レジリエンスは、逆境・文脈・個人の反応、そして個人的・環境的資源などのさまざまな要因の相互作用を伴うダイナミックな過程である。
- 心理的レジリエンスはダイナミックな過程であり、学習と活動を通して促進することができる。
- PTG は逆境との闘いの過程であり、また潜在的な結果でもある。
- 人生のある領域で成長を経験しても、ほかの領域では経験しないこともある。
- PTG を経験しないことも全く普通のことである。

　ここからは、私たちの「唯一無二の花瓶」に寄り添うためのいくつかのアイデアを提供していく。それぞれの項は、あなたが花瓶を修理している最中でも、モザイクをつなぎ合わせている最中でも、何かを提供できるように構成されている。しかし、それぞれの演習はあくまでも招待状であることをお忘れなく。

もし負担に感じるようであればやってみる必要はない。

実行に移す

　どのようなスキルトレーニングにもいえることだが、スキルの修得には練習が必要だ。そのために私が最初にお勧めするのは、本書のほかの章を読んでそれをやってみること。心理学的なレジリエンスやPTGの著名なファシリテーターのいくつかは、ほかの章で取り上げられている。まず、「自分をケアする」（第6章）とあなたのこの人生を導いてくれる「強みを見つける」（第3章）から始めよう。これらの演習を行うと、あなたの資源が増え、活力や意味、ポジティブな感情をもたらしてくれるものに集中できるようになる。「遊び心をもつ」（第10章）は、あなたを自分らしさと結びつけることができる重要な事柄だ。友人と楽しいことをして過ごすと、よりポジティブな感情をもたらし、ストレスレベルを低減することができる。実際、最も一般的なレジリエンスとPTGの促進要因の一つは、意味のある人間関係である（Long & Bonanno, 2018; Tedeschi et al., 2018）（第8章参照）。さらに、「できることに集中する」（第5章）ことと「学び方を学習する」（第2章）ことを通して、個人的なリソースを増やすことができる。見通しを立てることと過去の挑戦から学ぶことは、レジリエンスの核心だからだ。「今、この瞬間に生きる」（第7章）は、今この瞬間にグラウンディング[51]するための理想的な方法である。希望（第4章参照）は、逆境の中で前進するための不可欠な力となる（Yildirim & Arslan, 2020）。最後に、PTGを報告する人は、以前の自己中心的な視点から、世界（第13章）やそこにいるほかの人々を気にかけるような視点への変化について話すことが多い（Kampman et al., 2015）。

　本書全体が、すでにレジリエンスへのロードマップであり、PTGのファシリテーターになる可能性があるため、この章では私の個人的なお気に入りをいくつか取り上げることにする。自然の中で過ごしながら、優しい気持ちで物事を考えられるようになるだろう。さらに、学習内容を把握し、人生における成

51　持続的に注意を向けて、今この瞬間に戻ること。

長を認識することをめざす。

▌レジリエンスを促進する

心理的レジリエンスに関しては、どのようなレジリエンスを促進しているのかを知ることが不可欠である（IJntema et al., 2019）。以下の提案は、心理的レジリエンスのタイプに応じた演習に分けられている。また、レジリエンスの旅の前・途中・後など、どこにいるのかを考えることも重要である（IJntema et al., 2019）。本書のほかの章では、逆境に立たされる前に知っておきたい素晴らしい方策が提供されている。したがって、以下では逆境の最中と後の期間に焦点を当てる。レジリエンスを促進するためには、マインドフルネス（第7章参照）と認知行動的技法（Joyce et al., 2018）の2つが最も効果的な介入であることが示されている。以下の演習はこれら2つの概念に基づくものである。

●演習 9-1●

自然の力を借りて、グラウンディングする

マインドフルネスの重要な考え方の1つは、今この瞬間にグラウンディングすることだ（Hart et al., 2013; Ivtzan & Lomas, 2016; 本書第7章も参照のこと）。苦難に直面したときには、2つのことが起こり得る。私たちの心は過去に引き寄せられ、起こったことのために悲しくなりがちである。同様に、未来に思いを馳せ、今の状況から次に何が起こるかわからなくなり、不安になることもある。幸いなことに、自然は私たちに「ソフトな魅力」を提供する素晴らしい能力をもっている——それ自体は注意を要求することなく、注意を惹きつけることができる（Duvall & Sullivan, 2016; Kaplan & Kaplan, 1989）。以下のエクササイズでは、今この瞬間にグラウンディングすることができるので、レジリエンスを促進したりPTGのための余裕を確保するためにも有効である。

この演習は、ハマンとイブツァン（Hamann & Ivtzan, 2016）により検証されたポジティブ心理学の介入と注意回復理論（attention restoration theory：ART）に関する研究に基づいている（Basu et al., 2019; Duvall & Sullivan, 2016; Kaplan & Kaplan, 1989）。ART では、自然が私たちの注意を回復させる道筋として4つのものをあげている（Duvall & Sallivan, 2016, pp. 38-39）。精神的に疲れる活動や環境から離れる機会を提供すること、私たちを自然に魅了してくれるものに囲まれること、広がりの感覚をもつことができる広大な空間を提供す

ること、活動と一休みしようとしていることが適していること。
- 少なくとも 1 日15分は、屋外や自然の中で過ごそう。興味があれば、ウォーキング、ランニング、サイクリングなどで体を動かしてみるのもよい。
- 電子機器の電源を切ろう。

演習に取り組む場所を選ぶときは、次のようなことを自分に問いかけてみよう。
　　逃避：精神的に疲れる活動から離れられる場所はどこ？　そこであなたの気を散らす可能性があるものは何？　そうしたものを置いていくことはできる？
　　魅了：あなたにとって努力を要せずに魅了されるものは何？　このソフトな魅力を与えてくれる場所を見つけることができる？　あなたの注意を引き付けるが、要求してこないものは何？
　　広がり：広がりを感じる場所や空間を感じられる場所はどこ？　あなたの心が自由に漂うことができる場所はどこ？
　　適合：一休みしようとしている目的や行動に適している？　どうしたら精神的に疲れる環境と正反対の回復環境を整えられる？

それでもまだ心が迷うようであれば——よくあることだが——次のことを試してみよう。
- 目に見えるものを 1 つに絞る。そのものの色、形、深さはどうだろう？
- 次に、聞こえるものに意識を向ける。柔らかな音か鋭い音か、リズムがあるか。
- 最後に、自分の体に意識を向けて、身体で感じているものに気づく。緊張、柔らかさ、冷たさ、温かさ。

　これらの演習は、反芻思考やあなたを悩ませているであろう環境から解放することを目的としている。あなたの神経系を落ち着かせ、少しリラックスして集中を感じられるようにし、より明瞭な視界を得て新しい視点とリソースを発見することを可能にする。

認知行動療法（cognitive-behavioural therapy：CBT）

　1960年にアーロン・ベック（Aaron Beck）によって開発された CBT は、私たちの思考・感情・行動はすべて互いに影響し合っているという考えを中心に据えている。具体的には、状況をどのように考えるかが、どのように感じるかに

影響し、その感情が私たちのとるべき行動に影響を与えるということである。これまでに学んできたように、レジリエンスのダイナミックなプロセスの中心には認知・感情・行動的な側面があり、CBT のテクニックはレジリエントな方法で困難に適応する潜在能力を高めるための理想的なツールなのだ。

● 演習 9 - 2 ●

自分の思考パターンと向き合う

　次のエクササイズは、あなたの思考パターンに向き合い、役に立たない考え方をしていないかどうかを確認することを目的としたものである。私たちの多くは、自分では気づかない思考の誤りをもっている。私たちの考えが正確でないと、状況に対する不正確な感情を引き起こし、それに従って行動するようになる可能性がある。表 9 - 1 では、一般的に知られている思考の誤りをいくつかあげている。あなたが共感するものがあるかどうか確かめて、もしあれば、それが思考の誤りであることを認めよう。また、ほかの解釈も考えてみよう。表の中には、あなたが書き込むためのスペースを設けてある。

　自分の誤った思考パターンを認識し、それを疑い始めることには威力がある。あなたが置かれている状況のせいで起こり得る最悪の事態は何だろうか。５年後にふり返ったとき、それは重要なことだろうか？　とくに、「いつも」「決して」というような極端な表現を使っている場合は、それに気を留めて、本当はどうか考えてみよう。

　この曲を聴くことをお勧めする。「What a Difference a Day Makes」歌 Dinah Washington、作詞・作曲 Maria Grever と Stanley Adams。

　　一日がなぜこんなに大きな違いをもたらすのかしら？
　　ほんの24時間ほど過ぎたというのに
　　雨が降っていたところに
　　太陽と花が輝いているなんて[52]

PTG の促進

　PTG の分野の研究者や実践家の間では、逆境後の成長はきわめて有機的に

---

[52] 訳は Jazz-Lyrics.com（有料）からの引用。https://www.jazz-lyrics.com/jp/what-a-difference-a-day-made/

表9-1　思考の誤りとその修正方法（1/2）

思考の誤り	何が起きているのか？	この思考の誤りはどのように表れるのか？	もっと適応的な解釈はほかにできないのか？
破局的推論 あなたの個人的事例と破局的推論の適応的な解釈を書き込もう	あることが別のことにつながっていて、対処しきれない最悪の結果を招くと考える	この1つのミスで私がクビになることを意味する	誰しも間違いを犯す。私には仕事をうまくこなすための能力がいくつもあるのだから、この一点に集中して練習をすればよいだけだ
全か無か思考 あなたの個人的事例と全か無か思考の適応的な解釈を書き込もう	二分法的思考は結果を誇張する。失敗か成功か、善か悪か	この課題に失敗してしまったので、卒業ができない	他の課題にはすべて合格したし、たぶん卒業はできるだろう。ひょっとすると今回は努力が足りなかったかもしれないので、次回は早めに取り掛かろう
予言の自己成就 あなたの個人的事例と自分で実現してしまう予言の適応的な解釈を書き込もう	未来や出来事の結果を知っていると思う	この試験は落第するに決まってる	落第するかどうかは私にはわからないが、試験を受けなければ結果が見出せないことだけは確かだ
読心術推論 あなたの個人的事例と読心術推論の適応的な解釈を書き込もう	他人が何を考えているのかわかると信じ、最悪の事態を想定する	このプレゼンテーションのせいで、みんなは私が頭の良くない人だと思うに決まってる	他人が何を考えているかなんて知るよしもないし、真逆のことを考えているかもしれない。あとでこのプレゼンテーションのフィードバックを頼もう
過度な一般化 あなたの個人的事例と過度な一般化の適応的な解釈を書き込もう	みんな、全部、いつも、決してという言葉を使い、その状況の文脈を重視しない	私にはいつも悪いことばかり起こる	近頃はいろいろなことが立て続けに起きて、悪いことばかり続いているように感じられる。だが、視野を広げると同じくらい良いこともあった

表9-1　思考の誤りとその修正方法（2/2）

思考の誤り	何が起きているのか？	この思考の誤りはどのように表れるのか？	もっと適応的な解釈はほかにできないのか？
レッテル貼り あなたの個人的事例とレッテル貼りの適応的な解釈を書き込もう	自分にネガティブなレッテルを貼ったり、自分についてネガティブに語る	小論文に落第してしまったので、私は出来損ないだ	今回の課題では目標に届かなかった
すべき思考 あなたの個人的事例とすべき思考の適応的な解釈を書き込もう	自分がどのように感じ行動すべきかを常に求め、不安や失望を引き起こす	もう元気になっているべきだ、間違いを犯してはいけない、自分の感情をコントロールしなければならない	私は人間だから悲しくなったり疲れたりすることもある。間違いを犯さない人はきっと何もしていない人なのだろう
トンネル視 あなたの個人的事例とトンネル視の適応的な解釈を書き込もう	一部のみに注目し、その他のすべての情報を無視する	聴衆の1人がとても退屈そうにしているのは、私の発表の出来が悪いせいだろう	ほかのクラスメートは楽しんでいるようなので、きっとこの人は疲れているか、何か別のことを考えているのだろう
過小評価と拡大解釈 あなたの個人的事例と過小評価と拡大解釈の適応的な解釈を書き込もう	ポジティブで重要な出来事（例：成果）を過小評価し、かつ／もしくは、ネガティブな出来事（例：失敗した小論文）の重要性を拡大解釈する	大学に入学してから3年が経ったが何も特別なことはなかった。しかし3年目にして、学位の取得が決まる1科目を落第してしまった	これまでの成果を称えるべきだ！　提出できたすべての課題に目を向けて、ここまで辿り着いたことに感謝しよう
個人化 あなたの個人的事例と個人化の適応的な解釈を書き込もう	ネガティブな出来事の成り行きを自分のせいだと思い込み、罪悪感や羞恥心を感じる	みんながこのパーティーで楽しめていないのは私のせいだ	最高のパーティではなかったかもしれないけど、この雰囲気になってしまったことに対してここにいる20人に等しく責任がある
外在化 あなたの個人的事例と外在化の適応的な解釈を書き込もう	自分の状況における自分の役割に責任をもてないと、自分が無力で、コントロールできていないと感じる	私が落第しているのは大学のせいにほかならない	課題を理解するためにもう少し努力することもできる。提供されたすべての資料に目を通しただろうか？　小論文に取り掛かる時間を十分にとれただろうか？

起こるものである、という強い意見の一致がある。だが、このような考え方を押し付けるのではなく、その人の旅路に寄り添うのがよいだろう。成長とは、起こるべきものではなく、おそらく、その人自身の考え方や行動の中に鮮明に表れていることに気づくものだろう（Calhoun & Tedeschi, 2013）。次のエクササイズは、あくまでも招待状だ――興味があればやってみよう。PTG はあなたが見つけなければならないものでも、経験しなくてはならないものでもないことを強調しておきたい。この理論やエクササイズに結びつかないことは、全く普通のことなのである。

●演習 9 - 3 ●

変革的な成長の実現にむけて

　このエクササイズは、PTG の理論に基づいている。また、シュティーガーら（Steger et al., 2014）が考案した人生の意味づけに関する介入にも拠っている。ここでは、人生における PTG を認識・評価することをめざしていく。次の PTG の領域の中で、あなたが興味をもてそうな分野を 1 つ選んでみよう。人生に対する感謝、人間としての強さ、他者との関係、新たな可能性、スピリチュアルで実存的な変容、身体への新たな気づき。

　　1．逆境を乗り越えてきた自分の強さを映し出す写真を撮ってみよう。

　　2．8 ～12枚ほど撮りためよう。

　　3．写真を並べて、次のことを自分に問いかけよう。

　　　a）この写真は何を表わしている？

　　　b）あなたにとって、この写真は自分の強みをどのように体現している？

　　　c）可能であれば、それぞれの写真についてちょっとしたふり返りメモを書こう。

（注）視覚に障害があり、この本をオーディオブック[53]で聞いている場合は、心的外傷後成長の領域の 1 つを反映した曲を選んで、このエクササイズを試してみるとよいだろう。あるいは、あなたの生活の中から、このような触覚的表現をもつものを選んでみよう。

　このエクササイズは、あなたが自分の人生における成長に気づく手助けをするこ

53　原書はオーディオブックが発売されている。

とを目的としている。このエクササイズを利用して、サバイバーから力強く生きる人（thriver）への新しい物語を自分で書くこともできる（Calhoun & Tedeschi, 2013; Joseph, 2012）。重要なのは、苦悩と成長は共存していると気づくことだ。これは自然なこと。悲しみや悲嘆は一晩で消えるものではなく、消える必要もない。あなたが感じるすべてに思いやりをもって旅をしよう。

おわりに

　本章で、私とともに旅をしてくれてありがとう。このテーマは、挑戦的であると同時に力強く、そして希望の光も秘めている。この最後の段落で、私は金継ぎ（金繕い）と呼ばれる日本の美しい伝統技法について考えてみたいと思う。愛用の陶器が割れた場合、金などの価値ある金属が修理のために使われる。これは、物が壊れたときに、傷が歴史の一部になるように、という考え方である。それを隠すのではなく、祝うのだ。最後に、フィンランドの有名な詩人、トミー・タベルマンの言葉を引用してこの章を終えたい。「最も強く健全な人は、心が砕かれるような経験を内に秘めているのである」。

やってみよう、考えてみよう

　感情と行動の関係について考えてみよう。感情には種類がある。例えば、「喜び・恐怖・怒り・悲しみ・嫌悪・驚き」の 6 種類は、人種や文化の違いによらずそれぞれの感情に結びついた表情を認識できることから、基本感情と呼ばれている。*

　ここでは、それぞれの感情を経験したときのエピソードを思い出し、そのときどのような行動をとったか書き出してみよう。自分がとった行動だけではなく、その状況で周りの人がとった行動も思い出してみよう。

感情	エピソード	自分の行動	周りの行動
喜び			
恐怖			
怒り			
悲しみ			
嫌悪			
驚き			

　それぞれの感情が体験されたエピソードの共通点を探り、感情と自分がとった行動の関係性を考えるとともに、周りがとった行動もふり返ってみよう。一つひとつの感情が大事な機能を有していることに気づくだろう。

* Ekman, P., & Friesen, W. V.（1971）. Constants across cultures in the face and emotion. *Journal of Personality and Social Psychology*, *17*(2), 124-129.
　Ekman, P.（1992）. An argument for basic emotions. *Cognition and Emotion*, *6*(3/4), 169-200.

第 10 章
遊び心をもつ

はじめに

　私の祖父ほど、遊び心と無縁な人物はほかにいないのではなかろうか。例え
ばアラスカに旅行したとき、祖父がやっていたことといえば、ひたすら彼の地
の気温や湿度、満潮と干潮、日の出と日の入りの時刻を旅の手帳に記録するこ
とだけ。穀物脱穀機で人差し指の先をちょん切ってしまったときも、──この
話は我が家の語り草になっているが──祖父はいつも通りその日の仕事を済ま
せてから、その後ようやく医者の診察を受けたのだという。以来、祖父は何か
を指差すときには、常に中指を使うようになったけれど、その妙にチグハグで
幼稚っぽくみえるしぐさに、私はつい笑わずにはいられなかった。私が面白い
と思うことは、祖父には全く理解できなかった。祖父は頭が良く、勤勉で誠実
で寛大な人物だったけれど、遊び心には欠けていた。ここで祖父の話を紹介し
たのは、人間の美徳と呼ばれるものは無数にあるけれど、誰もがそのすべてを
持ち合わせているわけではないということだ。遊び心はまさにその一例だ。私
は自分を遊び心のある人間だと思っているが、そんな私でも冗談を言うとか、
陽気でおもしろい立ち居振る舞いなどが、親切心や許し、感謝の心や態度など
より真面目な資質に比べ、どちらかといえば浅く薄っぺらいものにみえかねな
いことは十分わかっている。それを承知でここでは声を大にして言おう。遊び

心は、それらのどの資質にも負けない価値があると。

　遊び（play: プレイ）は、社会のあらゆる場面に浸透している。私たちはゲームをプレイし、スポーツをプレイする。あるいは悪ふざけをする（play）こともあれば楽器を演奏（play）したり、演劇（play）に参加することもある。英語の play という単語は、文脈に応じて非常に幅広く使われる。例えば、好きなことをして遊ぶ（play favourites）、野球をする（play hardball）、（演奏などを）即興で行う（play it by ear）、危険なことに手を出す（play with fire）、ずるい手を使う（play dirty）、正々堂々と戦う（play fair）、サボる（play hooky）など play を使ったさまざまな表現が存在する。子どもたちのために遊び場（play*ground*）を確保するなどの表現もその一例だ。米国にはハロウィーンやエイプリルフールなどいろいろな休日があるが、このような日はまさに遊びという側面に関わるものだ。芸術や科学、哲学の中にも、遊びに着目した古くからの例がいくつもみられる。例えばシェークスピアの戯曲『ハムレット』の劇中で、主人公ハムレットは「劇こそまさにすべきこと！（The play's the thing!)」と言っているし、アルバート・アインシュタインも「神はサイコロを振らない（God does not play dice with the universe.)」という有名な言葉を述べている。人生の無意味さといった悲観的なものの見方で知られるフリードリッヒ・ニーチェですら、次のような言葉を残している。「誰でも真の人間たるものの中には、遊びを欲する子どもが隠れている（In every real man [sic] a child is hidden that wants to play.)」。

　本章では、よい人生を送るうえで、遊びというものがいかに重要かということを明らかにしていく。この章を読み終える頃には、あなたは以下のことを学んでいるだろう。

• 遊びを定義する。
• 子どもの遊びと大人の遊びの明確な違いを理解する。
• 遊びがもたらす３つの利点をあげる。
• 少なくとも１つ、生活の中で遊びの要素を増やす戦略を立てる。

ルールに沿って遊ぶ：遊びとその本質を定義する

　スポーツを楽しむことや子どもたちの月旅行ごっこ、これらはわかりやすい遊びの例だろう。実のところ、遊びの事例は多岐にわたっているため、その理解はかえって難しいかもしれない。例えばクリケットの試合でバッツマン（打者）をアウトにすることと、宇宙船ごっこをすることにはかなりの違いがありそうだ。しかも、遊びの幅はそこからさらに広がっている。ビデオゲームやボードゲーム、悪ふざけの取っ組み合い、からかいや悪戯、運動競技、言葉遊び、コメディやパロディ、即興芸や賭けごと、冗談を言うことや親友をプールにふざけて突き落とすなど、これらはすべて遊びの例にあげられる。こうしたさまざまなタイプの遊びをつなぐ共通した糸のようなものはあるのだろうか？　研究者によれば、すべての遊びは以下のような共通した特徴で結ばれているという（Brown, 2009より引用）。

1．無目的：遊びは目標達成や意義ある何かをめざさなくてもよい。

2．自発的：遊びはしたいからするのであって、誰かに強制されて行うものではない。

3．楽しい：遊びとは本来楽しいものだ。

　遊びは無目的だといっても、それが遊びそのものの価値を損ねることにはならない。鬼ごっこやモノポリー、軽い悪ふざけをして遊ぶのは、望ましい結果の達成を一番の目的にしているわけではない、というだけの話だ。サッカーをしたり友だちのためにピアノを演奏するのに、社会をよくしているようなフリをする必要も全くない。ボードゲームやスポーツを楽しむ理由として社会によい影響を与えようとか、個人的な意味なんてことも全く要らない。効果が長続きしなくったっていい。

　そうはいっても遊びはやはり有益なものだ。遊びは健全な心の成長に関わっ

ている。「遊びは自然なもの」という言葉は、遊びの普遍性をよく説明している。その一例として、動物たちの中にも遊びは広く観察されている。例えば取っ組み合いの遊びやじゃれあいなどは、霊長類や北米に生息するプロングホーンなど多くの動物種で行われていることが記録されている（Miller & Bryers, 4998）。研究者は、人間以外の動物の幼少期の遊びの過程には、将来役立つスキルを身につけたり、不測の事態に備えるといった進化上の利点があることを指摘している（Špinka et al., 2001）。

　同様の行為は、人間の子どもたちの中にもみられる。大抵の人が認めるように、子どもにとって目的をもたない純粋に楽しい遊びは自然なことだ。実際、遊びは子どもの社会的・情緒的・認知的発達に不可欠であると考えられている。発達心理学者たちは、子どもたちが年齢に応じてどのような遊びをしているのかを観察してきた。例えば、幼い子どもの「一人遊び」（文字通り一人で遊ぶ）は、その後「並行遊び」（同じ場所にいても一緒には遊ばず、それぞれが自由に遊んでいる）、「連合遊び」（お互いに関わり合い、共有して遊ぶ）へと発達し、5歳頃までに「協同遊び」（共通の目的に向かって関わり合いながら遊ぶ）へと変化していく（Dyer & Moneta, 2006）。

　子どもの遊びの多くは想像力に根ざしている。「おままごと」はその典型的な例だ。子どもたちはおままごとの中で、料理やお化粧といった大人の真似事をして遊ぶ。こうした遊びは実用性には直結しない。料理の真似事をしたところで食べ物が本当に出てくるわけでもないし、子どもたちが実際におめかしして夜の街に繰り出すこともない。けれどこうした類いの遊びには、子どもたちが自分のアイデンティティについて試行錯誤したり、スキルを身につけたりできるという心理的な副作用があると考えられる（Sutton-Smith, 1997）。「見えないお友だち」など、想像力を使ったその他の遊びには、問題解決を助けたり、なぐさめになったり、あるいは孤独感をのりこえるための方法としての心理的な効果も期待できる（Majors & Baines, 2017）。

　興味深いことに、遊びというのは広く文化的な現象でもある。何をして遊ぶか、どのように遊ぶかも文化によって決定づけられている。例えば、米国や英国で暮らす人であれば、当然バスケットボールやラグビーをプレイすることが

あるだろうが、おそらくカバティやセパタクローはやらないはずだ。そうした
競技が、世界のほかの場所でいかに人気があろうともだ。文化的な影響はとく
に子どもたちの遊び方の中にあらわれている。都市化や物質的豊かさ、両親が
外で働いているかなどの要因は、すべて子どもたちがどんな遊びを経験するか
に影響する。例えば、ユカタン半島の伝統的なマヤ社会では、子どもたちの遊
びはどちらかといえば抑制される。そこでは「おい、お前たち、遊ぶのを止め
て手伝ってくれ！」というように、共同体にとって具体的な利益のある、より
生産的な活動に子どもたちを従事させることが好まれる（Gaskins et al., 2007）。
たとえ子どもたちに遊びを許していたり、積極的に遊ばせていたとしても、そ
の遊びは文化的な世界観や社会的な役割と一致していなければならない。まさ
にこの実例を、私自身ケニアの伝統的なマサイ族の人々のフィールド調査で目
撃している。私は彼らとともに過ごした数か月の間、レーシングカーや宇宙船
の操縦の真似ごとをして遊ぶ子どもたちを、ただの一度も見なかった。代わり
に私が目にしたのは、想像上の動物たちに向かって、石や棒切れを投げつけて
遊ぶ子どもたちの姿だった。別の研究では、調査に参加したドミニカ共和国の
子どもたちの約半数が、見えないお友だちがいると答えたのに対し、ネパール
の調査では、同じように答えた子どもは参加者のわずか 5 ％だった（Wigger,
2018）。このような文化的な違いには、想像力やファンタジー的なものへの感
受性、宗教的観点、子育てへの取り組み方についての、社会的な重要性の違い
が反映されていると考えられる。

　子どもに比べ、遊びという概念は大人とはあまり関連づけられない。実際の
ところ、遊びの現象についての研究の中で大人を調査対象としたものは、全体
のわずか10％しか存在しない（van Leeuwen & Westwood, 2008）。遊びというも
のがしばしば、大人になるための成長過程と考えられていることからすると、
こうした状況は理屈として納得がいく。とはいっても大人の社会生活をざっと
みてみると、そこには例えばソーシャルゲームや性的なロールプレイ、軽い賭
けごとや運動競技、ビデオゲーム、冗談の言い合いなど、数えきれないほどの
形態の遊びがひそんでいることがわかる。ただ大人の遊びは、無目的性や楽し
さという遊びの特徴には当てはまるものの、構造的な面ではやはり子どもの遊

びとは趣きが異なっている。これまでの例から、大人の遊びの中には守るべきルールや明確な目的など、比較的高度な構造があることがわかるだろう。ほとんどの社会では、秩序立っていない遊び、とりわけごっこ遊びやおふざけのようなものに、大人が表立って興じることはなかなかできない。結果、大多数の大人はそのような遊びには羞恥心を抱くようになってしまう。このことは、例えば即興芝居を求められたときにたいていの大人が示す反応を見ると容易にわかる。大人の中でもそうした遊びへの抑制が外れやすい人（おバカでひょうきんで想像力豊かで、人を楽しませる陽気な人）はもちろん存在する。実際、こうした人たちはしばしば遊び心にあふれた性格の持ち主と見なされる（Proyer & Ruch, 2011）。言い換えれば、こと遊びに関してこのような人々は、特異な少数派として捉えられているのだ。

遊びこそまさにすべきこと：遊びがもたらすメリット

　遊ぶこと、もしくは遊び感覚で行う活動に幅広いメリットがあることは研究によって明らかになっている。例えば、ユーモアの強み[54]（間違いなく遊びに関係する強み）を発揮することは、ウェルビーイングとのつながりが認められ、うつ症状には負の相関があることがわかっている（Gander et al., 2019）。ユーモアは、「なんでトイレットペーパーは丘の上から転がり落ちなかったの？」といったユーモラスなセリフを吐くだけに留まらない。軽いからかいやその場のノリで行う即興ごと、言葉遊びもユーモアと関わっている。本質的にユーモアとは、遊び心のある見方や考え方のことだ。それゆえにユーモアは、人間のもつさまざまな資質の中でも、生涯を通してのウェルビーイングをとりわけ強く予測するものとなっている（Martínez-Martí & Ruch, 2014）。ユーモアのある人はそうでない人に比べ、より他者とのつながりを築きやすく、ちょっとした困難もゲームに見立ててみたり、人生の面白い面に目を向ける傾向があるといわれている。

54　キャラクターストレングスという24に分類された性格的な強みの中の1つ。本書第3章参照。

　同様に余暇というのも（これもまた間違いなく遊びと関連した概念だが）、より高い幸福度と関連している（Lu & Argyle, 1994）。まさにその通り。いくら仕事が有意義なものであっても、気ままなオフの時間こそが人生に楽しさを与えてくれるのだから。あなたたち学生にしてもそうだ。勉強や頭を使う議論、アルバイトをどんなに多く抱えていても、たまにボードゲームやバレーボールの試合をすれば、どうにか乗りこえられそうな気がしないだろうか。実のところ、遊びが少なすぎるのは、きわめて不健康なことなのだ。例えばブラウン（Brown, 2014）は、幼少期における「遊び不足」について警鐘を鳴らしている。彼の報告では、軽度または中程度の遊び不足は、他者に対してより防衛的となり、長く続く親密な人間関係を築きにくくなるなど、対人関係に関する問題と強く結びついているという。重度の遊び不足に陥ると、ことはさらに重大で、協調性や利他などの向社会的行動が減少したり、感情的な反応を健全に制御する力に悪影響を及ぼすなどの深刻な結果をもたらす可能性がある。

　遊びというものを重要視する（ただし深刻になりすぎず！）のは、まさにこうした遊びがもつ有益性によるものだと私は考えている。幸福に関する学術文献、とりわけポジティブ心理学関連の文献では、よい行いなどの徳性的な活動にどうしても目を向けやすい（Ryan et al., 2013, Vitterso, 2013）。そのため結果として、この分野の研究者や実践家の人たちであっても、純粋に楽しみだけを追求する活動の大切さを、ときに過小評価してしまうリスクに陥っている（Ryan & Deci, 2001; Ryff, 1989; Waterman, 1993）。例えば、許しや慈善的な行為は、友だちとトランプをしたり、ビーチで砂の城をつくるなどの遊びより、よほど価値のあるものだと思われがちだ。けれど、木登りやジェスチャーゲームをしたり、冗談を言い合ったりという日々の楽しみは実に重要なものだということを、私はここで主張しよう。

　一見すると目的性に欠けているようであっても、遊びには幅広い心理的な利点があり、遊びの概念にいっそうの価値を与えている。ここでは研究の中で注目されている遊びの心理的効果のうち、フローと回復の2つを具体的にみていこう。

▌フロー

　フローは「ゾーンに入る」という表現でも知られており、我を忘れ、時間の感覚すらなくすほど没入し、同時に、そのときのことをきわめて楽しいこととして記憶するような体験である（Csikszentmihalyi, 2008）。フロー研究の第一人者であるチクセントミハイが、ロッククライミングやチェスの熱心な愛好家であることは偶然ではないだろう。その活動が心から楽しく、つい我を忘れ集中して打ち込んでいるときに、フロー体験は得られやすい。遊びも広い意味で、この活動の一つにあげられる。となると、例えば楽器の演奏や楽しみとしてのセックス、ちょっとした賭けごとめいたゲームや、運動競技などの遊びのほか、モノマネに興じることですら、フローをもたらす活動だと考えられる（Csikszentmihalyi, 2008）。フローはまた、動機づけやある特定の技術を身につけるといった、ともすれば苛立ちや落胆を伴う嫌な体験とされがちなプロセスにおいても、重要な機能を果たしているといわれている（Vittersø, 2011）。

▌回　復

　遊びとは元気を回復させるものでもある。すなわち人間のホメオスタシスのバランスを回復させるものだといえる。え、それ何？と思った人もいるだろう。なにせ「ホメオスタシス」なんて、数ある言葉の中でもとりわけ遊び心から遠いフレーズの一つに違いないだろうから。けれどここでいう「ホメオスタシス」とは、単に夢中に遊ぶことで注意力や感情などの働きが回復できる（Vittersø, 2011）ということを指している。回復の証拠として、ビデオゲームのプレーヤーを対象にした研究（Rupp et al., 2017）では、軽くゲームをした後は気分や集中力が改善したとの報告が得られている。また数百人の大学生を対象にした別の研究では、遊び心は他者からの感情面での支援の得やすさや、コーピングや物事をポジティブに捉え直す見方、ユーモアなどに、非常に高いレベルで相関していることが明らかになっている（Magnuson & Barnett, 2013）。遊び心が

55　ストレッサーを克服しようとする心の働き。第6章参照。

なぜ心理的回復とつながるのか、そこにはさまざまな理由が存在する。遊び心のある人ほどストレスフルな出来事などにうまく対処できたり、遊びの楽しさがストレスを和らげてくれたり、ほかにも、遊びには仲間と協力し合いながら行う形式のものが数多くあることも可能性としてあげられている（Qian & Yarnal, 2011）。興味深いのは、回復が起こるためには遊びの環境が重要で、集中力を散らしかねない騒音などの邪魔が入ると、不快感から回復作用は弱まる可能性があるといわれている（Vittersø et al., 2004）。

遊ぶこと：行うに難し

　ここまでみてきたように、遊び心をもつのはごく自然なことだ。遊びは楽しいだけでなく、心にも身体にもよい。ではなぜ私たちはこうも遊びに時間を使わないのか。じつは時間の使い方を調査したさまざまなデータから、人々の典型的な一日の過ごし方に関する興味深い事実が明らかになっている。例えば、国連の人間開発報告書（UNDP, 2015）によれば、社交やレジャーに費やす時間は、全世界を通じ、一日の活動全体に対しておおよそ約15〜20％の割合になるという。これはおおむね毎日少なくとも2時間を余暇に費やすという計算になるが、この2時間は必ずしも一塊の時間とは限らない。要するに、私たち人間は遊びの時間をもっと優先的にスケジュールに組み込む必要があるのかもしれない。面白いことを考えたり、ちょっとした冗談を言ってみたり、言葉遊びをするなど、ごく短い時間でも実行可能で、仕事といったほかの活動の合間にさっと組み込めるものも「遊び」とみなせば、遊びのための時間はいくらでも生み出すことができる。

　日々の生活に遊びを取り入れるうえでもう一つの障害となるのが、そのための労力だ。手間のかかる遊びほど、より労力が必要だと感じてしまうことは十分に考えられる。人は暇な時間ができると、テレビを見るなどの受動的な娯楽に走りがちなのもそれゆえだろう。長時間にわたる勉強やストレスフルな仕事の後は、たいていの人はリラックスしたいと思うものだ。わざわざ服を着替えて近くの公園で友だちに会い、その場で一緒にゲームを楽しむなんて手間のか

かることをするより、SNSアプリを開く方が遥かに簡単で便利だ。ただここで多くの人が忘れてしまうのが、遊びがもつ利点だ。友だちに会うことは面倒に思えるかもしれない。けれどその方がより気分や頭の疲れが回復し、楽しさや人とのつながりを感じられる可能性が高い。遊びのもつパラドックス——労力と集中力が回復作用をもたらし得る事実——を心に留めておくことは、毎日の生活にもっと積極的に遊びを取り入れるうえで役立つだろう。

　自分たちが普段余暇をどう過ごしているのかあらためてふり返ると、テレビや映画鑑賞、SNSをいじるなど、肉体的にも精神的にも受動的な活動がかなり多いことがわかるのではないだろうか。これらは一見楽しく、自発的に行っている活動に見えるかもしれない。だが肝心の遊び心とはあまり関係していない。実際、テレビを長時間見ることと気分の低下との関連性も明らかになっている（Kubey & Csikzentmihalyi, 1990）。身体を活発に動かし、遊び心いっぱいに遊ぶ時間は、今やスクリーンタイムに取って代わられてしまったかのようにみえる。しかしこのような過剰かつ受動的なスクリーンタイムにどっぷり浸かっている人は、遊びの恩恵を得る機会を逃しているのだ。

おわりに

　遊びを楽しむためには、コメディアンやプロのアスリート、ジャズミュージシャンになったり、子どもに戻る必要すらない。陽気な性格の人たちというのは確かに存在する。けれど私たちの誰もが冗談やゲームを楽しむことができる。とにかく、まずは遊びの時間をつくることだ。そしてまた、遊びは——仕事と違って——はじめは大変そうにみえても、やってみることで気分や集中力が回復することも忘れないように。あなた方はすでに、頭の中で妄想を膨らませて遊んだり、何らかのゲームを楽しんだりしているはずだ。ユーモアのセンスだってそれなりに備わっている。仮にそれが単に誰かの冗談を理解できる程度だったとしても。遊び心という資質は、実に重要で有益なものだ。このことをぜひ心に留めておいて欲しい。遊びとは紛れもなく豊かな人生の一部を成しているのだ。

● 演習 10 - 1 ●

もっと遊び心を発揮するための 3 ステップ

1．遊びを理にかなった真っ当なものとして認識しよう。決して遊びを軽薄で幼稚
　なものとして片付けないように。遊びは人生を豊かにするうえで大きな役割を果
　たす活動なのだ、と捉えてみよう。

2．いろいろな遊びを試してみよう。一口に遊びといっても、ゲームやスポーツな
　どの明確なルールがある体系的なものや、冗談を言い合うなどの即興的な遊び、
　絵を描いたり、コラージュを作ったりするような創造的なものなど、さまざまな
　タイプの遊びがある。いろいろな遊びを実際に試してみることで、自分はどんな
　遊びが好きで、何をすると気分や集中力の回復につながるかが、よりわかるよう
　になるだろう。

3．労力のパラドックスに注意すること。ボードゲームや運動競技などのさまざま
　な遊びは、一見するとテレビを見たり、SNS をスクロールするよりもずっと面
　倒に思えるかもしれない。けれど活動的な遊びは、ありふれた受動的な遊びより
　も、はるかに気分や集中力を回復させる効果がある。労力は決して無駄にはなら
　ないのだ！

やってみよう、考えてみよう

遊びをもっと日常に取り入れるための4ステップ

1. あなたの典型的な一日を振り返ってみよう。そのなかで遊び（本章で述べられていたような能動的に行う活動）に費やす時間はどのくらいあるだろうか。

2. 今度は子どもの頃から現在までを振り返ってみよう。やっていて心から楽しく、ときに時間も忘れて夢中になった遊び（または遊びと感じる活動）は何だろう？ 思い出せるだけリストにして書き出してみよう。そのとき、これまでやったことはないけれど、いつかやってみたいと思っている遊びもリストに加えてみよう。

3. 2でつくったリストの中で、すぐに日常生活に取り入れられそうなものをいくつかピックアップしてみよう。その遊びを行うためのちょっとした行動計画を立ててみよう。

4. やってみよう！ まずは実践しよう。積極的に遊びの時間をもつことで、自分の心や行動に何か変化は生まれるだろうか？ その変化を感じてみよう。

第11章

意味を見つける

はじめに

　私は X 世代[56]の人間だけど、「身を粉にして働き、会社の出世コースに乗り、十分な退職金と年金を得て引退する」ことをよしとする信奉者じゃない。皮肉屋の X 世代である私は、大学時代にはもう、自然破壊、蔓延する不正、家族経営の農場が消滅していく様、工場や製造業の労働者が切り捨てられる様子、年金基金の略奪などに幻滅を覚え始めていた。私はすでに、私たちの世代の人々が病気になったり退職したときに、受け止めてくれる社会的セーフティネットが存在するなんて思っていなかった。そして、団塊の世代（ベビーブーマー）が世界中に気候変動をもたらし、公害を広げ、政府の財源を空っぽにしたうえ、ほかの残りの人々が貧困と飢餓に苦しむのを横目に、ゲーテッド・コミュニティー[57]の中でポルシェやフェラーリみたいな高級車を乗り回すのだろうと、すでに確信していた。

　これで、私がどこまでパーティーを楽しめる人間だったかわかるだろう。また、私が予言者だったのか、妄想家だったのか、それとも単に当時の反体制的な信条を口にしていただけなのか、判断してもらえるだろう。何を言いたいか

56　おおむね1965～1980年にかけて生まれた世代。日本では団塊ジュニアが含まれる。
57　富裕層の隔離された住宅地。

っていうと、当時の私には、世界が全く頼りなく無秩序に見えていたけれど、今の大学生であるあなたたちも、あなたたちなりの混沌としたストレスに満ちた世界に直面していて、そのすべてが狂気に満ちているように見えたとしても（少なくとも私からすれば）OK だ。それは、くるくる回る万華鏡を通して見る世界みたいなもので、災害と奇跡のような技術、不公平と人道主義、希望と恐れのすべてが、どんどんスピードを上げながら渦巻いている。そんな状況では、何を頼りにすればいいのか、未来はどうなるのか、目標や夢のためにどれだけ努力すればいいのか、と心配になるだろう。同時に、この世界がまだ、冒険・探求・旅行・温かい人間関係や、空港ラウンジの荷物受け取りベルトコンベアやインフィニティプールのような素敵な体験に満ちた素晴らしい人生を与えてくれるように見えている人もいるかもしれない。あなたの眼に映る世界が、映画『マッドマックス』の家族向けバージョンのようでも、ライフスタイルインフルエンサーが実現した夢のようでも、いずれ誰もが対峙することになる普遍的な願望がある。私たちは、自分の人生を意味のあるものにしたいと望んでいるんだ。

　この章では、私のような「人生における意味」の研究者が明らかにした重要な知見と、ストレスに対処し、心理的レジリエンスを高め、生きるに値する人生を送るために、意味を見つけて、高め、活用できる最善の戦略をいくつか紹介しよう。

　この章では、次のことをやっていこう。

- 人生における意味という考えにまつわる神秘性を取り除き、使いやすい3つのアプローチを学ぶ。
- 意味が人生に与える広くて深い影響を明らかにする。
- あなたの人生における意味の源（wellsprings of meaning）を、今すぐ捉え育む。
- 積極的かつ意図的に意味をもって生きる戦略を学ぶ——毎日をだ。

意味をわかりやすくする

　近頃、意味や目的はとんでもなく人気があるみたいだ。俳優、ビジネスリーダー、コーチやアスリート、政治家や慈善活動のリーダー、教師、医師、看護師、その他いろいろな人たちが、自分の苦悩や勝利、また人生における意味や目的をどのように見出したかを物語る。意味や目的について語るとき、彼らは自分にとって最も重要な感情や信念、あるいは努力を続けるべきだという理由を説く。また、自分が見ている混沌として捉えがたい状況を、何か新しい視点から見ることについて語ることもある。ときには、深遠な動機や、深い充足感や満足感について語ることもある。人生の方向性が定まったとか、広大で神聖な真理とつながったとか、主張しているような人もいるね。こんな例はいくらでもあげることができる。人はいろんなやり方で意味について語ることができる——悪い影響を与える友人と絶交すること、新しい音楽を見出すこと、または全宇宙が突然意味をなすように感じることまで。これらの論点のそれぞれは、人生における意味というもののほんの一部なんだ。

▌人生「の」意味ではなく、人生の「なかの」意味

　ここで、私たちが何について検討しているのかをよりよくわかってもらうために、まず話さないことから始めよう。私たちは、人生の意味（The Meaning of Life）[58] について検討しているんじゃない。そうではなく、「人生のなかの意味（meaning in life）」[59] つまり「人生における意味」について話しているんだ。この違いについて考えてみてほしい。人生の意味というと、私たちが天地創造から死に至るまで、宇宙のすべてを把握していると確信できるほど、途方もなく賢いか、信心深くなければいけないように考えてしまう。人生における意味では、一人ひとりの個性的な人間が、それぞれ出会う世界やものの見方のなかで、生涯を通して辿る旅路について考えることになる。人生の意味とは違って、人生

58　書物のタイトルになるような抽象的哲学的な問いという意味で、定冠詞（The）が付いている。
59　「生活のなかの意味」と訳されることもある。

における意味は唯一絶対の正解など存在しないことを示してくれる。むしろ、私たち自身と私たちが愛する世界にとってよりよい生き方をするためには、数えきれないほどの小さな答えがあるということを教えてくれる。

　心理学研究の素晴らしいところは、意味のようなとてつもなく大きな概念に秩序だった体系を与え（つまり理論を構築し）、さらに、人々の生活の中にそれらがあるときに何が起こるかを定量化できる（つまり測定しデータを得る）ことだ。この章では、心理学研究が私たちの理解を助けるこれら2つの面を検討するが、まずは、人生における意味についての理論から始めよう。

　理論的な観点からいえば、人生に意味をもたせたいと思うのは人間の本質的な欲求だ（Frankl, 1963）。私たちは自分の人生について抽象的に考えることができるので、人生のすべてを整理し、物事の大きな枠組みの中で自分にとって最適な場所を見出そうとする。意味がなければ、希望や意欲、喜び、人が生きることは特別なものである（special-ness）という感覚、さらには、生きる意志さえも失ってしまう。しかし、すべてのことを解明する必要はない。自分自身のことだけでいいのだ。人生における意味の研究者たちの見解は、人生における意味とは自分自身の人生に対する肯定的な心理的判断であるという点で一致している。私たち研究者は、被験者に自分の人生に意味があるかどうかを尋ねるとき、考えなければならない条件をつけたりはしない。実際のところ、被験者は好きなように主観的な基準を使うことができる（Steger et al., 2006）このため、自分の人生が本当に意味のあるものであるかどうかについて、人々が「間違っている」可能性は確かにある（例えば、考えが浅いかもしれない）が、すべての人の人生の客観的な意味づけなんて誰が決められるんだろう。このアプローチでわかった興味深い発見は、客観的に正しいか間違っているかは別にして、人々が自分の人生における意味を判断するときに考える情報や経験の種類には、多くの類似点があることだ。実際、3つの主要なテーマが浮かび上がり、研究者はこれを人生における意味の3つの次元と呼んでいる（例えば、Martela & Steger, 2016）。この3つの次元とは以下の通りである。

　• 首尾一貫性（coherence）とは、人々が自分の人生をどのように解き明かし、

人生の一貫性と予測可能性の度合いを理解するようになるか——つまり、世界を裏で動かしていると私たちが思っている「ルール」を捉えることだ。そのルールが科学によって裏づけられているか（例えば、「善人は長生きする」。これはおおむね科学的に実証されている）、あるいはそうでないか（例えば、「地球が平らであるという真実を隠すためにトカゲ人間のイルミナティが月着陸を偽装した」。これは真実ではない）に関わらずだ。

• 目的（purpose）とは、人々が人生で達成したい願望や夢のようなもので、その願望を動機づけや意思決定、人生における優先順位を決めるために、どう使うかに関するものだ。

• 意義（significance）とは、自分の人生には固有の価値があり、困難に直面しても生きるに値するし、自分が何者で何をするかは、何らかの意味で重要であるという信念の強さだ——第二次世界大戦中に4つの強制収容所を生き延び、ホロコーストで家族のほとんどを失ったヴィクトール・フランクルは、すべてが奪われたときでも、人には苦しみにどう耐えるかという選択の能力があり、それがほかの人の手本や励みになることもあると主張した（Frankl, 1963）。だから、たとえ最悪の状況であっても、私たちが示す手本はほかに人々にとって重要なので、意味をもって生きる価値がある。

意味についての研究が教えてくれること

　研究者にはデータが必要だ。つまり、宇宙の本当の意味や、なぜ死があるのか、過去1兆年ほどの間に起こったすべてに理由があるのか、といったことは研究できない。宇宙がなぜ生まれたのかを研究することはできない。その代わり、一人ひとりが人生のなかに意味を創りだそうとするときに経験することは研究できる。個々人が辿る道程を分析し、集計して、人生という旅のいろいろな地点にいる人々のデータベースを構築する——絶望の淵にいる人から、他者を鼓舞するほど意味のある人生を歩んでいる人まで。そうすることで、パターンを抽出し、その強度と統計的な有意性を検証することができる。研究の結果、

1つの重要なパターンが幾度となく浮かび上がってきた。それは、自分の人生に意味があるとみなしている人は、考え得るすべての面でよりよい生活を送っているということだ。

●**ふり返りのポイント**●

意味とよい生活を送ること

　人生における意味についての、膨大で急速に増え続けている研究の中できわめて魅力的なことは、世界中どこで調査を行っても、どんな尺度を使っても、人生における意味は、幸せでよい人生を送るためにきわめて重要で、数少ない反論の余地のない要素の一つであるということだ。

- 人生における意味は、私たちの個人的なウェルビーイングと関連している。数多くの研究により、人生における意味のレベルの高さは、人々の幸福感・喜び・活力・エネルギー・楽観性・充足感・人生／生活の質（quality of life）や満足度と相関があり、それらを予測できることさえわかっている（例えば、Chamberlain & Zika, 1988; Edwards & van Tongeren, 2020; Shek, 1995; Steger & Frazier, 2005; Steger et al., 2006, 2008a, 2008b）。

- 人生における意味は、他者との関係性や自分自身についての肯定的な感情と関連している。もう一つの主要な研究分野は、人生における意味が、自尊心・自己価値・自己受容・自分らしくある感覚（authenticity）において果たす役割に焦点を当てている（例えば、Steger et al., 2008c）。人生における意味のレベルが高い人は、自分が何者であるかに自信をもち、自分らしくあると感じられ、それをよりよい、愛情に満ちた人間関係に活かすことができる（Ryff, 1989; Shek, 1995）。意味のレベルが高い人ほど、より頻繁に愛情を経験し、他者とより親密になることができ、よりよい聞き手や友人であり、結婚や性生活に満足している（McCann & Biaggio, 1989; Steger et al., 2008a; Stillman et al., 2011）。まわりの人たちは、こうした人が他者を引きつける何かをもっていることに気づいており、実験室での実験では、意味のレベルの高い人々をより楽しいと評価し、再び交流することに強い関心を示し、さらには、将来の友人としてのよい候補とさえ考えていた（Lambert et al., 2013）。

- 人生における意味は、ストレスや逆境にうまく対処することと関連している。人生における意味のレベルが高い人は、ストレスを感じにくく、身体のストレス指標も低く、より効果的なストレス対処法（coping techniques）を使う

ことができ、逆境やトラウマを生き抜いた後に、自身が人として成長したと思う傾向がとても高い（例えば、Jim et al., 2006；Steger et al., 2008d, 2015）。

- 人生における意味は、よりよい健康状態と関連している。人生における意味のレベルが高い人は、より健康であると感じるだけでなく、実際、身体的にも健康であることがさまざまなバイオマーカーによって示されている（例えば、Krause & Hayward, 2012; Roepke et al., 2014; Steger et al., 2015）。これは、意味のレベルが高い人たちは、適切な栄養と食事、多くの身体活動、低い薬物乱用、性感染症予防への意識、予防的ケアの利用などの点で、より健康的なライフスタイルに取り組んでいるからだと考えられる（例えば、Brassai et al., 2015; Kim et al., 2014; Piko & Brassai, 2009; Steger, et al., 2015）。

- 意味のある人生は、より長い人生である。数多くの研究において、収入・抑うつ・障害・慢性疾患などの寿命を縮めことがわかっている要因を統計的にコントロールした後でも、人生における意味のレベルの高さは、どれぐらい長生きするかを予測できることが示されている（関連する10件の研究のメタ分析については、Cohen et al., 2016を参照のこと）。

　つまり、人生における意味は、自分自身も他者もより幸せにより長く、そして、よりよく生きることにつながるのだ。何か気に入らないことはある？　まあ、実際のところ、すべて気に入るべきことではある。でも、そのことが時々、自分はもうすべてを理解していなければならないとか、人生における揺るぎない意味について確固たる信念をもっていなくてはならないというプレッシャーを与えてしまう。もし、あなたの人生における意味についてのビジョンがそれほど明確でなくとも、ご心配なく！　大学生の皆さんにとくに関係の深い、意味に関するもう一つの切り口がある。これまで私たちは、人々が人生における意味をどのように経験するか、つまり、自分の人生を全く無意味なものからきわめて有意義なものまで、どのように評価するかについて検討してきた。また研究者たちは、意味を求める人々のさまざまな傾向についても調べてきた。その結果わかったことは、人生における意味をどれだけ経験しているかに関わらず、あなたは多かれ少なかれ、意味を問い、探求する過程に入ることになるだろうということだ。若者は、高齢者よりも意味を探し求める傾向が強い。これ

は、若者はわかっていることよりわからないことが多くて当たり前であることを示している（Steger et al., 2008b）。なので、もしあなたがまだすべてを理解していないとしても、それは普通のことなんだ。それでいいんだ。意味の探求をより快適に感じてもらうために、次の節では、試してみることができるいくつかの演習と、より多くの意味を見出すのに役立つことが実証されている、自身への問いかけの方法について紹介しよう。

意味を行動に移す

　あなたの人生における意味を明らかにするステップや、日々の生活に目的を吹き込む方法について、あせって説明する前に、人生における意味の大部分は探求することであり、まだ十分に知らなくとも安心していいということを、今一度強調しておく。多くの人は隠された思い込みをもっているようだ。自分は「あるもの（a thing）」であり、自分がやるべきはそれを見出し、それを使って人生を歩むことであるという思い込みだ。自分が何者であり、何を望んでいるのか、何が自分にとってベストなのか、どこへ行こうとしているのかを、はっきりと知らねばならないと思い込んでいる。そのことが、自分自身の意味や目的を見つけなければならないという大きなプレッシャーにつながる。このような考えが役に立つという証拠はほとんどない。もしあなたが、人生でどんなことが起ころうとも、自分は一生変わらず、簡単に見出すことができる「もの」（easy-to-figure-out 'thing'）であり続けると確信していたとしても、今、この瞬間だけは、自分は時が経ち経験を積むにつれ変化・進化し、適応していくのだという見方をしてほしい。また、自分の中には矛盾するものがあり、さらには、競合する衝動――あなたを美徳へと導くものも悪へと導くものもある――があなたの関心を引こうとせめぎ合っていると考えてもらいたい。自分を、NPC[60]（ノンプレイヤーキャラクター）のような少ない単語で特異性を描写し特定できるものとみなすのではなく、人生はそこに入り込んで探検できるオープンエ

60　ゲームでプレイヤーが操作しないキャラクター。

ンドな世界であると考えてみてほしい。冒険には、驚きもあれば長い道のりも
あり、味方もいれば敵もいる。危険地帯もあれば休息と再生の場もある。なの
で、冒険を通して、何が使えて何が使えないか、どこに行けばうまくいき、ど
こが行き詰まりか、どんなときにさらに悪い状況に陥るのかなどを学ぶことが
できる。自分の人生や自己を「もの」としてではなく、旅とみなすこの視点は
とても重要なので、意味を行動に移すための最初の提案としよう。

●演習11-1●

人生という旅を楽しむ

　1週間、毎日次のような見方をしてみる時間を1時間もとう。自分が何者で、人
生に何を望んでいるのかを理解するということは、探求のためのアドベンチャーで
あり、単にリストに追加する目的地ではないという見方だ。その1時間の中で、下
した決断・状況・経験の一つひとつについて、自分がどのように反応し、次にすべ
きことをどう判断するかに注目してみよう。最初の直感から何を学んだ？　やるべ
きことを決めるとき、自分にどのように語りかけている？　自分との対話の中で、
出来事をどんな風にコード化（encode）してる？　最も重要な問いかけは、好奇
心をもって注意を払うことで、自分自身の何がわかるのかだ。

　私たちは、自分自身について学ぶことよりも、自分のしたことを修正したり、
間違いを避けるために自分自身を観察することに慣れているので、上のような
探索演習をするのは少々奇妙に感じるかもしれない。しかし、物理法則を除け
ば、あなたの人生において不変的に存在するのはあなた自身なのだから、あな
たにはもっと学ぶ価値がある。次のノスタルジーの演習も、自分についてより
よく知り、自分の人生により多くの意味をもたらす方法として有効であると実
証された方法だ（Routledge et al., 2011）。

●演習11-2●

ノスタルジーに浸ろう

　過去に囚われるのはよいことではないが、たまに過去を訪れることは、自分にと
って何が重要で、大切な人は誰なのか、そして時を経て自分がどのように変化して

きたのかを知る優れた方法だ。また、自分の人生の物語を練り、作りあげるための
ツールの開発にも役に立つ。1週間のうち、少なくとも3回、計3時間は、思い出
に浸る時間をもとう。昔の写真や投稿を見たり、日記を読んだり、学校の友人や先
生、チームやクラブ（本当に何でも構わない）について考えてみよう。目標は、特
別で重要な思い出に焦点を当てることだ。

次に過去から未来に焦点を移し、目的意識を醸成することに軸足を置こう。
あなたの日々はおそらく、目標や課題、締め切りでいっぱいだろう。これらの
多くは、私たち個人の目標など誰かほかの人が作ったプログラムの取るにたら
ない微調整であると思えるよう設定されている。目的とは、本当に力を注ぐ価
値がある夢や願望——あなたにとってだ——を見出し、それに向かって努力す
ることだ。小さなことから始め、進みながら学んでいくことにしよう。

●演習11-3●

価値観から行動へ

今日は、いつもとは違う種類の目標を選んでみよう。まず、自分の価値観につい
て考え、書き出すことにしよう。人が自分の価値観を明確にできるよう助けるため、
私がよく使う質問は、「あなたは何を支持しますか？」「あなたが決して支持しない
ものは何ですか？」だ。つまり、あなたは世の中でどのような価値を代表したいの
か、そしてどのような行為に抵抗あるいは敬遠するのか、ということだ。書き出し
たリストがどんなに長いものでも、その中から1つを選び、目に見えるかたちでそ
の価値を支える行動を、1週間、毎日1つ行うという目標を立てよう。つまり、1
週間、自分の価値観を行動に移すという目標を立てるわけだ。

自分自身と自分が支持するものへの理解が深まるにつれ、あなたは毎日より
多くの意味のあることをするようになるだろう。意味の観点からは、人生の旅
があなただけのものではなく、周りの人々・生命・世界をも包含するものであ
ると理解することも重要だ。このように関心を広げていくことを自己超越
（self-transcendence）という。自己超越は、人生に深い意味と目的を築くための
鍵であり、私たちの人生が意義のあるものであることを知る助けとなる。

●演習11 - 4 ●

ロールモデルから学ぶ

　まずはロールモデルからはじめよう。あなたにインスピレーションを与えてくれる人は誰？　あるいは、ものは何？　家族でも、歴史上の有名人でも、あるいは歌や芸術作品でもかまわない。インスピレーションの源を見つけるための時間をもとう。5つほど見つかったら、なぜその人（やもの）があなたをインスパイアするのか、自分に問いかけてみよう。彼らはどのような目標をもっていた？　どのような影響を与えた？　どのような資質・特徴をもっている？　もしあなたがその人たちについて聞いたことがあり、インスピレーションを受けたのであれば、その人たちは自らの人生を越えて影響を与えたに違いない。じゃあ、どのようにしてその人たちの影響はあなたにまで及んだのだろう？

　インスピレーションの演習により、ほかの人々がどのように自らを超越しているかに目を向けることができる。そして、もし彼らにそれができるなら、私たちにもできるはずだ。

●演習11 - 5 ●

さらに自分を追い込んでみよう

　多くの人が「世の中をよりよい場所にしたい」と言う。それは素晴らしいことだが、やや漠然としている。1時間ほど時間をとって、自分自身や個人的な生活以外の何かをよくするためには、日々をどのように生きればいいかを具体的に考えてみよう。世界のどんなところをよくしたい？　気になっていることは何だろう？　自然・難民・歴史や文化の保護・正義・自由・教育・病気の治療・孤独な人の慰め、あるいは何か別の重要な問題？　気になっている問題に優先順位をつけたリストを、できるだけ頑張って作ってみよう。そして、上の2つか3つを選んで、次の1週間で、自分の日常生活の中の何を変えることで、その問題にポジティブな変化をもたらすことができるのかを考えてみよう。寄付や誓約書に署名をするだけでなく、自分の日常生活をどのよう変えればよいか、少し自分を追い込んで考えてみよう。つまり、日々の生活にちょっとした自己超越を埋め込むんだ。

　ここまでの演習では、考えたり書いたり計画を立てたりすることが多かったけれど、私からの最後の提案であるフォトジャーナリズムは、これまでのもの

よりほんの少し簡単で、ちょっと毛色が違うものだ。

●演習11-6●

フォトジャーナリズムをかじってみよう

　来週は毎日1枚、「あなたの人生を意味のあるものにしているものは何か？」という問いに答える写真を撮ってみよう。かすかな、さらには隠れた意味の源が浮かび上がるように、写真は毎日一定の間隔で撮ることが大切だ。被写体は、人・場所・物・シンボルなど何でもいい。もし、人生を意味あるものにしてくれる人や場所のそばにいられないときは、シンボルや、場合によってはほかの写真でもかまわない。週の終わりに、その写真がなぜあなたにとって意味があるのかを必ず説明したうえで、どこかに投稿したり、友人や愛する人と語ったりしてみよう。

おわりに

　この章のねらいは、今現在、あなたにとって世界がどんなに混沌とした不確かなものに見えているとしても、人生における意味を築くために、日々学ぶことのできる視点や活動があると知ってもらうことだ。さらに、それらの視点や活動は、あらゆる狂気に打ち勝つためのリソースとして、また、人生をよりよく、生きるに値するものにする重要な要素として、意味の構築に役立つことを理解してもらうことだ。この章で紹介した演習は意味に特化したものだが、間接的に意味を高めるためにできる活動はほかにもたくさんある。例えば、親切な行為をする、親しい友人や家族と親密で屈託のない会話をする、ほかの人の成功を一緒に祝う、自分の人生に起こるすべてのよいことに感謝する練習をする、マインドフルネスを育むなどだ。実のところ、私たち一人ひとりが人生における意味を育み培う旅には、たくさんの道がある。世界が安全に見えようが恐ろしいものに見えようが、それらの道は存在し、私たちが発見するのを待っている。

やってみよう、考えてみよう

　本章で紹介されている演習課題を実際にやってみて、その結果、気づいたことを話し合い、共有しましょう。

第*12*章

自分自身について知る

はじめに

　あなたはすでに、ウェルビーイングのさまざまな側面について学んできた。この章の目的は、その知識を活かして学びを定着させるにはどうすればいいかを知ってもらうことだ。つまり、この章はスーパーチャージャーと考えてもらってもいい。

　まず、自分を科学者とみなし、試行錯誤しながら学ぶこと——「ポジティブな失敗」と呼ばれることもある——の重要性を探ろう。続いて、小さな習慣をつくる方法を簡単に説明し、大学での生活におけるウェルビーイングに欠かせない2つの戦略、スローダウンと生活の簡素化を紹介する。次に、私（Me）、私たち（We）、我々（Us）というコンセプトが、セルフケアやウェルビーイングの取り組みにどのように役立つかを考えることで、個人を超えたより幅広いシステム的な枠組みについて検討する。最後に、あなたのウェルビーイングに役立つより広範なサポートシステム（友人、家族など）についても説明する。

　この章では、次の事柄について学ぶ。

- 自己実験とポジティブな失敗の重要性。
- ウェルビーイングの測定。これは、あなたのウェルビーイングとセルフケアに関する情報を提供してくれるものだ。

- 行動変化の枠組みと習慣形成のプロセス。
- 「私（Me）、私たち（We）、我々（Us）」フレームワーク。これは、システムがあなたのウェルビーイングとセルフケアにどのような影響を与えるかを理解するための枠組みだ。

自分自身について研究する科学者であること

　この章ではあなた自身が科学者であり、科学の原理と方法を駆使して、自分自身について実験・研究しているのだと考えてもらいたい。あるいは、科学的研究の結果を報告するとすれば、あなたは「N＝1」である——科学の表記で「N」は全サンプルサイズ、すなわち全被験者を意味する。ここでは、あなたがそのサンプルサイズなのだ！　このように個人に焦点を当てた実験的アプローチは、応用ポジティブ心理学（Linley & Joseph, 2004）、臨床心理学（Kramer et al., 2013）、カウンセリング心理学（Gelso et al., 2014）、コーチング心理学（Passmore & Theeboom, 2016）など、社会科学の多くの分野でよく使われている。ウェルビーイングは非常に個人的なものであるからこそ、このような実験的アプローチは当を得たものなのだ。このアプローチは、「あなたはあなたに関する専門家である」という原則に則っているので、あなたが使ってみることにしたポジティブ心理学的介入（positive psychological interventions：PPIs）（Parks & Schueller, 2014）——あるいは、私たちが「ウェルビーイング強化活動」と呼ぶもの——は、あなたが自分にとって最も効果があると考えたものであるはずだ。
　あなたの実験を支えるのは、「科学者—実践者」アプローチだ（Peterson & Park, 2005）。科学者—実践者モデルはかなり前から使われていて、研究と実践の間での相互情報交換を推奨している。実験をする際には、どの活動や戦略が自分にとって効果的かを学びつつ、研究によって裏づけられた実践をすべきだ。「強みの活用」（第3章）には親しみをもったものの、「希望をもつこと」（第4章）は自分にとってあまり有益でないと考える人もいるかもしれない。ポジティブな「人間関係」（第8章）の価値を認めていても、「逆境」（第9章）について考えることはあまり役に立たないと思う人もいるだろう。現実的には、これ

らの戦略のうち、あなたにとって有効なものもあればそうでないものもあり、効果があまりないものもあれば、効果が出るまでに時間がかかるものもある。それを知るための方法の一つは、実際に実験してみることだが、そこには戦略的なやり方がある。

■ ポジティブな失敗

　失敗を喜ぶような人はいないだろうが、失敗することから何かを得る人もいることがわかってきた（Arnott, 2013）。すべての失敗は、自分自身についての建設的な教訓を与えてくれる。失敗そのものは自然で強力な心理的力となり得るため、社交の場によっては失敗に関する話題はタブーとされることもある。初対面の人に「じつは 1 年次の科目で失敗したんだ」というセリフで自己紹介をすることはほとんどないだろう！　しかし、「ポジティブな失敗」という考え方がある。これは「適切な努力の後の失敗で、さらなる学びや自己開発につながるもの」と定義されている（Arnott, 2013, p. 4）。この見方からすると、ある程度の失敗の「投与」は予防接種のようなもので、最初は不快だが、挑戦して失敗することで自己開発や成長につながるため、長期的にはよいものになる可能性がある。そして、まさにこのような意味で、失敗の経験は受け入れることができる——経験から得られる学びに焦点を当て、次回は違ったやり方で物事を行えばよいのだから。

　学ぶということは、自分の安全領域（comfort zone）から出ることを含んでいることを理解しよう。挫折の経験は不快ではあるが、じつはあなたがポジティブな学習成長曲線上にいることを示す証でもある。ポジティブな失敗は、目標を達成するまで学び続け、挑戦し続けるプロセスの設定に関係している。早すぎる成功が、あなたにとってよくないという状況さえあるかもしれない！　失敗から得られる学びをどのように受け入れることができるかは、長期的にみれば強い力となるかもしれない。では、自分の実験が成功しているかどうかを知るにはどうすればいいんだろう？　この問いに答えるために、科学者としてのもう一つの側面について考えてみよう——つまり、ウェルビーイングの測定だ。

ウェルビーイングの測定

　測定（assessment）とトラッキング（tracking）[61]は、ある時点における心理的ウェルビーイングのレベルを知るのに役立つ。さらに、各個人にとって最も有効なウェルビーイング介入を見出すのにも利用できる。このきわめて重要な情報は、現在の生活スタイルのどの部分が自分に合っているのかを知るのに役立つ。このような情報がなければ、事実上、闇夜の計器飛行のように、手探りで行動しているようなものだ。自分自身のウェルビーイングを測定することで、自分を実験台にした実験にどのウェルビーイング活動を選べばいいのかを決めるためのデータを得ることができる。

　ウェルビーイングを「測定」するには、2つの段階がある。まずは、情報の収集。これは通常、多くの場合オンラインの質問紙調査や検査を使って行われる。次に、得られた結果に目を通し、それが何を物語っているのかを評価する。しかし、ウェルビーイング測定はいったい何を測っているんだろう？　本書でみてきたように、ウェルビーイングの定義は数多くあるが、ウェルビーイングには一般的に、人生のうまくいっている側面とうまくいっていない側面（抑うつ気分、孤独感、ストレス体験など）の両方が含まれていると考えられている。つまり、ウェルビーイングは連続体なんだ。バランスのとれた生活は、ポジティブな経験とネガティブな経験の両方から構成される。だから、ウェルビーイングの測定では、うまくいっていることとそうでないことの両方を把握することが必要だ。多くの場合、感情（幸福感や喜びなど）・思考（生活満足度の判定など）・行動（動作や人間関係における感謝など）、ときには生理（心拍変動など）の側面を測ることで、ウェルビーイングを測定する。

　どんなウェルビーイング測定法を使うとしても、変化を評価し発見をふり返ることができるよう、経時的かつ定期的に測定することが重要だ。例えば、よりマインドフルな状態になる活動に取り組み、マインドフルネスの経時的測定

61　トラッキングとは、個人の感情的な経験・思考・行動のさまざまな側面を長期にわたって観察し、記録するプロセスを指す。これにより、個人の感情パターンを把握し、改善点を特定し、ウェルビーイングを高めるための戦略を立てることができる。

をしようとしているなら、自身のマインドフルネスのレベルがどの程度向上し
ているかを測ることになる。もし、マインドフルネスのレベルが高まっていな
いことがわかったら、取り組んでいる活動が自分にとって効果的でないか、あ
るいは、マインドフルネスを測定する尺度が適切でない可能性がある。このア
プローチは、ウェルビーイングに関する将来の成長目標や願望の設定に役立つ。
これは、定期的な健康診断のために病院に行くようなものだと考えて欲しい。
ここでは、心の健康についての診断だ。このような洞察をもつことで、もたな
い人々とは一線を画することになり、必要であれば積極的に行動を起こし、あ
なたのウェルビーイングとパフォーマンスの基礎となるだろう。この章の終わ
りには、この種のウェルビーイング測定を実践するための、簡単で使いやすい
リソースをいくつか紹介している。

行動変化と習慣

　それでは、あなたが自分を実験台にするという考えに賛同し、いくつかのウ
ェルビーイングの測定をやってみたとしよう。じゃあ、次に何をすればいいん
だろう？　これまでのところ、あなたは自分自身のウェルビーイング計画を立
てるための原材料は手に入れた。以下では、行動変化に関する最新の研究成果
を活用して、できるだけ効果的に行動を変えることができるようにしよう。行
動を変えるために必要なものはなんだろう？　スタンフォード行動変容研究所[62]
(Stanford Behavior Change Institute) のフォッグ (Fogg, 2020) の研究によると、
行動が起こるためには 3 つのことが同時に必要である。フォッグはこれを次の
ような式にまとめている。

　　B = MAP
　　ここで、B は行動 (behaviour)、M はモチベーション (motivation)、A は能力
　　(ability)、そして P はきっかけ (prompt)

62　現在は、スタンフォード行動デザイン研究所 (Stanford Behavior Design Lab)。

つまり、行動は、それをするモチベーション（動機）と能力があり、その能力を行動に移すようなきっかけがあるときに起こるというわけだ。モチベーションは、喜びを得たい、認められたい、希望をもちたい、あるいは苦痛・恐怖・拒絶を避けたい、ということから生まれる。能力とは、時間・お金・身体的および精神的な能力・社会的なサポートなどだ。きっかけとは、思い出させてくれる人やもの（reminders）、行動への呼びかけ、ひらめき、手助けをしてくれる人（facilitators）など、あなたの人生において引き金となるようなものを指す。フォッグの研究によると、行動を起こすためには、この3つの要素――モチベーション、能力、きっかけ――が同時に必要で、どれか1つでも欠けると行動が起こりにくくなる。

フォッグ（Fogg, 2020）はまた、行動を変化させる最も効果的な方法についても研究している。大きな変化を求めようとせず、代わりに「小さな習慣（tiny habit）」から始め、その後に必ずお祝い（祝福）をしながら、何度も繰り返そうという気にさせることを、フォッグは推奨している（第5章参照）。また、フォッグは、新しい行動を設計する際、既存の行動をアンカー（錨）として使い、新しい小さな行動はアンカーの後にやるよう勧めている。つまり、古い行動が新しい行動のきっかけとなるようにするわけだ。次に、あるきっかけがあったとき、再びその行動をする気になるように「祝福」を考案する。つまり、A（アンカー：anchor）、B（行動：behaviour）、C（祝福：celebration）というわけだ。この方法は、「After I（既存の行動の後）…… then I will（新しい小さな習慣を行い）…… I will（お祝いのための行動をする）……」のような「after/then/I will」の構文で表現できる。例えば、歯を磨いた後マインドフルな深呼吸を1回し、鏡の中の自分に微笑んで祝福する。目的は、小さな習慣を時間をかけて増やしていき、より自然に行えるようにすることだ。では次に、この方法を大学生活におけるウェルビーイングに欠かせない2つの戦略――スローダウンと生活の簡素化――に応用してみよう。

スローダウンと生活の簡素化

　20年以上にわたる大学教員としての経験と学術的な研究の成果に基づいて、私たちは 2 つの戦略——スローダウンと簡素化——が、大学という環境でウェルビーイングを高め、セルフケアを強化し、学業を向上させるために重要であると確信している。なぜなら、これらの戦略は、私たちが現在生きている「VUCA」な世界に拮抗するものだからだ。VUCA とは、1985年に初めて使われた頭字語で（Bennis & Nanus, 1985）、一般的な条件や状況の変動性（volatility）、不確実性（uncertainty）、複雑性（complexity）、曖昧さ（ambiguity）を表している。大学という環境でセルフケアとウェルビーイングを可能にする鍵として、私たちがスローダウンと簡素化という 2 つの戦略を選んだのは、まさにこのような背景があるからだ。

▌スローダウンすること

　「スローダウンせよ——より少ないことをしながらより多くのものをハーバードから得るために（Slow down: Getting more out of Harvard by doing less）」（Lewis, 2004）と題された、ハーバード大学のハリー・ルイス（Harry Lewis）教授の有名な 7 ページの手紙がある。この手紙の中で、ルイスはハーバード大学の新入生に対して、基本的にスピードを落としやるべきことを減らし、あまり多くのチャレンジをしないように呼びかけている。この手紙では、ハーバード大学での時間を楽しみ、友人との交流に没頭したり、自分の好きなことをしたりするために、課外活動に自由時間を費やすことを減らし、より多くの時間をスケジュールに縛られずに過ごすことの必要性が説かれている。ルイスは、「なぜ自分がそれをやっているのか考える暇もないほど多くの活動をスケジュールに詰め込むよりも、余暇やレクリエーション、一人の時間をもつことを自分に許せば、ある分野で一流の仕事を成し遂げるために必要な、熱心で懸命な努力を持続することができる」（Lewis, 2004, p. 2）と書いている。この手紙が言わんとすることは、自分が本当に好きだと気づいたものにもっと時間を費やそ

うということだ。スローダウンして、自分の好きなことに没頭しようということなのだ。

　人生の多くの領域でスピード化が進み、私たちはより少ない時間でより多くのことを行うよう駆り立てられてきたが、現在それに逆行する動きがみられる。かつてはスピードヨガ、ファストフード、スピードデートなどだったが、私たちは今、スローフード、スローシティ、スローワーク[63]、スローセックスに関心をもち始めている。ゆっくりであることが、幸福感・健康・生産性の向上につながることは研究によって示されている（Honoré, 2004）。人間の潜在能力や卓越性の発揮には、エネルギーを回復し、燃え尽き症候群を避けるための空いた時間（downtime）が必要であるという認識が広まってきている。

　ここでは、あなたができる3つのことを紹介しよう。

- 深呼吸を3回しよう。1回目に息を吐くときは、体の力を抜いて吐き出す。2回目に息を吐くときは、今現在、感謝していることを思い浮かべよう。そして、「今、私はXに感謝している」と自分に語りかけよう。3回目に息を吐くときは、心をあなたが望む意図的な状態にする——例えば、オープンマインドであろうとか、好奇心をもとうとか。そして、「今、私は（親切、オープンマインド、リラックスしている状態、批判的、好奇心でいっぱい、など）でありたいと思っている」と自分に言い聞かせよう。

- すべての機械やディスプレイの電源をより頻繁に切ろう。そうすることで、ゆっくりとした時間を過ごすことができ、人間関係を円滑にするために、ほかの人とつながることができるようになる。

- 何をするにしても、ゆっくりやろう。例えば、ほんの少しゆっくり歩くと、

63　スローフードは、食とそれを取り巻くシステムをよりよいものにするための世界的な草の根運動で、郷土に根付いた農産物や文化を失わないことを目標とする。ファストライフ、ファストフードの台頭や食への関心の薄れを憂い、1989年にイタリアで始まり、160か国以上に広がった。
　　スローシティは、スローフードやスローライフ運動から生まれ、地域の食や農産物、生活・歴史・文化・自然環境を大切にし、個性・多様性を尊重する新たなまちづくりを目指す。
　　スローワークは、休憩と集中力を大切にし、意義ある効率的な働き方をしようとすること。

まわりの環境からより多くのことを吸収し、味わうことができる。

　小さな習慣の設計原理をスローダウンに当てはめてみよう。原則は、モチベーション＋能力＋きっかけだ。まず、あなたにスローダウンするモチベーションはある？　スローダウンがエネルギー・ストレスレベル・パフォーマンスにどのような恩恵をもたらすかわかってる？　あなたにスローダウンする能力はある？　スローダウンするために、どのようなきっかけが使える？　そして、新しい小さな習慣を実際に行うとどうなる？　あなたの A（アンカー）、B（行動）、C（祝福）は何？　例えば、あなたはスローダウンするモチベーションがあり、そのための能力もあり、大学での社交的な関わりをスローダウンすることが有益だと感じているとしよう。ABC は「大学の講義が終わったら、立ち上がって友人と話をする前に、３回深呼吸してスローダウンする」ようなものとなるかもしれない。あるいは、「大学の講義が終わったら、友人と会う前に一人で３分間散歩をする」ようになるかもしれない。

▌生活の簡素化

　簡素化は通常、「人生の本質的要素、すなわち、自分にとって重要なものに絞り込むこと」（Mazza, 1997, p. 12）と定義されている。典型的な辞書の定義は、「より複合的でなくする、より複雑でなくする、より平易にする、より簡単にする」（dictionary.com）である。ここでは簡素化を、２つの要素によって何かをより複雑でなくすることだと定義しよう。２つの要素とは、①行動を減らす（量的）側面——例えば、ToDo リストの項目を８つから５つに減らす——、と②優先順位をつける（質的）側面——例えば、ToDo リストに残った５つのことを重要度順に並べる——である。

　本書で紹介されているウェルビーイングやセルフケアの活動が、本質的にあなたの生活にやるべきことを増やす（あなたにもっと何かをするように、もっと何者かであることを求めている）ことであるのに対し、簡素化という考え方は、ただ行動を減らすだけでなく、最も重要ではないことをやらないよう求めている。より重要で、より活力を与えてくれるもののための余裕をつくれるように、生活

の中で雑然としているものがないかを考え、それらを切り捨てよう。また、もっと積極的に「ノー」と言うことも必要かもしれない。いろいろな意味で、あなたが「ノー」と言うことは、「イエス」と言うことよりも重要である可能性が高い。

　ここでは、あなたができる3つのことを紹介しよう。

- 選択とオプションがある場合、より少なくすることをめざそう。例えば、バレーボール部に入り、かつ大学の定期発行物に執筆し、かつクラス代表になりたいと思うだろうか。1日の時間は限られている。自分の長所や情熱を考え、3つすべてではなく、自分にとって最適な選択をしよう。身につけるべき最も重要なことの一つは、自分にふさわしい選択をする能力で、スローダウンはそこに向かう道筋なのだ。

- 自分にとって最も重要なことに、優先順位をつけよう。先の例で、バレーボールには参加せず、クラスの代表にもならないで、大学の定期刊行物に記事を書くことを選んだ場合、それがその学生にとって最も重要なことであると判断される。自分の価値観と強みを知り（第3章）、人生における意味や目的を意識する（第11章）ことで、行動を減らすという選択をする前に、自分にとって最も重要なことに戦略的に優先順位をつけることができる。

- この方向に進むために、「小さな習慣」を使うことを考えよう。簡素化したいというモチベーションがあるとしよう。そうすると、あなたのABCは次のようになるだろう。「大学の勉強をする週の計画を立てた（アンカー）後、コーヒーを一杯飲む（祝福）前に、あり得るすべての予定をToDoリストにして優先順位をつける（行動）」。あるいは、「大学の勉強をする週の計画を立てた（アンカー）後、優先順位をつけたToDoリストの中からより省力でできることを選び、リストの一番上の最も重要なものに集中することによって簡素化を行い（行動）、その後、できたことの達成感を味わう（祝福）」。

　ここまでのところは、個人でできる自身のためだけのウェルビーイング計画
を実現することに焦点をあててきた。しかし、自分を越えたシステムについて、
とくに、あなたのウェルビーイングに影響を与える可能性があるより広範なサ
ポートシステムに、あなたのセルフケア活動や取り組みがどのように適合する
かを考えることもまた重要だ。そこで、これらのシステムを検討する前に、
「私（Me）、私たち（We）、我々（Us)」というシンプルで便利なフレームワーク
が、システムや変容のプロセスについて考えるうえでどのように役立つかを紹
介しよう。

「私、私たち、我々」のフレームワーク

　ポジティブ心理学の中には、「システム科学に基づくポジティブ心理学」
（Kern et al., 2020）という新しい発展分野があり、これは「システム科学の原理
とアプローチをポジティブ心理学の理論・方法論・実践・言説に明示的に取り
入れ、人間の社会システムとその中の個人を最適化する」（p. 705）ものと定義
されている。この「システム科学に基づく」考え方を背景に、ウェルビーイン

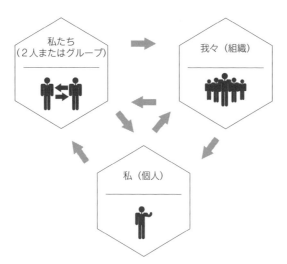

図12-1　1つのシステムにおけるウェルビーイングの3レベル

グの測定と活動は、1つのシステムの3つのレベルで起こり得る。図12-1に
描写されている「私、私たち、我々」のフレームワーク（Jarden & Jarden,
2016）のような、個人レベル（私：学生、講師、大学行政担当者[64]）、グループレベル
（私たち：学生のペア、学生と講師、学生と大学行政担当者）、組織レベル（我々：大学）
である。

- 「私（Me）」レベルのウェルビーイング活動とは、自分の強みを知りそれを
  意識的（マインドフル）に活用すること、マインドフルネス・プログラムを
  行うこと（Niemiec, 2013）、スローダウン（Honoré, 2004）、簡素化（Alexander
  & Ussher, 2012）など自分一人でできる戦略やタスクのことだ。

- 「私たち（We）」レベルのウェルビーイング活動とは、1対1またはグル
  ープ形式で行うウェルビーイングに関する活動を指す。これらの活動には、
  ほかの人の協力や意見を必要とするため、個人で行うことはできない。例
  えば、学生の場合、教員やほかの大学スタッフ（ガイダンスカウンセラーな
  ど）、あるいはクラスメートと行うことがあり、「質の高いつながり」（Dut-
  ton & Heaphy, 2003）を築くことや、尊敬する教員に感謝の手紙を届ける
  （Norrish, 2015）といった戦略やタスクが含まれる。

- 組織的・全学的ウェルビーイング活動には、大学コミュニティのすべてに
  影響を与えることを目的とした戦略やタスクが含まれる。大学における
  「我々（Us）」レベルの活動の例としては、大学全体のウェルビーイング・
  ポリシーの策定（HAPIA, 2009）、単発のウェルビーイング活動への資源の
  投入や、組織のよいところを見出し、将来を展望し実施計画を立てる AI
  （アプリシエイティブ・インクワイアリー[65]）サミット（Cooperrider & Whitney,
  2005）といった大学全体でのウェルビーイング・プログラムなどの戦略や

64　理事や学長・学部長・事務局など、大学の行政や管理を担う人たち。
65　ポジティブ心理学的アプローチの一つで、組織や個人のもつ資源や価値観・強みに着目し、そこ
　　からポジティブな変化を促す手法。問題解決に焦点を当てるのではなく、過去の成功体験をふり
　　返り、その中からポジティブな要素を引き出し、それをさらに発展させて未来への可能性を拡大
　　することを目的とする。

　タスクがあげられる。

　あなたは「私（Me）」レベルと最も関係しているようだが、「私（Me）」「私た
ち（We）」「我々（Us）」の 3 つのレベルを統合すると、最大のウェルビーイン
グ効果を得ることができ、また、あなたは「私たち（Us）」と「我々（We）」の
レベルにも何らかの影響を与えることができる。例えば、大学という環境では、
学生（Me）は自分の強みを見出してそれを高めることができる。学生のチーム
（We）はチームの課題やプロジェクトを展開する際、各メンバーの強みに焦点
を当てることもできる。さらに、学生は大学（Us）に対して全学生対象のマイ
ンドフルネス・プログラムに費用を投じるよう提唱できる。実際のところ、大
学はすでにいずれか、あるいは複数のレベルでウェルビーイングの取り組みを
しているので、所属する大学で各レベルにどのようなリソースが利用できるか
を調べる必要がある。
　このシステム的アプローチが強調することは、ウェルビーイングを測定し、
大学コミュニティ内の可能な限り異なるレベルで介入活動を行うことが、あな
たの全体的かつ長期的なウェルビーイングを向上させ、それを持続させるよい
方法かもしれないということだ。「私（Me）」「私たち（Us）」「我々（We）」とい
う表現や考え方は、簡単に理解でき、友人・同僚・教員・その他の大学の人々
と共有しやすいので、すぐに参照したり説明したりできるように、このフレー
ムワークを頭の片隅に置いておくとよいだろう。あなたは今、行動の変化と習
慣を生み出すツールを手に入れたのだ。これで、自分の可能性を実現し、セル
フケアとウェルビーイングを最大化することを目的に、「私（Me）」と「私たち
（Us）」のレベルで実験を始め、自分の強みを活かし、人間関係を強化し、大学
でより多くの意味と没頭できるものを見出すことができる。次のステップは、
このフレームワークを使って、サポートシステムとセルフケアの活動が、自分
が置かれているシステムと、どのようにフィットするのかを考えてみることだ。

サポートシステム

どの大学も、さまざまな支援制度などのサポートシステムをもっている。私たちはこれまで、2人あわせて8つの大学で働き学んできたので、大学によってサポートシステムの提供と推進に差があると自信をもっていえる。大学という環境で使えるサポートには、教員・大学行政担当者・図書館員・カウンセラー・医療専門家・クラブやサポートグループ・スキル育成プログラム・さまざまなヘルプラインなどがある。これらのシステムはすべて、大学での体験と成功を可能にすることを目的として、つまり、基本的には、学生が卓越しうまくやれるように支援するために設置されている。これらのシステムを必要なときに利用しないと、成功の妨げになり、ウェルビーイングにも悪影響を及ぼしかねない。なので、大学が提供するサポートシステムの詳細に注意を払っておこう。必要なときにこれらのリソースを利活用できればできるほど、よりよい大学生活を経験できる。もう一つ見落としてはならない重要なサポートシステムは、あなたの友人や家族だ。これらの人々は、あなたが助けと支援を必要とするときに、最もあなたのためになってくれる人々かもしれないので、必要なときには積極的に助けを求めるべきだ。

行動に移す

この章で提案した行動をまとめよう。

1. 自分を科学者に見立てて、自分自身を実験台にして実験してみよう。あなたは、あなたに関する専門家なのだから、ウェルビーイングを高めるさまざまな活動を自分自身で試してみよう。

2. 失敗を直視しよう。ポジティブな失敗という考え方に沿って、実験や失敗から得られる学びを楽しもう。挑戦し失敗することが、さらなる発展や成長につながることを忘れないでほしい。このポジティブな失敗が、自分

の行きたい場所に到達できるような強化された能力の土台をつくるのに役立つんだ。

3．あなたの中の科学者を活用し、自身のウェルビーイングに関するデータを収集しよう。自身の心理的ウェルビーイングを、長期にわたり定期的に繰り返し測定しよう。ウェルビーイング測定のデータを活用し、自分の努力の効果を測り、今後のポジティブな成長の道筋を描くのに役立てよう。

4．ウェルビーイングを向上させるために、どのように行動を変えることができるかを考えてみよう。求めるポジティブな行動変化を持続させるために、どんな小さな習慣をもてばいいだろうか？

5．スローダウンしよう。スローダウンできる習慣を身につけよう。頻繁に、でもしっかりとコントロールされた方法で、3回深呼吸する（最初の呼吸で体をリラックスさせ、2番目の呼吸であなたが今感謝していることを考え、3番目の呼吸であなたの心を意図的にある状態にする）。

6．生活を簡素化しよう。やることを少なくし、優先順位をつけることをめざそう。生活に必要でないもの——つまり雑然としたもの——を取り除き、より重要で活力を与えてくれるもののために時間を確保することを考えよう。

7．大学の環境と文脈の中で、自分がどのようなシステムに組み込まれているかを考えてみよう。自分を越えたシステムについても考え、とくにあなたのウェルビーイングに影響を与える可能性があるより広いサポートシステムにセルフケア活動が、どのように適合しているかを考えてみよう。「私、私たち、我々」フレームワークは、システムと変化の過程について考える際の助けとなる。

8．どのようなサポートシステムがあるだろうか？　すべての大学には、教員・大学行政担当者・図書館員・カウンセラー・医療専門家など、さまざまなサポートシステムがある。これらシステムの具体的内容には、とくに

注意をしておこう。必要なときにこれらを活用できればできるほど、より
よい大学生活を送れるのだから。

おわりに

　この章で取り上げたスキル・知識・ツールは、本書のほかの部分からの学び
をさらに加速させることができる。大学進学とその先は、人生における重要な
転機となるので、本章で提供した情報があなたの役に立ち、あなたの「実験」
がうまくいくことを心から願っている。

▍測定に関するリソース

ウェルビーイングの測定

- Work on Wellbeing: www.workonwellbeing.com
- The PERMA Profiler: https://permahsurvey.com[66]
- Authentic Happiness: www.authentichappiness.sas.upenn.edu/testcenter[67]

レジリエンスの測定

- Resilience Alliance: www.resalliance.org/resilience-assessment
- Work on Wellbeing: www.workonwellbeing.com

ストレングスの測定

- Values in Action（VIA）Strengths: www.viacharacter.org
- Strengths Profile：www.strengthsprofile.com[68]

66　The PERMA Profiler の日本語版は、金沢工業大学心理科学研究所のサイトで受検できる。同
　　サイトでは、Workplace PERMA-Profiler 日本語版（PERMA-Profiler 職場版）も受検可能であ
　　る。https://wwwr.kanazawa-it.ac.jp/wwwr/lab/lps/perma_profiler/perma_profiler_link.html
67　ペンシルベニア大学の Authentic Happiness には、さまざまな測定テストが用意されていて、
　　多くは日本語で受検可能である。
68　Strengths Profile は、2023年現在のところ英語のみであるが、同様のテストとして Gallup 社が
　　有料でストレングス・テストを提供している。こちらは日本語で受検できる。https://www.
　　gallup.com/cliftonstrengths/ja/253874/CliftonStrengths-人気テスト製品.aspx

やってみよう、考えてみよう

1．実際に Work on Wellbeing のサイトにアクセスし、アカウントを作って、自分のウェルビーイングを測定してみよう。（すべての質問に答えると、無料で報告書が送られてくるので、精読しよう。興味がある人は、料金を払えば、より詳細な報告書を出してもらうこともできる。）可能であれば、3 か月に 1 回程度の頻度で受検し、自分のウェルビーイングの変化をみてみよう。

2．ウェルビーイングを高めることが実証されているポジティブ心理学的介入（例えば、マインドフルネスのエクササイズや 3 つのよいことなど）を選び、「自分を実験台」にして実験してみよう。可能であれば、その介入を行う前と後で、自分のウェルビーイングがどのように変わったかを測定してみよう。

3．あなたの大学／組織には、どのようなウェルビーイングのためのサポートシステムがあるだろうか？　3 つのレベル（個人、グループ、組織）それぞれで、どのようなものがあるか調べてみよう。

第 *13* 章

思いやりを世界に広げる

はじめに

　大学に入るというのは大変なことだ。もちろん、大学生活には素晴らしい面がたくさんある。新たな人間関係を築き、生涯の友を得たり、知的で刺激にあふれたさまざまな体験が待つ冒険に乗り出したり。けれどそうした体験には、得てしてそれ以上の複雑で厄介な課題も同時に組み込まれがちだ。ゆえに大学生活という旅は、全体的にみればジェットコースターのようなものかもしれない。友だちをつくらなきゃというプレッシャーや、よい点数をとる必要性など、求められるものはきわめてハードで、ときにストレスで押し潰されそうになることもあるかもしれない。この本には、そんな大学生活をうまく切り抜けていくためのヒントやアドバイスが、豊富に含まれている。その中でも本章は、次のような提案からスタートしたい。ひょっとすると、普段考えることとは逆の、やや矛盾したアイデアに聞こえるかもしれない。というのも、自分を好きになり、自身の課題を克服する最良の方法の一つは、他者に思いやりをもち、彼らが抱える問題を一緒に考え、切り抜ける手助けをすることだからだ。この点をふまえ、本章では他者を思いやることの大切さを裏づける研究や理論を、実践方法と併せて探っていこう。

　具体的には、以下のことを学んでいく。

- 自分自身を思いやることは、他者を思いやるうえでの重要な前提条件だということを理解する。
- 他者への思いやりは、理想的に効果的（effective）、かつ持続可能（sustainable）であるべきことを認識する。
- 他者を思いやることがなぜ自分にもよいことなのかについて、さまざまな角度からの知識を得る。
- 日常生活の中で、どうすればもっと他者への思いやりを示せるのか、その具体的な実践プランを立てられるようになる。

まずはセルフケアから

　思いやりを世界に広げること、それがもつパワーについてこれから探っていくわけだが、その話の前に、何よりもまず注意すべき重要な点がある。それは自分自身をいたわり、思いやるということだ。6章でもみてきたように、自分が必要と感じる欲求や望みをできる限り最優先に考えてみよう（もちろん、なかには他者を思いやること自体が義務として課せられ、選択の余地もなく、簡単に脇に置くこともできない人たちが存在していることは承知しているが）。といっても、くれぐれも安心してほしいのだが、自分をいたわることは決して自分勝手なことでも自己中心的なことでもない。むしろ自分を思いやり、いたわることが、多くの場合、他人を効果的にケアする前提条件となるからだ。これを「酸素マスクの法則」の例えで考えてみよう。飛行機に搭乗する際、「ほかの人の酸素マスク装着を手伝う前に、まずご自身の酸素マスクを装着してください」といった指示を受けたことはないだろうか。同様の理屈が、思いやりの場合にも当てはまる。自分自身の健康や幸せをないがしろにすると、自分自身だけでなく他者の害にもなる可能性があるのだ。「思いやり疲れ」や「感情的燃え尽き症候群」といった現象は現実のものであり、事前に防ぐ必要がある（Sinclair et al., 2017）。
　ということで、本章で紹介するアイデアや提案を考えていく際には、どうかこの点を十分に覚えていてほしい。もし、あなたが他者への思いやりや気遣いを示すことに疲れを感じ始めているのなら、できるだけ「自分のための時間

（me time）」をとるようにしよう。自分には十分な休息が必要だと心得ること。よく食べ、「楽しい」と感じることをやってみよう。たとえそれが「有意義な」ものとは思えなくても、ただ純粋に自分が楽しめればいいのだ（第10章参照）。瞑想が役に立つと思うのなら瞑想してみよう（第7章参照）。自分自身の心のスペースを確保するのだ。繰り返しになるが、こうした活動を利己的だと考える必要は全くない（もちろん、他者を思いやるという究極の目的を見失えば、結果として利己的になる可能性はあるが）。むしろ、あなた自身のバッテリーを充電することで、他者に対してもよりエネルギーを使えるようになるのだ。あなたは自己中心的なのではない。あなたは自分をいたわることで、他者への思いやりをいっそう効果的に発揮することができるのだ。

効果的であることをめざす

「効果的（effective）」という言葉は、ここでは一つの試金石として役立つ。その言葉は例えば、近年じわじわと影響力を発揮している新たな動きである「効果的な利他主義」（www.centreforeffectivealtruism.org をチェックしよう[69]）の柱となっている。利他主義[70]は、与える側にも受けとる側にとってもよいことであるという前提の上に成り立っている。しかしとりわけ、この取り組みをほかの活動と異なり、興味深くインパクトのあるものにしているのは、最大限に効果的かつ持続的な実践のために、慎重かつ実証的な検討を行っているという点だ。例えば、チャリティー募金を考えてみよう。お金を寄付することは一般に褒められるべき行為だが、同時に自分たちのお金が本当に必要とするところまで届き、最善の目的に使用されるよう、できるかぎり慎重に考え実行することが重要だ。つまり、どこにリソースを集中させれば、最大限の効果を発揮できるかが課題となる。「1枚の蚊帳」キャンペーンでは、人々の生活を向上させる最も効果的な方法の一つとして、1枚わずか2ポンドで買える長持ちする蚊帳を購入し、

69　「効果的な利他主義センター（Centre for Effective Altruism）」という英米のメンバーを中心にした慈善団体。HP は英語のみ。

70　他者の幸せに心を配り、そのために行動すること。

マラリアの予防に役立てることを推奨している。寄付する際にもう一つ問題となるのが、一体どのくらい寄付すればよいのかということだろう。極端なことをいえば、あなたが現在もつすべてのものを差し出し、儲かる仕事ではなく無償のボランティアをするというのが、一番シンプルな答えになるのかもしれない。けれどそれは可能だろうか？　そんなことをすれば、少なくともしばらくの間与えられるものはほぼ何もなくなってしまう。その意味では自分のためにもいくらか残しておいた方がよい。そうすれば、自分自身も持続可能な毎日を送ることができ、将来的に支援を続けていくことができる。同様に、ボランティア活動のためにキャリアを断念するより、仕事を続けながら給与の何割かを寄付する方がより効果的かもしれない。このような点から、効果的な利他主義運動では「できることをやる」を大原則としており、長期的に最も持続可能な寄付の額は10％だとしている。

　以上のことから、他者への思いやりや親切は持続可能であることが理想であり、加えて自らが不利益を被らないようにすることだ。実際、自分に損害を与えてまで行う必要はないだろう。いずれにせよ、この章で私が最も伝えたいことは、自分の外の世界へと思いやりの目を向け、その気持ちを行動で示すことは——それ自体が十分に称賛に値するめざすべき目標ではありつつも——それが受け手である相手のためになると同時に、何より自分自身のためにもなるということなのだ。以上をふまえ、自分が大丈夫かをまず確認することを念頭に置きながら、思いやりが受ける側と与える側双方にとって、どのように有益なのかを次節で探ってみよう。

思いやることの利点

　まず、思いやりは自分にも他者にも非常に有益なものだと主張するところから始めてみよう（その前に、なぜそうなのかについても考えながら）。この主張は、古くからの宗教の教えや哲学的思想に始まり現代の科学に至るまで、あらゆる実践と研究の領域を通して見出せる。

　歴史的な点から話を始めると、思いやりをもつことの重要性については、多

くの宗教において何千年も前から強調されてきた。例えば、テーラヴァーダ仏教では、魂の人格的成長の柱として*brabma-vihara*（「聖なる住処」）という言葉で表される4つの心の働きについて述べている。その中の3つは、慈悲（*karuṇā*, compassion）、慈愛（*mettā*, loving kindness）、共感的喜び（*muditā*, sympathetic joy）という思いやりに関わるものであり、4つ目が平静（*uppkkhā*, equanimity）である（Phelan, 2012）。これらのうちでも慈悲（compassion）は、しばしばとくに優れたものとして示される。ダライ・ラマ法王も慈悲こそ仏教の「本質」であり、同様に「宗教とは優しさである」とも述べている。この点について法王は、次のように書き記している。「私利私欲の狭い枠を超えたとき、私たちの心は強さで満たされ、平安と喜びが私たちの生涯の友となるのだ」（His Holiness The Dalai Lama, 2002, p. 75）。慈悲（compassion）の心は、キリスト教でも同様に尊ばれている。例えば聖パウロは、神学上の3つの偉大なる美徳は信仰・希望・愛であると述べている（愛はcharity という言葉でも表されるが、どちらもギリシャ語のagape の訳である）。ここでもやはり、思いやりを示す愛はしばしば最も強調される。それは聖書に残された彼の印象的な言葉にも表れている。「永遠に残るものは、信仰・希望・愛、この3つである。しかしこの中でも最も偉大なものは愛である」（*Holy Bible*, Revised Standard Verson, 1952; 1 Conrinthians 13：13; 新約聖書、第13章 コリント人への第一の手紙より）。

　思いやりは、哲学者たちの間でも長きにわたりその価値が認められてきた。例えば哲学者のショーペンハウアー（Schopenhauer, [1840] 1995）は、慈悲はあらゆる道徳の基礎であり、「倫理における偉大なる謎」（p. 144）に対する答えになり得るものと考えた。その点において、彼はカント（Kant, [1785] 2002）のような思想家とは考えを異にしている。カントは、定言命法（すなわち、普遍的な一般法則に合致することを望むような方法で行為せよ）という概念に表れているように、人々が理性をもって道徳的法則に合意することによって道徳が維持されると考えた。反対にショーペンハウアーは、道徳的な枠組みを考えるうえで唯一の有効な基盤となるのは、他者の健康や幸福を何らかの基本的な方法で気にか

71　東南アジアで広く信仰されている上座部系の仏教。
72　仏教の用語では四無量心、あるいは四梵住。

けるという事実のみであると考えていた。現代では、このような哲学的洞察に基づき、オザワ・デ・シルヴァら（Ozawa-de Silva et al., 2012）のような学者は、慈悲を「世俗的な倫理としては最も普遍的な土台となるもの」と位置づけている。その理由として、慈悲は幸福を求めるという「人間の根本的な精神的願望」を土台としており、それは「宗教・文化・哲学的な隔たりを超越しているからである」（p. 158）と述べている。彼らはまた、そのような向社会的な資質[73]を育むために、「認知に基づく慈悲の涵養トレーニング（cognitively based compassion training）」を開発した。実際、近年では、同様のトレーニングプログラムが数多く登場しており、スタンフォード大学の慈悲と利他行為研究教育センター（Center of Compassion and Altruism Research and Education）が開発した「慈悲の涵養・育成トレーニング（compassion cultivation training）」介入なども、そうしたプログラムの一例である。このトレーニングプログラムは、ランダム化比較試験による測定結果から、慈悲（compassion）の３つの主要な「領域」、すなわち他者への思いやり、自己への思いやり（self-compassion）、思いやりを受けとることを促す点において効果を示していることがわかっている（Jazaieri et al., 2014）。

　以上のようなプログラムは、思いやりの行為が与える側・受け手側双方にとって有益であることを示す、現代の科学的調査・研究と相互に関連し合っている。驚くべきことではないが、医学研究（Sinclair et al., 2020）からリーダーシップ研究（Shuck et al., 2019）などさまざまな応用領域における実証研究でも明らかにされているように、思いやりの行為はそれを受けた人々に数多くの点で有益であることが示されている。ただおそらくこれ以上に注目すべきは、思いやりの行為は与える側にとっても、有益だという点だ（もちろん、先に述べた思いやり疲れのような現象に陥る危険性については十分注意したうえで）。例えば、フレドリクソンら（Fredrickson et al., 2008）は、*metta bbavana*（cultivating love）と呼ばれる伝統的な仏教の瞑想法をベースに、7週間にわたる「慈悲の瞑想（Loving-Kindness Meditation: LKM）」（第7章参照）の瞑想プログラムを開発し、ある企業

73　他者を思いやり、彼らのためになる行為をしようとしたり、また実際に行為すること。

の従業員を対象に試験的に導入したうえでその効果について検証した。それによれば、フレドリクソン自身が理論化した「拡張形成理論[74]」(Fredrickson, 2004) を裏付けるように、プログラム参加者らはポジティブな感情をより多く感じるようになり、そのことで人として生きていくうえでの個人的資産（例えば、人生に対する目的意識やソーシャルサポート[75]、マインドフルネス[76]）がより豊かになり、結果として人生の満足度も向上するという効果がみとめられた。こうした研究結果をみて、ではなぜ思いやりはこんなにも私たちにとって有益なのだろうと、さらに興味をかき立てられはしなかっただろうか。以下ではその疑問について探っていこう。

思いやりの力学

　思いやりには受け手側にも与える側にもメリットがある。この考えは意外なものに聞こえるかもしれない。なかには逆説的に感じる人もいるだろう。例えば「Compassion[77]」という言葉を考えてみよう。この言葉には本来、簡単には理解できないどこかミステリアスなニュアンスが備わっている。一方で、この言葉はラテン語の com（ともに）と pati（苦しむ）に由来しており、語源的には否定的な感情の状態として定義されている。シュルツら（Schulz et al., 2007, p. 6）の言によれば、慈悲とは「苦しみを分かち合う感覚であり、その苦しみを和らげ、軽くしたいという欲求を併せもつもの」だという。しかしこの考え方は、苦しみを減らすかその状態を除去するためにその人に頑張る力を与えるような不幸な体験として、慈悲を捉えているようにみえる。しかし、これまでみてきたように、思いやりのような心の資質が、最も優れた言葉で評価されるこ

74　喜びや心の平穏などのポジティブな感情を経験することで、意識が広がり、新しいことへの好奇心や行動が促されるという理論。

75　ここでは他者との間の感情的な相互支援を指す。フレドリクソンらによる2008年の介入研究（Fredrickson et al., 2008）では、他者との間での感情的な相互支援やポジティブな関係性をどの程度有すると感じるかについて測定した。

76　現在に意識を向ける（マインドフルな）心の状態であり、マインドフルな意識へと向けることができる心の働きという意味も含んでいる。

77　日本語では思いやりや同情、慈悲と訳される。

とは決して珍しいことではないのだ。なぜ思いやりが自分にも他人にもよいのか、私たちの直感に反するこの考えを理解する方法には、さまざまなものが存在するが、一番に押さえておきたい点は、過去に私自身も論文（Lomas, 2015）の中で述べたように、思いやりとはそもそも本質的に自己を超越した行為であるということだ。それは自分というものを「個」として捉えるだけでなく、より「間主観的」に存在するものとして捉えなおすことでもある。要するに「私」から「私たち」へ視点をシフトさせるということだ。

　自己を超える（self-transcendence、自己超越）ことは、複雑かつ議論の余地がある概念だが、一般的にいえば、自己だけに限定した狭い捉え方や経験を超え、他者を含めたより広がりのあるアイデンティティや経験のかたちになるということだ。といっても、これは精神病理の世界でいうところの自己と他者の境界線が不安定に曖昧になるといった類いのことを意味しているわけではない（Parnas, 2000）。むしろ、哲学者ゲオルク・ヘーゲル（Hegel,［1807］1973）の考えにならえば、自己を超越するということは、「自分」という意識は保ちつつ、一方で狭い自意識の枠にとどまることを否定するという、逆説的な概念として理解されている。健全な自己超越では、人は自らを一つの個別的な存在として認識しながら（自己の独自性は保持されている）、同時に気にかける対象や自分という意識の範囲を、他者を含んだかたちで大きく広げていく（要するにここでは自己の独自性は否定されている）。こうした自己超越の好例として、赤ちゃんが生まれたばかりの母親をあげることができるだろう。かつてその女性は、より個人主義的な自己意識をもっていたかもしれない。けれど今では、認識的にも感情的にも、また使命感的にも、赤ちゃんを自分自身の延長として感じているのではないだろうか（我が子の痛みは自分の痛み、その微笑みは自分の喜びといった具合に）。それでもなお、母親はほかとは別個の一存在として自らを認識できる（それとは対照的に、赤ちゃんはまだ自他を区別する働きが育っておらず、「未分化」なかたちでこの二者関係を経験する）（Mahler et al., 2000）。このように、母親の個人的な自己意識は保持されている（母親はまだ自分を独立した一存在として認識できる）と同時に否定されてもいる（母親の自己意識は、我が子を含んだかたちで広がっている）。

　ここ数十年の間、自己超越を促すさまざまな心の動きをより深く理解するた

めに、数多くの概念や理論が展開されるようになった。こうした理論が示して
いることは、人には——自律的で自己の枠の中だけにとどまる個としての「私
(I)」という狭い——自己認識を超えて、ほかの人々とある種体験的に結びつ
く（experiential union）ことができるということである。この結びつきの説明と
しては、宗教哲学者マルティン・ブーバー（Buber, [1923] 2004）の「我とそれ
(I-It)」と「我と汝（I-Thou）」の関係性の違いが、おそらく最もよく知られて
いるものだろう。「我とそれ」の関係性では——人間関係の大半がその傾向に
あるが——、他者は我から対象として道具的にみなされ、我の欲求を満たして
くれる範囲でしか評価されない。その反対に、我と汝の関係性では——他者は
無条件に尊重され、その人自身として我と等しく愛と思いやりと尊敬を受ける
価値がある存在とみなされ——、二者はお互いを思いやるという基本的な絆で
結ばれ合うようになるのだ。ブーバー自身が述べたように、「本質的な関係性
においては、個々の存在という壁が取り払われ、他者は単に想像や気持ちの中
だけでなく、自らの実体の奥に存在するものとなる。それによって他者存在と
いう神秘を自らの存在の神秘のうちに体験することになる」（Buber, 1965, p.
170）。

　同様の考えは、ほかの概念や理論の中にもみられ、仏教の教えに基づいたティ
ク・ナット・ハン（Nhat Hanh, 2000）の「相互依存（interbeing）」の考えや、
「アイデンティティの融合（Identity fusion）」の概念（Swan Jr et al., 2009）、間主
観（相互主観）的（De Quincey, 2000）、トランスパーソナル的（Vaughan, 1985）、
対話的（Hermans, 2001）、浸透的（Larsen, 1990）などの言葉で表される自己概念
のモデルなどがある。例えば、ドゥ・クインシー（De Quincey, 2005）は「間主
観性」の３つの段階という考えを提唱している。最も基本的な間主観性１の段
階では、自己と他者との関係性はコミュニケーションを通じて生じ、言語的な
情報の共有もその中に含まれる。この段階では、アイデンティティの共有は前
提とされず、単にコミュニケーション行為の作用によって他者が認識されるだ
けに留まる。その次の、間主観性２の段階では、アイデンティティの移行とい

78　他者が経験したことを自分ごととして体験するといった結びつきを指す。

う概念が浮上し始める。要するに「共同体感覚（communal feeling）」が現れるということだ。人はこの感覚を、意味のある親密な関係性や、殊にきわめて重要な関わり合い（例えば、愛を交わすなど）をもつなかで体感すると考えられている。最後に、間主観性3の段階では、「共有し合う存在」という、さらに変容的な感覚が伴う。これには「他者との相互関係が、自らの存在論的構成要素において最も重要なものとして経験される」（De Quincey, 2005, pp. 34-35）ような、より深いトランスパーソナルな（個人を超えた）かたちの関わり合いへの根本的なアイデンティティの変化が含まれている。

　重要なことは、こうした自己超越は、古くから多くの宗教の教えや哲学的思想によって、——さらに今では現代科学においても——ウェルビーイングに至る大きな道筋だとみなされている点だ。こうした伝統的な宗教や哲学の考え方の背景には、個人主義化された自我のあり方こそ不幸に陥る主な原因だという見方がある。例えば、仏教の三相という考え方では、すべての存在や物事は *anattā*（無我、諸法無我）、*anicca*（無常）、*dukkha*（苦、不満）に特徴づけられている。この考えによれば、人間を含むすべての現象は究極的には実体がなく（すべての現象は単体で存在しているわけではなく、さまざまな条件がつながり合って今の存在がある）、無常（さまざまな条件の変化によって、それ自体も変化する）である。けれど人は得てしてこうした無我（*anattā*）や無常（*anicca*）を受け入れず、自らの存在を含むさまざまな現象を、安定して不変のものとみなしてしまう。この誤った見方こそが苦（*dukkha*）の一番の要因だと仏教では考える。苦を生じる原因の一つは、本来変化するはずのものに執着してしまうことだ。そして、変化が起きてしまうと人はそのことで苦しみを感じる。また、自らを独立した個人としてみなす考えに執着してしまうことによって、自己を拡大しようとする衝動（例：エゴイズム、プライド、嫉妬）から、自己を守り抜こうとする衝動（例：自らを脅かすものに対する憎悪や攻撃性）まで、ありとあらゆる破壊的な行為を生じさせてしまう。ほかの宗教の教えの中にも同様の洞察がみられる。そこでもまた、苦しみを克服する術として自己を超えることが述べられている（Ho, 1995）。さらにこのような見方は、現代では科学的研究によっても確認され始めている（Hwang et al., 2019）。重要なのは、前述したように、他者を思いやることが、

自己を超えるための大きな道筋となるということだ。

行動に移す

　さて、この章全体を通じて私が伝えたいことは、思いやりとはすべての人にとってよいことであるが、――最も重要なことは――思いやりの行為を与える側としてのあなた自身も、その中に含まれているということだ。この精神をもって、私たちが潜在的にもつ思いやりの心をどのようにして実践していくのか、最後に提案してからこの章を締めくくろう。ありがたいことに、思いやりを行動に移す方法はいくつもある。何であれ、その中から自分に最も適したやり方を選べばよいのだ。時間やお金、スキルなどを――自分がシェアできる範囲で――有意義な目的のために提供することも一つの方法だろう。もっと身近にできることでは、必要とされるときに手を差し伸べることや、人々に笑顔で接したりするなど、出会う人たちに親切であろうと努めることがあげられる。とはいえ、思いやりを実践する可能性は、実際には無限で、人によって状況も異なるため、本章ではすべての人に当てはまると思われる一般的なアイデアを提案できればと思う。

　もしここまで読んでみて、誰かに手を差し伸べたり思いやりを実践する意欲が湧いてきたとしたら、それは非常に素晴らしいことだ！　けれどもしそうでなく、さらにそれを変えたいと思っているなら、心配する必要は全くない。思いやりや気遣いができるかどうかは人によって異なるだろうが、それは決して固定化された性格的特性ではない。むしろ私たちは思いやりという資質を育てていくことができるのだ。例えば、こうした誰かを手助けするために考え出されたさまざまな実践や介入方法に、私たちは本章ですでにいくつも遭遇している。

●演習13-1

慈悲の瞑想 2
　慈悲の瞑想（Loving-Kindness Meditation: LKM）は、フレドリクソンら

（Fredrickson et al., 2008）によって整理され、その効果も検証されている。ガイドの助けを得ながら、心の中で感情をイメージして行うこの瞑想は、通常5つの段階から成り、実践者はそのプロセスを通して、自分自身に対する前向きな感情を呼び起こすよう促される。次にその感情を内から外に向け、まずは身近な人に、さらにはより広い範囲の人たちに広げていくよう導かれる。詳しいやり方については、第7章に記載があるので、そちらを参照していただきたい。もし可能ならば、経験豊かな瞑想の先生がいる教室か何かを探してみるのがいいだろう。一般的にこの瞑想は、ほとんどの人にとって効果的な実践方法であることがわかってはいるが、同時にその影響も非常に強く、そのため人によっては難しさを感じる場合もある（Lomas et al., 2015）。したがって、瞑想のプロセス全体を通してあなたを導き、その間浮かんでくるかもしれない懸念や質問などに対処してくれるファシリテータの助けを借りながら、安心できて支援が容易に求められる状況で実践していくのが理想的だろう。

さて、一度この思いやりの精神が身に染み込むと、それを何らかのかたちで表そうとするのが一般的だろう。例えば、出会う人に親切にしてみようといった具合に。それだけではなく、どうすれば行動に移せるか、その具体的な実践方法もはっきりとしてくるはずだ。そのうえで自分に合った実践を見つけることができればなおよい。

●演習13-2●

強みを見つけ、使ってみる

　キャラクターストレングスと呼ばれる性格的な強みは、単に偶然手にした才能やスキルのことではない。重要なのは、その強みが自身の価値観や人格的特徴と一致したものであるということだ。例えば、Values in Action（VIA）のフレームワークは、文化や時代の違いを超えてある程度普遍的とみなされている24の強みの分類法である（Dahlsgaard et al., 2005: VIA の詳細については第3章を参照）。
　VIA性格の強み質問票[79]を使って自らの強みが明らかになれば、それに合った思いやりの実践方法を考え出すことができるだろう。例えば、あなたが比較的外向的で、人との交流の中に自身の強みを見出したとする。その場合、ボランティアのメンターとして誰かを支援したり、孤独を感じている高齢の人たちと関わるなど、他

79　第3章参照。

者との交流という方向で実践の舵取りをするとよいだろう。あるいはその逆に、あなたは比較的もの静かで内向的な性格だが、同時に創造性やデザインに対する情熱をもっているとする。その場合は、自身の感性を活かしたやり方で何かできることがあるだろう。例えば、目的に共感できるチャリティ団体を見つけ、ロゴやウェブサイトのデザインを無償で請け負うなどして、あなたのクリエイティブな力を誰かのために発揮するなんてどうだろう。こんな具合に、自分らしさや自身の価値観を反映したあなたならではのやり方を心がけることで、より有意義で充実した他者への支援が可能となり、それゆえに持続的かつ効果的に実践していけるだろう。

おわりに

　他者を思いやること、さらにより広い世界の人々や物事に思いを寄せること、これがあなたの大学生活、ひいてはその先の人生において、大きな幸福の源となるだろう。初めのうちは違和感を感じるかもしれないが、他者を助けることは受け手側のみならず、与える側の私たち自身にもメリットがあるのだ。なぜそうなのか、背後で作用する仕組みは複雑なものだが、基本的には自己超越というパワフルな考え方がその中心となっている。他者を思いやることは、常日頃陥りがちな狭い意味での自分という見方を超え、ほかの人々との間柄の中の自分へと、大きく広げてくれる。重要なのは、思いやりという行為が私たちに変容をもたらし得るということだ。多くの宗教や哲学でも、狭い自己意識に囚われることこそ苦しみの主な原因だと古くから繰り返し述べられてきた。思いやりという行為は、まさにそんな狭い自意識から私たちを「外」の世界へと連れ出すことで、自分のことだけに囚われがちな意識を和らげることができる行為でもある。そうはいっても、冒頭でも注意したように、他者への思いやりはいかに自分自身を大切にできるかに依っている。自分の健康や幸福を犠牲にしないことが理想的だ。まずは自分自身を大事にし、思いやり疲れに陥らないよう気をつけること。こうした点を頭に入れたうえで私が願うのは、あなたがすでに確実にその内にもっている思いやりと気遣いの心をいっそう養い、行為として実践するすべを見つけ出してほしいということだ。そうすることで、この

世界をよりよいものに変えていけるのではないだろうか。あなた自身にとっても、あなたの周りの人々にとっても。

やってみよう、考えてみよう

自分らしい「親切」を実践するための3ステップ

1．自分の強みを見つける

自分が好きなこと、もしくはこれが自分らしいと感じる資質（例えばユーモアがある、勇気がある、好奇心旺盛など）を3〜5つくらいあげてみよう。本章でも紹介したVIA性格の強み質問票（オンラインで無料で受けることが可能）を受けて、自分らしいと感じる強みを見つける方法でもよいだろう。

2．自分に合った「思いやりや親切の方法」を考えてみる

自分の好きなことや、自分らしいと思えることで、誰かにしてあげられることは何か考えてみよう。実際に過去にやってみたことで、人によろこばれ、自分も嬉しくなった経験はないだろうか？　そのときのことを思い出してみることも大いに参考になるだろう。

3．やってみよう！

2で思いついたアイデアを実践してみよう。最初はちょっとしたささやかなことで十分。できることからちょっとずつやってみよう。

第 *14* 章

さいごに――経験を味わう

あなたの学びと成功

　さて、本書の最終章に到達した。ここまで読んで、あなたがよりポジティブな気持ちになり、大学で過ごす時間を充実させることができると感じてくれていればうれしい。私たち自身の経験や世界中の何百万人もの人々の言葉によると、大学生活は特別な時間として記憶されることが多い。あなたは、誰かが「大学生活は人生の中で最高のときだった」と語っているのを聞いたことがあるだろう。大学とは、実験し、問いを立て、探索し、卓越する機会を学生に提供する学びの場なのだ。また、そこで生涯の友だちを得ることもできるだろう――実際生涯のパートナーを大学で見つける人も多い。

　あなたの大学での成功は――それが学業成績であれ、スポーツの栄冠であれ、社会的なつながりであれ、リーダーシップであれ――あなたの個人としてのウェルビーイングが基礎となる。本書は、あなたの大学生活における心理的および身体的な健康を保証する、専門家の英知と実践的戦略を提供してきた。私たちはあなたがその学びに浸り、すでにいくつかを実践してくれていることを期待している。私たち（編著者と執筆者）は全員、あなたの成功に対して熱く燃えているのだ。何よりも、あなたが大学生活をエンジョイするうえで、本書が役に立ったらうれしい。

あなたの成長繁栄のためにできることをふり返る

▌2章：学び方を学習する

私たちは、人はどのように学ぶのか、という学びの価値に焦点を当てることから本書を始めた。あなたのこの先の数年間は学びの機会――授業、個人的な自由の拡大と限界、人付き合いの仕方、自分自身をケアする一番よい方法など――にあふれているからだ。

▌3章：強みを見つける

次にあなたの性格の強みを見つけ、それを活用することの重要性を論じた。あなたの強みは、あなたの価値観に深く関連している。大学生活は、自分の強みを使い、価値観を理解し、他者の強みを認める多くの機会を提供してくれる。

▌4章：希望をもつ

次に希望の概念を探索し、あなたの希望を育てるための実践的な方法を共有した。あなたの望む未来に焦点を当て続けることで、希望はあなたを動機づけ、大学での困難なときを切り抜ける助けになるだろう。希望はさらに、あなたが野心的な大志を抱き、人生の山や谷の中でもそれを追い求め続ける際の助けとなるだろう。

▌5章：できることに集中する

自分でコントロールできる範囲内に集中することも、同じくらい大切だとあなたに伝えたい。明確な目標を設定し、自分の行動を効果的に管理することは、あなたがすばらしい成果を達成するために役立つだろう。そしてその達成は、あなたの自信と自己効力感を高めるだろう。

6章：自分をケアする

　大学生活では、ウェルビーイングに気をつけることが決定的に重要だと強調しておきたい。6章では、大学で成功しながら、同時に高いレベルの主観的なウェルビーイングを経験することが可能であることを論じた。これは二者択一である必要はない。両立は可能であるだけでなく、目標とすべきことなのだ。

7章：今、この瞬間に生きる

　ウェルビーイングに対してより自覚的になる方法の一つは、マインドフルネスである。自分を落ち着かせ、今この瞬間に集中するための戦略を身につけることができる。マインドフルネスは、あなたのウェルビーイングによい効果をもたらすだけではなく、よりよく学び、より深く人とつながり、あなたが大学生活を楽しむうえで助けとなる。

8章：関係性を築く

　大学での経験の中心は、人である。私たちは、学生が個人的な関係性を築くことの重要性を指摘した。ポジティブな人間関係を築くことは、あなたのウェルビーイングにとってよいことで、生涯にわたって利益をもたらす社会的な関係性やネットワークを構築する手始めとなる。

9章：逆境に備える

　これまでにも示唆してきたように、大学生活には喜び・欲求不満・畏敬・落胆のときがある。人生は予測不能だ。逆境に備えて、あなたのレジリエンスを高めるために、いくつか現実的な戦略を用意しておくことを私たちは提案したい。そうすれば、あなたは大学生活や人生全体を通して経験する困難な時期に対して、よりよい備えをすることができるだろう。

10章：遊び心をもつ

　大学生活は、楽しい部分が多くを占める。遊んだり遊び心をもつことは、あ

なたのウェルビーイングを高め、他者との有意義な関係の構築にも役立つことがわかっている。人間は、遊ぶように作られている。だから、もっと遊ぶべきなのだ。

11章：意味を見つける

遊び心と同時に、人間は意味や目的という概念にも惹かれる存在だ。人は世界を理解したいと願うだけではなく、自分は目的をもっている、と感じたいのだ。大学生活はこういうことを考えるには最適なときだ。今自分がやっていることと、これからやろうとしていることを、何か有意義なことと適合させれば、あなたのモチベーションとウェルビーイングは向上するだろう。意味と目的について考えることは、私たちの生きているこの世界に対して、自分はどんな貢献ができるか内省する意欲を掻き立てるだろう。

12章：自分自身について知る

本書は、あなたが選んだ授業科目を学ぶだけではなく、大学およびその後の人生で成長繁栄することを助けるポジティブ心理学の概念に焦点を当てた。その次にあなたが学ぶべき3番目の科目は、あなた自身だ！　大学にいる間に、あなた自身のことをよりよく理解するための時間をもつようにお勧めしたい。自分自身をよりよく理解することは、あなたのウェルビーイングに多くの利益をもたらし、周囲の人々との有意味な関係を築くことができるようになるだろう。

13章：思いやりを世界に広げる

私たちは、この惑星を何億人もの人と分かち合っている。しかし、私たちはこれまでこの惑星についてよく考えてこなかった。私たちの世界の社会的正義や公正さに対して、できることはたくさんある。本章では、自分自身のウェルビーイングだけではなく、他者のウェルビーイングについて考えることの大切さに焦点を当てた。このことは正しいだけではなく、長い目で見た私たちの生存にとって、不可欠なことなのだ。

今、そして将来も成長繁栄する

　自分がどのように成長繁栄し、同様に他者をどうやって支援しようかと考えるときには、どうか自分のウェルビーイングを優先してほしい。あなたは大学で、良いときも悪いときも経験するだろう。良いときにはポジティブな瞬間を他者と共有し、他者を助けてほしい。悪いときには、自分をいたわり、他者に助けを求めてほしい。本書では、困難に対処するためのリソースとレジリエンスを構築する戦略を提供しているが、外的な支援を求めることが必要なときもあるだろう。たしかに大学でのあなたの成功は、あなたをはるか彼方に導き、繁栄する生活をもたらすだろう。一方で、あなたが気にかけないようなささいな精神衛生上の問題が、将来あなたの繁栄を阻止する可能性がある。もし、助けが必要と感じたら、個人的な人脈、家族、大学が提供する支援制度に手を伸ばすことをためらわないでほしい。

　私たち編著者は、各章の執筆者にそれぞれの専門領域のことを共有してほしいと依頼したが、一貫性のあるテーマがいくつか表れた。あなたが自分のウェルビーイングと成功に集中するとき、どのように他者に奉仕できるだろう、という問いは興味深い。各章の執筆者はしばしばギブアンドテイク（give and take）という概念を用いて、あなたが大学およびその後に経験することは、あなたの人間関係に影響されていると認めている。そして、ほとんどすべての章であなたに自己認識を高めるようにと促している。大学は自分自身をよりよく知るための理想的な場である。それを実行するときは、やさしさ（kindness）、思いやり（compassion）、愛（love）とともに行ってほしい。

　私たちは、あなたが自分のウェルビーイングに自覚的になることで、大学で成長繁栄することを願っている。そうすることで、あなたは将来個人的にも仕事のうえでも、よりポジティブな影響を受けるだろう。私たち一人ひとりが、自分のウェルビーイングに気をつけることができれば、他者のウェルビーイングをいっそう支援することができるようにもなる。その次に何が起こるか、お楽しみに！

監訳者あとがき

　クリスチャン・ヴァン・ニューワーバーグ&ペイジ・ウィリアムズ編著『自己成長の鍵を手に入れるポジティブ心理学ガイド』を読者のみなさんにお届けできることを、心から嬉しく思います。ヴァン・ニューワーバーグ先生は、教育場面でのコーチングにとくに造詣が深く、それをポジティブ心理学の枠組みで活用する実践と研究において、第一人者といえる方です。ポジティブ心理学教育の実践で世界をリードするメルボルン大学のウェルビーイング科学センター（当時はポジティブ心理学センター）でウィリアムズ先生と出会われたことで、世界中のポジティブ心理学実践者とのコラボレーションが生まれ、このような素晴らしい書籍として結実しました。

　私（西垣）がヴァン・ニューワーバーグ先生に出会ったのは、2014年にロンドンで開催された国際コーチング心理学会（ISCP）でした。当時、教育コーチング（coaching in education）への注目度はまだあまり高くなかったのですが、先生は教育場面におけるコーチングのセッションを企画し、座長を務めておられました。次にお目にかかったのは、米国オーランドで開催されたポジティブ心理学世界会議（IPPA）でした。そのとき私は、ヴァン・ニューワーバーグ先生がポジティブ心理学の学会に出席されていることを意外に思った記憶があります。しかし、本書を読むと当時先生はメルボルン大学のウェルビーイング科学センターにおられ、そこでウィリアムズ先生をはじめとする研究者たちと交流をもっていらっしゃったことがわかります。お母さまが日本人であることを初めてうかがったのも、この学会でのことでした。今回の日本語訳に対する先生の特別な想いについては、寄稿いただいた序文「日本の読者のみなさんへ」からもうかがえます。

　私が原著 *From surviving to thriving* に出会ったのは、桜美林大学大学院ポ

ジティブ心理学専攻の修士課程設立記念として、2022年にウェブ開催されたヴァン・ニューワーバーグ先生の講演でのことでした。講演の中で軽く紹介されただけでしたが、さっそく取り寄せ読んでみて、とても感銘を受けました。大学新入生向けに書かれた読みやすい書籍であるにもかかわらず、その内容は非常に深く専門的な知見にあふれていたからです。日本でも多くのポジティブ心理学研究が行われていますが、どちらかといえば基礎研究に近い内容が中心です。強みや感謝のワークなどのポジティブ介入は比較的よく知られていますが、これほど広い領域にまたがり、読者が自分で実践できるよう具体的な方法が紹介されている書籍に出会ったことはありませんでした。本書のもう一つの大きな特徴は、著者紹介をご覧になればおわかりいただけるように、著者たちのバックグラウンドの多様性です。学部時代から一貫して心理学の研究に従事してきた人はむしろ少数で、実にさまざまな経歴の方々が、ポジティブ心理学に魅せられ研究と実践を行っているのです。このことが、本書に多様な経験に基づく視点をもたらし、学術的に裏付けられた深い内容となって結実したのだと思います。

　本書の訳出にあたっては、翻訳者もポジティブ心理学教育の実践者であることを重視しました。その結果、7名の翻訳担当者のうち心理学者は3名で、それ以外は社会システムデザイン、教育工学、科学技術倫理、キャリア教育などに関わる専門家にお願いすることになりました。これらの先生方は、私が日本ポジティブサイコロジー医学会、IPPA、ヨーロッパポジティブ心理学ネットワーク会議（ENPP）などで出会った方々で、皆すばらしいポジティブ心理学実践家でありつつ、もとのご専門は公共政策学や物理学、コーチングなどさまざまです。また、原著者との接点をもっている方も複数おられました。札野順先生は、メルボルン大学のウェルビーイング科学センターのカーン先生ほか、複数の先生と深い交流があり、共同研究を続けながら、ポジティブ教育を日本の大学や企業に導入・実践されています。この共同研究には、永岑光恵先生も参加されています。また、吾郷智子先生は、ヴァン・ニューワーバーグ先生が卒業され教鞭をとられていた、イーストロンドン大学の応用ポジティブ心理学修

士課程を修了されており、その際、ロマス先生が指導教員で、ハート先生とナシフ先生は同級生でした。佐藤典子先生はイーストロンドン大学大学院でコーチングに関する講演をされたご経験があり、その際ヒラルデス＝ヘイズ先生が司会を務められたそうです。翻訳チームも原著者同様に多彩なメンバーであり、現地の事情などにも通じていたことは、本書の訳出上、非常に役立ちました。心理学の分野ではあまりなじみのない用語や方法、教育法などもいろいろ出てきますが、そのたびに互いに知恵を出し合い、協力しながら翻訳を進めることができました。日本の読者のために訳注も付記していますので、理解のお役に立てていただければと思います。なお、2章の「学び方を学習する」に出てくる神経生理学の専門用語の訳出に当たっては、関西医科大学医学部生物学教室の平野伸二教授と上村允人助教の両先生にご協力いただきました。記して感謝申し上げます。

　原著が執筆されたのは、COVID-19によるパンデミックのさなかでしたが、翻訳作業を行った2022年も日本ではさまざまな規制が続いている時期でした。原著者たちと同様に、翻訳チームもパンデミックの中で本書の内容に励まされ、また自分のウェルビーイングを維持するためのさまざまなヒントをもらいました。本書の日本語の副題を、「学生生活を始める人・新たな一歩を踏み出す人へ」としたのは、大学生に限らず、自己成長を目指すすべての人たちに手に取ってほしい、本書は必ずそのお役に立つから、という願いと確信があったからです。

　最後に本書の企画に賛同し、出版までの過程にお付き合いくださったミネルヴァ書房および同社編集部の丸山碧様と西川瑞穂様に心よりの感謝と御礼を申し上げます。特に編集過程では、微妙な言い回しにいたるまで丁寧に見ていただき、翻訳者が気づかないような細かな点もいろいろとご提案をいただきました。本書はお2人のプロフェッショナルな働きにとても助けられました。ありがとうございました。

　本書は出版して終わり、ではなく、関連するシンポジウムや講座、ウェビナ

ーなどを開催して、読者のみなさまのよりお近くまでお届けしたいと思っております。読者のみなさまからも遠慮なくご意見や感想をお寄せいただけましたら幸いです。

　　2023年　新緑の候

　　　　　　　　　　　　　　　　　　監訳者を代表して　西垣悦代

文献一覧

Alarcon, G. M., Bowling, N., & Khazon, S. (2013). Great expectations: A meta-analytic examination of optimism and hope. *Personality and Individual Differences, 54*(7), 821-827.

Alexander, S., & Ussher, S. (2012). The voluntary simplicity movement: A multi-national survey analysis in theoretical context. *Journal of Consumer Culture, 12*(1), 66-86. https://doi.org/10.1177/146954 0512444019

Allen, K.-A., Kern, M. L., Vella-Brodrick, D., Hattie, J., & Waters, L. (2018). What schools need to know about fostering school belonging: A meta-analysis. *Educational Psychology Review, 30*, 1-34.

Ariga, A., & Lleras, A. (2011). Brief and rare mental 'breaks' keep you focused: Deactivation and reactivation of task goals preempt vigilance decrements. *Cognition, 118*(3), 439-443. https://doi.org/10.1016/j.cognition.2010.12.007

Arnott, A. (2013). *Positive failure: Understand how embracing failure is a tool for development.* Cambridge: Cambridge Academic.

Aron, A., Lewandowski, G. W., Jr., Mashek, D., & Aron, E. N. (2013). The self- expansion model of motivation and cognition in close relationships. In J. A. Simpson & L. Campbell (Eds.), *Oxford library of psychology: The Oxford handbook of close relationships* (pp. 90-115). Oxford: Oxford University Press.

Aspinwall, L. G., & Taylor, S. E. (1997). A stitch in time: Self-regulation and proactive coping. *Psychological Bulletin, 121*, 417-436.

Baer, R. A. (2003). Mindfulness training as a clinical intervention: A conceptual and empirical review. *Clinical Psychology: Science and Practice, 10*, 125-143.

Bandura, A. (1997). *Self-efficacy: The exercise of control.* New York: W. H. Freeman. (本明寛・春木豊 (監訳) (1997). 激動社会の中の自己効力 金子書房)

Barrett, L. F. (2017). *How emotions are made: The secret life of the brain,* Chapter 4. New York: Houghton Mifflin Harcourt.

Barrett, L. F. (2020). *Seven and a half lessons about the brain,* Chapter 3. London: Picador.

Basu, A., Duvall, J., & Kaplan, R. (2019). Attention restoration theory: Exploring the role of soft fascination and mental bandwidth. *Environment and Behavior, 51*(9-10), 1055-1081. https://doi.org/10.117 7/0013916518774400

Baumeister, R. F., & Leary, M. R. (1995). The need to belong: Desire for interpersonal attachments as a fundamental human motivation. *Psychological Bulletin, 11*(3), 497-529.

Becker, C. S. (1992). *Living and relating: An introduction to phenomenology.* London: Sage.

Bennis, W., & Nanus, B. (1985). *Leaders: Strategies for taking charge.* New York: Harper & Row.

Biswas-Diener, R., Kashdan, T. B., & Lyubchik, N. (2017). Psychological strengths at work. In L. G. Oades, M. F. Steger, A. Delle Fave, & J. Passmore (Eds.), *The Wiley Blackwell handbook of the psychology of positivity and strengths-based approaches at work* (pp. 34-47). London: Wiley Online Library.

Biswas-Diener, R., Kashdan, T. B., & Minhas, G. (2011). A dynamic approach to psychological strength development and intervention. *Journal of Positive Psychology, 6*(2), 106-118.

Blackwell, L. S., Trzesniewski, K. H., & Dweck, C. S. (2007). Implicit theories of intelligence predict achievement across an adolescent transition: A longitudinal study and an intervention. *Child Development, 78*(1), 246-263.

Boniwell, I., & Tunariu, A. D. (2019). *Positive psychology: Theory, research and applications* (2nd edn). London: Open University Press/McGraw-Hill Education.

Boyatzis, R. E., & Howard, A. (2013). When goal setting helps and hinders sustained, desired change. In S. David, D. Clutterbuck & D. Megginson (Eds.), *Beyond goals: Effective strategies for coaching and mentoring* (pp. 211-228). London: Routledge.

Brassai, L., Piko, B. F., & Steger, M. F. (2015). A reason to stay healthy: The role of meaning in life in relation to physical activity and healthy eating among adolescents. *Journal of Health Psychology, 20*, 473-482.

Bressi, A. K., & Vaden, E. R. (2017). Reconsidering self-care. *Clinical Social Work Journal, 45*, 33-38.

Brown, K. W., Ryan, R. M., & Creswell, J. D. (2007). Mindfulness: Theoretical foundations and evidence for salutary effects. *Psychological Inquiry, 18*, 211-237.

Brown, S. (2009). *Play: How it shapes the brain, opens the imagination, and invigorates the soul.* New York: Avery.

Brown, S. (2014). Consequences of play deprivation. *Scholarpedia, 9*, 30449.

Bryan, C., O'Sheab, D., & MacIntyrec, T. (2017). Stressing the relevance of resilience: A systematic review of resilience across the domains of sport and work. *International Review of Sport and Exercise Psychology, 12*, 70-111. http://dx.doi.org/10.1080/1750984X.2017.1381140

Buber, M. ([1923] 2004). *I and thou.* New York: Scribner. (植田重雄 (訳) (1979). 我と汝・対話 岩波書店) (野口啓祐 (訳) (2021). 我と汝 講談社)

Buber, M. (1965). *The knowledge of man: A philosophy of the interhuman.* New York: Harper & Row. (稲葉稔・佐藤吉昭 (訳) (1969). ブーバー著作集〈4〉哲学的人間学 みすず書房)

Burke, D., & Linley, P. A. (2007). Enhancing goal self-concordance through coaching. *International Coaching Psychology Review, 2*(1), 62-69.

Calhoun, L. G., & Tedeschi, R. G. (2013). *Posttraumatic growth in clinical practice.* London: Routledge.

Cannon, W. B. (1932). *Wisdom of the body.* New York: W. W. Norton. (舘隣・舘澄江 (訳) (1981). からだの知恵——この不思議なはたらき 講談社)

Caprara, G. V., Steca, P., Gerbino, M., Paciello, M., & Vecchio, G. M. (2006). Looking for adolescents' wellbeing: Self-efficacy beliefs as determinants of positive thinking and happiness. *Epidemiology and Psychiatric Sciences, 15*(1), 30-43.

Carlson, L. E., & Speca, M. (2010). *Mindfulness-based cancer recovery.* Oakland, CA: Harbinger.

Carrillo, A., Rubio-Aparicio, M., Molinari, G., Enrique, A., Sanchez-Meca, J., & Banos, R. M. (2019). Effects of the best possible self-intervention: A systematic review and meta-analysis. *PLoS ONE, 14* (9), e0222386. https://doi.org/10.1371/journal.pone.0222386

Carver, C. S., & Connor-Smith, J. (2010). Personality and coping. *Annual Review of Psychology, 61*, 679-704.

Chadwick, P. (2014). Mindfulness for psychosis. *British Journal of Psychiatry, 204*, 333-334.

Chamberlain, K., & Zika, S. (1988). Religiosity, life meaning, and wellbeing: Some relationships in a sample of women. *Journal for the Scientific Study of Religion, 27*, 411-420.

Chang, E. C. (1998). Hope, problem solving ability, and coping in a college population: Some implications for theory and practice. *Journal of Clinical Psychology, 54*(7), 953-962.

Cheavens, J. S., Feldman, D. B., Gum, A., Michael, S. T., & Snyder, C. R. (2006). Hope therapy in a community sample: A pilot investigation. *Social Indicators Research, 77*, 61-78.

Chiesa, A., & Serretti, A. (2010). A systematic review of neurobiological and clinical features of mindfulness meditations. *Psychological Medicine, 40*, 1239-1252.

Chiesa, A., & Serretti, A. (2011). Mindfulness based cognitive therapy for psychiatric disorders: A systematic review and meta-analysis. *Psychiatry Research, 187*(3), 441-453.

Chiesa, A., Anselmi, R., & Serretti, A. (2014). Psychological mechanisms of mindfulness-based interventions: What do we know? *Holistic Nursing Practice, 28*(2), 124-148.

Chmitorz, A., Kunzler, A., Helmreich, I., Tüscher, O., Kalisch, R., Kubiak, T., Wessa, M., & Lieb, K. (2018). Intervention studies to foster resilience: A systematic review and proposal for a resilience framework in future intervention studies. *Clinical Psychology Review, 59*, 78-100. http://dx.doi.org/10.1016/j.cpr.2017.11.002

Cohen, R., Bavishi, C., & Rozanski, A. (2016). Purpose in life and its relationship to all-cause mortality and cardiovascular events: A meta-analysis. *Psychosomatic Medicine, 78*(2), 122-133.

Compas, B. E., Connor-Smith, J. K., Saltzman, H., Thomsen, A. H., & Wadsworth, M. E. (2001). Coping with stress during childhood and adolescence: Problems, progress, and potential in theory and research. *Psychological Bulletin, 127*, 87-127.

Cooperrider, D., & Whitney, D. (2005). *Appreciative inquiry: A positive revolution in change.* San Francisco, CA: Berrett-Koehler. (本間正人 (監訳) (2006). AI「最高の瞬間」を引きだす組織開発——未来志向の"問いかけ"が会社を救う PHP研究所)

Creswell, J. D. (2017). Mindfulness interventions. *Annual Review of Psychology, 68*, 491-516.

Csikszentmihalyi, M. (2008). *Flow: The psychology of optimal experience.* New York: Harper Perennial. (今村浩明 (訳) (1996). フロー体験 喜びの現象学 世界思想社)

Dahlsgaard, K., Peterson, C., & Seligman, M. E. P. (2005). Shared virtue: The convergence of valued human strengths across culture and history. *Review of General Psychology, 9*(3), 203-213.

Daniels, K., & Guppy, A. (1997). Stressors, locus of control, and social support as consequences of affective psychological well-being. *Journal of Occupational Health Psychology, 2*(2), 156-174.

Davachi, L., Kiefer, T., Rock, D., & Rock, L. (2010). Learning that lasts through AGES. *NeuroLeadership Journal, 3*, 1-11. Available at: www.academia.edu/36742185/Learning_that_lasts_through_AGES

David, S. (2018). *Emotional agility: Get unstuck, embrace change and thrive in work and life.* New York: Penguin.

Davidson, O. B., Feldman, D. B., & Margalit, M. (2012). A focused intervention for 1st year college students: Promoting hope, sense of coherence, and self-efficacy. *Journal of Psychology, 146*(3), 333-353.

De Quincey, C. (2000). Intersubjectivity: Exploring consciousness from the second-person perspective. *Journal of Transpersonal Psychology, 32*(2), 135-156.

De Quincey, C. (2005). *Radical knowing: Understanding consciousness through relationship.* South Paris, ME: Park Street Press.

Didonna, F. (2009). *Clinical handbook of mindfulness.* New York: Springer.

Diekelmann, S., Wilhelm, I., & Born, J. (2009). The whats and whens of sleep-dependent memory. *Sleep Medicine Reviews, 13,* 309-321.

Dieleman, H., & Huisingh, D. (2006). Games by which to learn and teach about sustainable development: Exploring the relevance of games and experiential learning for sustainability. *Journal of Cleaner Production, 14,* 837-847.

Dixson, D. D., Keltner, D., Worrell, F. C., & Mello, Z. (2018). The magic of hope: Hope mediates the relationship between socioeconomic status and academic achievement. *Journal of Educational Research, 111*(4), 507-515. http://dx.doi.org/10.1080/00220671.2017.1302915

Dubinsky, J. M., Guzey, S. S., Schwartz, M. S., Roehrig, G., MacNabb, C., Schmied, A., ... & Ellingson, C. (2019). Contributions of neuroscience knowledge to teachers and their practice. *The Neuroscientist, 25*(5), 394-407.

Duncan, L. G., & Bardacke, N. (2010). Mindfulness-based childbirth and parenting education: Promoting family mindfulness during the perinatal period. *Journal of Child and Family Studies, 19*(2), 190-202.

Dutton, J., & Heaphy, E. (2003). The power of high quality connections. In K. Cameron, J. Dutton & R. Quinn (Eds.), *Positive organizational scholarship: Foundations of a new discipline* (pp. 263-278). San Francisco, CA: Berrett-Koehler.

Duval, S., & Wicklund, R. A. (1972). *A theory of objective self-awareness.* New York: Academic Press.

Duvall, J., & Sullivan, W. (2016). How to get more out of the green exercise experience: Insights from attention restoration theory. In J. Barton, R. Bragg, C. Wood & J. Pretty (Eds.), *Green exercise linking nature, health and well-being* (pp. 37-45). London: Routledge.

Dweck, C. (2017). *Mindset: Changing the way you think to fulfil your potential.* London: Hachette UK. (今西康子 (訳) (2016). マインドセット――「やればできる！」の研究 草思社)

Dyer, S., & Moneta, G. B. (2006). Frequency of parallel, associative, and cooperative play in British children of different socio-economic status. *Social Behavior and Personality, 34*(5), 587-592.

Edwards, M., & van Tongeren, D. R. (2020). Meaning mediates the association between suffering and well-being. *Journal of Positive Psychology, 15,* 722-733.

Emmons, R. A. (1992). Abstract versus concrete goals: Personal striving level, physical illness, and psychological well-being. *Journal of Personality and Social Psychology, 62*(2), 292-300.

Feeney, B. C. (2007). The dependency paradox in close relationships: Accepting dependence promotes independence. *Journal of Personality and Social Psychology, 92*(2), 268-285.

Feeney, J. A. (2008). Adult romantic attachment: Developments in the study of couple relationships. In J. Cassidy & P. R. Shaver (Eds.), *Handbook of attachment: Theory, research, and clinical applications* (pp. 456-481). New York: Guilford Press.

Feldman, D. B., & Dreher, D. E. (2012). Can hope be changed in 90 minutes? Testing the efficacy of a single-session goal-pursuit intervention for college students. *Journal of Happiness Studies, 13,* 745-759.

Feldman, D. B., & Snyder, C. R. (2005). Hope and the meaningful life: Theoretical and empirical associations between goal-directed thinking and life meaning. *Journal of Social and Clinical Psychology, 24,* 401-421.

Feldman, D. B., Rand, K. L., & Kahle-Wrobleski, K. (2009). Hope and goal attainment: Testing a basic prediction of hope theory. *Journal of Social and Clinical Psychology, 28*(4), 479-497.

Ferrara, M., Iaria, G., De Gennaro, L., Guariglia, C., Curcio, G., Tempesta, D., & Bertini, M. (2006). The role of sleep in the consolidation of rote learning in humans: A behavioural study. *Brain Research Bulletin, 71,* 4-9.

Fiske, S. T. (2018). *Social beings: A core motives approach to social psychology* (4th edn). Hoboken, NJ: Wiley.

Fletcher, D., & Sarkar, M. (2016). Mental fortitude training: An evidence-based approach to developing psychological resilience for sustained success. *Journal of Sport Psychology in Action, 7*(3), 135-157. https://doi.org/10.1080/21520704.2016.1255496

Fogg, B. J. (2020). *Tiny habits: The small changes that change everything.* New York: Houghton Mifflin Harcourt. (須川綾子（訳）(2021). 習慣超大全──スタンフォード行動デザイン研究所の自分を変える方法　ダイヤモンド社)

Folkman, S., & Moskowitz, J. T. (2004). Coping: Pitfalls and promise. *Annual Review of Psychology, 55,* 745-774.

Frankl, V. E. (1963). *Man's search for meaning: An introduction to logotherapy.* New York: Washington Square Press. (山田邦男（監訳）(2004). 意味による癒し──ロゴセラピー入門　春秋社)

Frazier, P., Tennen, H., & Meredith, L. (2017). Three generations of research on perceived control. In J. W. Reich & F. J. Infurna (Eds.), *Perceived control: Theory, research, and practice in the first 50 years* (pp. 171-199). New York: Oxford University Press.

Fredrickson, B. L. (2004). The broaden-and-build theory of positive emotions. *Philosophical Transactions of the Royal Society of London. Series B: Biological Sciences, 359*(1449), 1367-1377.

Fredrickson, B. L., Cohn, M. A., Coffey, K. A., Pek, J., & Finkel, S. M. (2008). Open hearts build lives: Positive emotions, induced through loving-kindness meditation, build consequential personal resources. *Journal of Personality and Social Psychology, 95*(5), 1045-1062. https://doi.org/10.1037/a0013262

Friedman, H. S., & Kern, M. L. (2012). Psychological predictors of heart disease. In V. S. Ramachandran (Editor-in-Chief), *Encyclopedia of human behavior* (2nd edn). San Diego, CA: Elsevier.

Friese, M., Messner, C., & Schaffner, Y. (2012). Mindfulness meditation counteracts self-control depletion. *Consciousness and Cognition, 21,* 1016-1022.

Frydenberg, E. (2017). *Coping and the challenge of resilience.* London: Palgrave Macmillan.

Gál, É., Ştefan, S., & Cristea, I. A. (2021). The efficacy of mindfulness meditation apps in enhancing users' well-being and mental health related outcomes: A meta-analysis of randomized controlled trials. *Journal of Affective Disorders, 279,* 131-142.

Gallagher, M. W., & Lopez, S. J. (2009). Positive expectancies and mental health: Identifying the unique contributions of hope and optimism. *Journal of Positive Psychology, 4*(6), 548-556.

Gallagher, M. W., & Lopez, S. J. (2018). Introduction to the science of hope. In M. W. Gallagher & S. J. Lopez (Eds.), *The Oxford Handbook of Hope.* Oxford: Oxford University Press.

Gallagher, M. W., Marques, S. C., & Lopez, S. J. (2017). Hope and the academic trajectory of college students. *Journal of Happiness Studies, 18,* 341-352.

Gander, F., Hofmann, J., Proyer, R. T., & Ruch, W. (2019). Character strengths: Stability, change, and relationships with well-being changes. *Applied Research in Quality of Life, 15,* 349-367.

Gaskins, S., Haight, W., & Lancy, D. F. (2007). The cultural construction of play. In A. Göncü & S. Gaskins (Eds.), *Play and development: Evolutionary, sociocultural, and functional perspectives* (pp. 179-

202). Mahwah, NJ: Lawrence Erlbaum.

Gelso, C. J., Williams, E. N., & Fretz, B. (2014). *Counseling psychology* (3rd edn). Washington, DC: American Psychological Association.

Goodman, F. R., Disabato, D. J., Kashdan, T. B., & Machell, K. A. (2017). Personality strengths as resilience: A one-year multiwave study. *Journal of Personality, 85*(3), 423-434.

Goodman, J. H., Guarino, A., Chenausky, K., Klein, L., Prager, J., Petersen, R., Forget, A., & Freeman, M. (2014). CALM Pregnancy: Results of a pilot study of mindfulness-based cognitive therapy for perinatal anxiety. *Archives of Women's Mental Health, 17*(5), 373-387.

Grah, B., & Dimovski, V. (2014). Neuroleadership and an advanced learning organization. E-Leader. www.g-casa.com/conferences/milan/paper/Grah.pdf

Graham, J. E., Christian, L. M., & Kiecolt-Glaser, J. K. (2006). Stress, age, and immune function: Toward a lifespan approach. *Journal of Behavioral Medicine, 29*, 389-400.

Grant, A. (2016). *Originals: How non-conformists change the world*. London: Penguin Random House.

Green, S. (2019). *The positive prescription: A 6-week wellbeing program based on the science of positive psychology*. Double Bay, NSW: Suzy Green/The Positivity Institute.

Grossman, P., Niemann, L., Schmidt, S., & Walach, H. (2004). Mindfulness-based stress reduction and health benefits. A meta-analysis. *Journal of psychosomatic research, 57*(1), 35-43. https://doi.org/10.1016/S0022-3999(03)00573-7

Halvorson, H. G., Cox, C., & Rock, D. (2016). Organizational growth mindset. *NeuroLeadership Journal, 6*, 3-13.

Hamann, G. A., & Ivtzan, I. (2016). 30 minutes in nature a day can increase mood, well-being, meaning in life and mindfulness: Effects of a pilot programme. *Social Inquiry into Well-Being, 2*(2), 34-46. https://doi.org/10.13165/SIIW-16-2-2-04

Hart, R., Ivtzan, I., & Hart, D. (2013). Mind the gap in mindfulness research: A comparative account of the leading schools of thought. *Review of General Psychology, 17*(4), 453-466. https://doi.org/10.1037/a0035212

Hausler, M., Strecker, C., Huber, A., Brenner, M., Höge, T., & Höfer, S. (2017). Associations between the application of signature character strengths, health and well-being of health professionals. *Frontiers in Psychology, 8*. https://doi-org.ezproxy.rgu.ac.uk/10.3389/fpsyg.2017.01307

Hayes, S. C., Strosahl, K., & Wilson, K. G. (1999). *Acceptance and commitment therapy: An experiential approach to behaviour change*. New York: Guilford Press.

Health and Productivity Institute of Australia (HAPIA) (2009). *Best practice guidelines: Workplace health in Australia*. Sydney, NSW: HAPIA.

Hebb, D. O. (1949). *The organisation of behaviour: a neuropsychological theory*. New York: Science Editions.

Hedtke, L. (2014). Creating stories of hope: A narrative approach to illness, death and grief. *Australia and New Zealand Journal of Family Therapy, 35*, 4-19.

Hefferon, K. (2012). Bringing back the body into positive psychology: The theory of corporeal posttraumatic growth in breast cancer survivorship. *Psychology, 3*(12), 1238-1242. https://doi.org/10.4236/psych.2012.312A183

Hefferon, K., & Kampman, H. (2020). Taking an embodied approach to post- traumatic growth research and sport. In R. Wadey, D. Melissa & K. Howells (Eds.), *Growth following adversity in sport: A mechanism to positive change* (pp. 131-144). London: Routledge.

Hefferon, K., Grealy, M., & Mutrie, N. (2009). Post-traumatic growth and life threatening physical illness: A systematic review of the qualitative literature. *British Journal of Health Psychology, 14*(2), 343-378. https://doi.org/10.1348/135910708X332936

Hegel, G. W. F. ([1807] 1973). *Phenomenology of mind.* Frankfurt: Verlag Ullstein. (熊野純彦 (訳) (2018). 精神現象学〈上・下〉筑摩書房)

Hermans, H. J. M. (2001). The dialogical self: Toward a theory of personal and cultural positioning. *Culture & Psychology, 7*(3), 243-281. https://doi.org/10.1177/1354067X0173001

His Holiness The Dalai Lama (2002). Understanding our fundamental nature. In J. Davidson & A. Harrington (Eds.), *Visions of compassion: Western scientists and Tibetan Buddhists examine human nature* (pp. 66-80). Oxford: Oxford University Press.

Ho, D. Y. F. (1995). Selfhood and identity in Confucianism, Taoism, Buddhism, and Hinduism: Contrasts with the West. *Journal for the Theory of Social Behaviour, 25*(2), 115-139.

Hobfoll, S. E. (1989). Conservation of resources: A new attempt at conceptualizing stress. *American Psychologist, 44*, 513-524.

Hobfoll, S. E. (1998). *Stress, culture, and community.* New York: Plenum.

Hobfoll, S. E. (2002). Social and psychological resources and adaptation. *Review of General Psychology, 6*(4), 307-324.

Hobfoll, S. E., Hall, B. J., Canetti-Nisim, D., Galea, S., Johnson, R. J., & Palmieri, P. A. (2007). Refining our understanding of traumatic growth in the face of terrorism: Moving from meaning cognitions to doing what is meaningful. *Applied Psychology, 56*(3), 345-366. https://doi.org/10.1111/j.1464-0597.2007.00292.x

Honoré, C. (2004). *In praise of slow: How a worldwide movement is challenging the cult of speed.* Toronto: A. A. Knopf Canada.

Huppert, F. A., & So, T. T. C. (2013). Flourishing across Europe: Application of a new conceptual framework for defining well-being. *Social Indicators Research, 110*, 837-861.

Hwang, H., Tu, C., & Chan, H. (2019). Self-transcendence, caring and their associations with well-being. *Journal of Advanced Nursing, 75*(7), 1473-1483. https://doi.org/10.1111/jan.13937

IJntema, R. C., Burger, Y. D., & Schaufeli, W. B. (2019). Reviewing the labyrinth of psychological resilience: Establishing criteria for resilience-building programs. *Consulting Psychology Journal: Practice and Research, 71*(4), 288-304. https://doi.org/10.1037/cpb0000147

Illeris, K. (2010). Characteristics of adult learning. In P. Peterson, E. Baker & B. McGaw (Eds.), *International encyclopaedia of education* (3rd edn, pp. 36-41). Oxford: Elsevier.

Immordino-Yang, M. H., & Fischer, K. W. (2010). Neuroscience bases for learning. In P. Peterson, E. Baker & B. McGaw (Eds.), *International encyclopaedia of education* (3rd edn, pp. 310-316). Oxford: Elsevier.

Ivtzan, I., & Hart, R. (2015). Mindfulness scholarship and interventions: A review. In A. L. Baltzell (Ed.), *Mindfulness and performance* (pp. 3-29). Cambridge: Cambridge University Press.

Ivtzan, I., & Lomas, T. (Eds.) (2016). *Mindfulness in positive psychology: The science of meditation and wellbeing.* London: Routledge.

Janoff-Bulman, R.（1992）. *Shattered assumptions: Towards a new psychology of trauma.* London: Simon & Schuster.

Jarden, A., & Jarden, R.（2016）. Positive psychological assessment for the work- place. In L. Oades, M. F. Steger, A. Delle Fave & J. Passmore（Eds.）, *The Wiley-Blackwell handbook of positive psychology at work*（pp. 415-437）. London: Wiley Online Library.

Jazaieri, H., McGonigal, K., Jinpa, T., Doty, J. R., Gross, J. J., & Goldin, P. R.（2014）. A randomized controlled trial of compassion cultivation training: Effects on mindfulness, affect, and emotion regulation. *Motivation and Emotion, 38*(1), 23-35. https://doi.org/10.1007/s11031-013-9368-z

Jim, H. S., Purnell, J. Q., Richardson, S. A., Golden-Kreutz, D. & Andersen, B. L.（2006）. Measuring meaning in life following cancer. *Quality of Life Research, 15,* 1355-1371.

Joseph, S.（2012）. *What doesn't kill us: The new psychology of posttraumatic growth.* London: Piatkus.（北川知子（訳）（2013）. トラウマ後 成長と回復――心の傷を超えるための6つのステップ 筑摩書房）

Joyce, S., Shand, F., Tighe, J., Laurent, S. J., Bryant, R. A., & Harvey, S. B.（2018）. Road to resilience: A systematic review and meta-analysis of resilience training programmes and interventions. *BMJ Open, 8*(6), e017858. https://doi.org/10.1136/bmjopen-2017-017858

Kabat-Zinn, J.（1982）. An outpatient program in behavioral medicine for chronic pain patients based on the practice of mindfulness meditation: Theoretical considerations and preliminary results. *General Hospital Psychiatry, 4,* 33-47.

Kabat-Zinn, J.（1994）. *Wherever you go, there you are: Mindfulness meditation in everyday life.* New York: Hyperion.（田中麻里（監訳）松丸さとみ（訳）（2012）. マインドフルネスを始めたいあなたへ――毎日の生活でできる瞑想 星和書店）

Kabat-Zinn, J.（2003）. Mindfulness-based interventions in context: Past, present, and future. *Clinical Psychology: Science and Practice, 10,* 144-156.

Kabat-Zinn, J.（2005）. *Coming to our senses.* London: Piatkus Books.（大野純一（訳）（2020）. 瞑想はあなたが考えているものではない――なぜマインドフルネスがこれほど重要なのか コスモス・ライブラリー）

Kabat-Zinn, J., Massion, A. O., Kristeller, J., Peterson, L. G., Fletcher, K., Fletcher, K. E., Pbert, L., Lenderking, W. R., & Santorelli, S. F.（1992）. Effectiveness of a meditation based stress reduction program in the treatment of anxiety disorders. *American Journal of Psychiatry, 149,* 936-943.

Kabat-Zinn, J., Wheeler, E., & Light, T.（1998）. Influence of a mindfulness meditation based stress reduction intervention on rates of skin clearing in patients. *Psychosomatic Medicine, 60,* 625-632.

Kampman, H., & Hefferon, K.（2020）. 'Find a sport and carry on': Posttraumatic growth and achievement in British Paralympic athletes. *International Journal of Wellbeing, 10*(1), article 1. https://doi.org/10.5502/ijw.v10i1.765

Kampman, H., Hefferon, K., Wilson, M., & Beale, J.（2015）. 'I can do things now that people thought were impossible, actually, things that I thought were impossible': A meta-synthesis of the qualitative findings on posttrau- matic growth and severe physical injury. *Canadian Psychology/Psychologie Canadienne, 56*(3), 283-294. https://doi.org/10.1037/cap0000031

Kant, I.（[1785] 2002）. *Groundwork for the metaphysics of morals.* New Haven, CT: Yale University Press.（御子柴善之（訳）（2022）. 道徳形而上学の基礎づけ 人文書院）

Kaplan, R., & Kaplan, S. (1989). *The experience of nature: A psychological perspective.* Cambridge: Cambridge University Press.

Kauffman, C., & Scoular, A. (2004). Toward a positive psychology of executive coaching. In P. Linley & S. Joseph (Eds.), *Positive practice in psychology* (pp. 287-304). Hoboken, NJ: Wiley.

Kayes, D. C. (2006). The problem of goalodicy: The unintended consequences of goal pursuit. In *Destructive goal pursuit: The Mount Everest disaster* (pp. 41-50). Berlin: Springer.

Kemeny, M. E. (2007). Psychoneuroimmunology. In H. S. Friedman & R. C. Silver (Eds.), *Foundations of health psychology* (pp. 92-116). New York: Oxford University Press.

Keng, S. L., Smoski, M. J., & Robins, C. J. (2011). Effects of mindfulness on psychological health: A review of empirical studies. *Clinical Psychology Review, 31,* 1041-1056.

Kern, M. L., Williams, P., Spong, C., Colla, R., Sharma, K., Downie, A., ... & Oades, L. G. (2020). Systems informed positive psychology. *Journal of Positive Psychology, 15*(6), 705-715. https://doi.org/10.1080/17439760.2019.1639799

Keyes, C. L. M. (2011). Authentic purpose: The spiritual infrastructure of life. *Journal of Management, Spirituality & Religion, 8*(4), 281-297.

Kim, E. S., Strecher, V. J., & Ryff, C. D. (2014). Purpose in life and use of preventive health care services. *PNAS, 111,* 331-336.

Kim, S. H. (2014). Evidence-based (simple but effective) advice for college students: Microaction and macrochange. *The Mentor: Innovative Scholarship on Academic Advising, 16.* https://doi.org/10.26209/MJ1661262

King, L. A. (2001). The health benefits of writing about life goals. *Personality and Social Psychology Bulletin, 27*(7), 798-807.

Kramer, G. P., Bernstein, D. A., & Phares, V. (2013). *Introduction to clinical psychology* (8th edn). New York: Pearson Education.

Krause, N., & Hayward, R. D. (2012). Religion, meaning in life, and change in physical functioning during late adulthood. *Journal of Adult Development, 19*(3), 158-169.

Kristeller, J. L., & Wolever, R. Q. (2010). Mindfulness-based eating awareness training for treating binge eating disorder: The conceptual foundation. *Eating Disorders, 19*(1), 49-61.

Kubey, R. W., & Csikszentmihalyi, M. (1990) Television as escape: Subjective experience before an evening of heavy viewing. *Communication Reports, 3,* 92-100.

Laing, R. D. (1959/1965). *The divided self: An existential study in sanity and madness.* Harmondsworth: Penguin.

Lally, P., van Jaarsveld, C. H. M., Potts, H. W. W., & Wardle, J. (2010). How are habits formed: Modelling habit formation in the real world. *European Journal of Social Psychology, 40*(6), 998-1009. https://doi.org/10.1002/ejsp.674

Lambert, N. M., Stillman, T. F., Hicks, J. A., Kamble, S., Baumeister, R. F., & Fincham, F. D. (2013). To belong is to matter: Sense of belonging enhances meaning in life. *Personality and Social Psychology Bulletin, 39*(11), 1418-1427.

Larsen, S. (1990). Our inner cast of characters. *The Humanistic Psychologist, 18*(2), 176-187.

Latham, G., Seijts, G., & Slocum, J. (2016) The goal setting and goal orientation labyrinth. *Organizational Dynamics, 4*(45), 271-277.

Law, A. S., Logie, R. H., & Pearson, D. G. (2006). The impact of secondary tasks on multitasking in a virtual environment. *Acta Psychologica, 122*, 27-44.

Lazarus, R. S., & Folkman, S. (1984). *Stress, appraisal, and coping*. New York: Springer. (本間寛・春木豊・織田正美 (監訳) (1991). ストレスの心理学——認知的評価と対処の研究 実務教育出版)

Lee, J. Y., & Gallagher, M. W. (2018). Hope and wellbeing. In M. W. Gallagher & S. J. Lopez (Eds.), *The Oxford handbook of hope* (pp. 287-298). Oxford: Oxford University Press.

Lepore, S. J., & Revenson, T. A. (2006). Resilience and posttraumatic growth: Recovery, resistance, and reconfiguration. In L. G. Calhoun & R. G. Tedeschi (Eds.), *Handbook of posttraumatic growth: Research and practice* (pp. 24-46). Mahwah, NJ: Lawrence Erlbaum.

Lewis, H. R. (2004). Slow down: Getting more out of Harvard by doing less. https://lewis.seas.harvard.edu/files/harrylewis/files/slowdown2004_0.pdf

Linehan, M. (1993). *Cognitive-behavioral therapy of borderline personality disorder*. New York: Guilford Press.

Linley, A. (2008). *Average to A + : Realising strengths in yourself and others*. Coventry: CAPP Press.

Linley, A., & Harrington, S. (2006). Playing to your strengths. *The Psychologist, 19*(2), 86-89.

Linley, P. A., & Joseph, S. (2004). Applied positive psychology: A new perspective for professional practice. In P. A. Linley & S. Joseph (Eds.), *Positive psychology in practice* (pp. 3-12). Hoboken, NJ: John Wiley & Sons.

Little, B. R. (1989) Personal projects analysis: Trivial pursuits, magnificent obsessions, and the search for coherence. In D. M. Buss & N. Cantor (Eds.), *Personality psychology: Recent trends and emerging directions* (pp. 15-31). New York: Springer.

Locke, E. A., & Latham, G. P. (2002). Building a practically useful theory of goal setting and task motivation: A 35-year odyssey. *American Psychologist, 57*(9), 705-717.

Locke, E. A. & Latham, G. P. (2006). New directions in goal-setting theory. *Current Directions in Psychological Science, 15*(5), 265-268.

Lomas, T. (2015). Self-transcendence through shared suffering: An intersubjective theory of compassion. *Journal of Transpersonal Psychology, 47*(2), 168-187.

Lomas, T., Cartwright, T., Edginton, T., & Ridge, D. (2015). A qualitative analysis of experiential challenges associated with meditation practice. *Mindfulness, 6*(4), 848-860. https://doi.org/10.1007/s12671-014-0329-8

Long, K., & Bonanno, G. A. (2018). An integrative temporal framework for psychological resilience. In J. G. Noll & I. Shalev (Eds.), *The biology of early life stress: Understanding child maltreatment and trauma* (pp. 121-146). New York: Springer International. https://doi.org/10.1007/978-3-319-72589-5_8

Lopez, S. J. (2013). *Making hope happen: Create the future you want for yourself and others*. New York: Atria Books.

Lopez, S. J., Ciarelli, R., Coffman, L., Stone, M., & Wyatt, L. (2000). Diagnosing for strengths: On measuring hope building blocks. In C. R. Snyder (Ed.), *Handbook of hope: Theory, measures and application* (pp. 57-85). San Diego, CA: Academic Press.

Lu, L., & Argyle, M. (1994). Leisure satisfaction and happiness: A function of leisure activity. *Kaohsiung Journal of Medical Sciences, 10*(2), 89-96.

Luepnitz, D. A. (2002). *Schopenhauer's porcupines: Intimacy and its dilemmas － Five stories of psychotherapy.* New York: Basic Books.

Magnuson, C. D., & Barnett, L. A. (2013). The playful advantage: How playfulness enhances coping with stress. *Leisure Sciences, 35,* 129-144.

Magyar-Moe, J. L., & Lopez, S. J. (2015). Strategies for accentuating hope. In P. A. Linley & S. Joseph (Eds.), *Positive psychology in practice: Promoting human flourishing in work, health, education, and everyday life* (2nd edn, pp. 483-502). London: Wiley.

Mahler, M. S., Pine, F., & Bergman, A. (2000). *The psychological birth of the human infant symbiosis and individuation.* New York: Basic Books.

Maisel, N. C., & Gable, S. L. (2009). The paradox of received social support: The importance of responsiveness. *Psychological Science, 20*(8), 928-932.

Majors, K., & Baines, E. (2017). Children's play with their imaginary companions: Parent experiences and perceptions of the characteristics of the imaginary companions and purposes served. *Education & Child Psychology, 34*(3), 37-56.

Marchand, W. R. (2012). MBSR, mindfulness-based cognitive therapy, and Zen meditation for depression, anxiety, pain, and psychological distress. *Journal of Psychiatric Practice, 18,* 233-252.

Marques, S. C., Gallagher, M. W., & Lopez, S. J. (2017). Hope and academic- related outcomes: A meta-analysis. *School Mental Health, 9,* 250-262.

Marques, S. C., Lopez, S. J., Fontaine, A. M., Coimbra, S., & Mitchell, J. (2015). How much hope is enough? Levels of hope and students' psychological and school functioning. *Psychology in the Schools, 52*(4), 325-334.

Martela, F., & Steger, M. F. (2016). The three meanings of meaning in life: Distinguishing coherence, purpose and significance. *Journal of Positive Psychology, 11,* 531-545.

Martin-Krumm, C., Delas, Y., Lafrenière, M., Fenouillet, F., & Lopez, S. (2015). The structure of the State Hope Scale. *Journal of Positive Psychology, 10*(3), 272-281.

Martínez-Martí, M. L., & Ruch, W. (2014). Character strengths and well-being across the life span: Data from a representative sample of German-speaking adults living in Switzerland. *Frontiers in Psychology, 5,* 1253. https://doi.org/10.3389/fpsyg.2014.01253

Martínez-Martí, M. L., & Ruch, W. (2017). Character strengths predict resilience over and above positive affect, self-efficacy, optimism, social support, self- esteem, and life satisfaction. *Journal of Positive Psychology, 12*(2), 110-119. https://doi-10.1080/17439760.2016.1163403

Mascaro, N., & Rosen, D. H. (2005). Existential meaning's role in the enhancement of hope and prevention of depressive symptoms. *Journal of Personality, 73*(4), 985-1013.

Mashek, D. J., & Aron, A. (Eds.) (2004). *Handbook of closeness and intimacy.* Mahwah, NJ: Lawrence Erlbaum.

Maslach, C., Schaufeli, W. B., & Leiter, M. P. (2001). Job burnout. *Annual Review of Psychology, 52,* 397-422.

Mazza, P. (1997). Keeping it simple. *Reactions, 36,* 10-12.

McCann, J. T., & Biaggio, M. K. (1989). Sexual satisfaction in marriage as a function of life meaning. *Archives of Sexual Behavior, 18,* 59-72.

McEwen, B. S. (1993). Stress, adaptation, and disease: Allostasis and allostatic load. *Annals of the New*

York Academy of Sciences, 840, 33-44.

McKnight, P. E. & Kashdan, T. B. (2009). Purpose in life as a system that creates and sustains health and well-being: An integrative, testable theory. *Review of General Psychology, 13*(3), 242-251.

McQuaid, M., & Kern, M. L. (2017). *Your wellbeing blueprint: Feeling good and doing well at work*. Melbourne, VIC: McQuaid Ltd.

Merriam, S. B. (2010). Adult learning. In P. Peterson, E. Baker & B. McGaw (Eds.), *International encyclopedia of education* (3rd edn, pp. 12-17). Oxford: Elsevier.

Mikulincer, M., & Goodman, G. S. (Eds.) (2006). *Dynamics of romantic love: Attachment, caregiving, and sex*. New York: Guildford Press.

Mikulincer, M., & Shaver, P. R. (2007). *Attachment in adulthood: Structure, dynamics, and change*. New York: Guildford Press.

Miller, M., & Byers, J. (1998). Sparring as play in young pronghorn males. In M. Berkoff & J. A. Byers (Eds.), *Animal play: Evolutionary, comparative, and ecological perspectives* (pp. 141-160). Cambridge: Cambridge University Press.

Moos, R. H., & Schaefer, J. A. (1993). Coping resources and processes: Current concepts and measures. In L. Goldberger & S. Breznitz (Eds.), *Handbook of stress: Theoretical and clinical aspects* (2nd edn, pp. 234-257). New York: Free Press.

Neff, K. (2003). Self-compassion: An alternative conceptualization of a healthy attitude toward oneself. *Self and Identity, 2*, 85-101.

Nhat Hanh, T. (2000). *The path of emancipation*. Berkeley, CA: Parallax Press.

Niemiec, R. (2013). *Mindfulness and character strengths: A practical guide to flourishing*. Gottingenv: Hogrefe Publishing.

Niemiec, R. (2018). *Character strengths interventions: A field guide for practitioners*. Boston, MA: Hogrefe Publishing.

Niemiec, R. (2019). Finding the golden mean: The overuse, underuse, and optimal use of character strengths. *Counselling Psychology Quarterly, 32*(3-4), 453-471. https://doi.org/10.1080/09515070.2019.1617674

Norrish, J. M. (2015). *Positive education: The Geelong Grammar School journey*. Oxford Positive Psychology Series. Oxford: Oxford University Press.

Nusbaum, E. C., & Silvia, P. J. (2011). Are intelligence and creativity really so different? Fluid intelligence, executive processes and strategy use in divergent thinking. *Intelligence, 39*, 36-45.

Olendzki, A. (2009). Mindfulness and meditation. In F. Didonna (Ed.), *Clinical handbook of mindfulness* (pp. 37-44). New York: Springer.

Ong, J., & Sholtes, D. (2010). A mindfulness-based approach to the treatment of insomnia. *Journal of Clinical Psychology, 66*(11), 1175-1184.

Ozawa-de Silva, B. R., Dodson-Lavelle, B., Raison, C. L., Negi, L. T., Silva, B. R. O., & Phil, D. (2012). Compassion and ethics: Scientific and practical approaches to the cultivation of compassion as a foundation for ethical subjectivity and well-being. *Journal of Healthcare, Science and the Humanities, 2*(1), 145-161.

Parks, A. C., & Schueller, S. (Eds.) (2014). *The Wiley-Blackwell handbook of positive psychological interventions*. Malden, MA: Wiley-Blackwell.

Parnas, J. (2000). The self and intentionality in the pre-psychotic stages of schizophrenia. In D. Zahavi (Ed.), *Exploring the self: Philosophical and psychopathological perspectives on self-experience* (pp. 115-147). Amsterdam: John Benjamins.

Passmore, J., & Theeboom, T. (2016). Coaching psychology research: A journey of development. In L. E. Van Zyl, M. W. Stander & A. Odendaal (Eds.), *Coaching psychology: Meta-theoretical perspectives and applications in multicultural contexts* (pp. 27-46). Cham: Springer.

Pedrotti, J. T., Edwards, L. M., & Lopez, S. J. (2008). Promoting hope: Suggestions for school counselors. *Professional School Counseling, 12,* 100-107.

Peterson, C., & Park, N. (2005). The enduring value of the Boulder Model: Upon this rock we build. *Journal of Clinical Psychology, 61*(9), 1147-1150. https://doi.org/10.1002/jclp.20154

Peterson, C., & Seligman, M. E. P. (2004). *Character strengths and virtues: A handbook and classification.* New York: Oxford University Press.

Peterson, C., Ruch, W., Beerman, U., Park, N., & Seligman, M. E. P. (2007). Strengths of character, orientations to happiness, and life satisfaction. *Journal of Positive Psychology, 2,* 149-156.

Phelan, J. P. (2012). Forgiveness. *Mindfulness, 3*(3), 254-257. https://doi.org/10.1007/s12671-012-0129-y

Piko, B. F., & Brassai, L. (2009). The role of individual and familial protective factors in adolescents' diet control. *Journal of Health Psychology, 14,* 810-819.

Pritchard, M. E., Wilson, G. S., & Yamnitz, B. (2007). What predicts adjustment among college students? A longitudinal panel study. *Journal of American College Health, 56*(1), 15-22.

Proyer, R., & Ruch, W. (2011). The virtuousness of adult playfulness: The relation of playfulness with strengths of character. *Psychology of Well-being: Theory, Research, and Practice, 1,* article 4. https://doi.org/10.1186/2211-1522-1-4

Qian, X. L., & Yarnal, C. (2011) The role of playfulness in the leisure stress-coping process among emerging adults: A SEM analysis. *Leisure/Loisir, 35*(2), 191-209.

Rashid, T., & Anjum, A. (2011). 340 ways to use VIA character strengths. https://tayyabrashid.com/pdf/via_strengths.pdf

Reichard, B., Avey, J., Lopez, S. J., Dollwet, M., & Marques, S. (2013). Having the will and finding the way: A review and meta-analysis of hope at work. *Journal of Positive Psychology, 8*(4), 292-304.

Reis, H. T., & Rusbult, C. E. (Eds.) (2004). *Close relationships: Key readings in social psychology.* New York: Psychology Press.

Robins, C. J., Keng, S. L., Ekblad, A. G., & Brantley, J. G. (2012). Effects of mindfulness-based stress reduction on emotional experience and expression: A randomized controlled trial. *Journal of Clinical Psychology, 68,* 117-131.

Roepke, A. M., Jayawickreme, E., & Riffle, O. M. (2014). Meaning and health: A systematic review. *Applied Research in Quality of Life, 9,* 1055-1079.

Roth, S., & Cohen, L. J. (1986). Approach, avoidance, and coping with stress. *American Psychologist, 41,* 813-819.

Rotter, J. B. (1966) Generalized expectancies for internal versus external control of reinforcement. *Psychological Monographs: General and Applied, 80*(1), 1-28.

Routledge, C., Arndt, J., Wildschut, T., Sedikides, C., Hart, C. M., Juhl, J., ... & Schlotz, W. (2011). The past makes the present meaningful: Nostalgia as an existential resource. *Journal of Personality and*

Social Psychology, 101(3), 638-652.

Runco, M., & Acar, S. (2012). Divergent thinking as a predictor of creative potential. *Creativity Research Journal, 24*(1), 66-75.

Rupp, M. A., Sweetman, R., Sosa, A. E., Smither, J. A., & McConnell, D. S. (2017). Searching for affective and cognitive restoration: Examining the restorative effects of casual video game play. *Human Factors, 59*, 1096-1107.

Ryan, R. M., & Deci, E. L. (2000). Self-determination theory and the facilitation of intrinsic motivation, social development, and wellbeing. *American Psychologist, 55*, 68-78.

Ryan, R. M., & Deci, E. L. (2001). On happiness and human potentials: A review of research on hedonic and eudaimonic well-being. *Annual Review of Psychology, 52*(1), 141-166.

Ryan, R. M., Curren, R. R., & Deci, E. L. (2013). What humans need: Flourishing in Aristotelian philosophy and self-determination theory. In A. S. Waterman (Ed.), *The best within us: Positive psychology perspectives on eudaimonia* (pp. 57-75). Washington, DC: American Psychological Association.

Ryff, C. D. (1989). Happiness is everything, or is it? Explorations on the meaning of psychological well-being. *Journal of Personality and Social Psychology, 57*, 1069-1081.

Schopenhauer, A. ([1840] 1995). *On the basis of morality* (E. F. J. Payne, trans.). New York: Berghahn Books. (佐久間政一（訳）(1949). 道徳の基礎 北隆館)

Schulz, R., & Heckhausen, J. (1996). A life span model of successful aging. *American Psychologist, 51*, 702-714.

Schulz, R., Hebert, R. S., Dew, M. A., Brown, S. L., Scheier, M. F., Beach, S. R., ... & Langa, K. M. (2007). Patient suffering and caregiver compassion: New opportunities for research, practice, and policy. *The Gerontologist, 47*(1), 4-13. https://doi.org/10.1093/geront/47.1.4

Schwartz, S. (2006). Basic human values: An overview. The Hebrew University of Jerusalem. https://uranos.ch/research/references/Schwartz_2006/Schwartzpaper.pdf

Schwartz, S. (2012). An overview of the Schwartz theory of basic values. *Online Readings in Psychology and Culture, 2*(1). https://doi.org/10.9707/2307-0919.1116

Segal, Z. V., Williams, M. G., & Teasdale, J. D. (2002). *Mindfulness-based cogni- tive therapy for depression: A new approach to preventing relapse.* New York: Guilford Press. (越川房子（監訳）(2007). マインドフルネス認知療法──うつを予防する新しいアプローチ 北大路書房)

Segerstrom, S. C., & Miller, G. E. (2004). Psychological stress and the human immune system: A meta-analytic study of 30 years of inquiry. *Psychological Bulletin, 104*, 601-630.

Selcuk, E., Karagobek, A. B., & Gunaydin, G. (2019). Responsiveness as key predictor of happiness: Mechanisms and unanswered questions. In M. Demir & N. Sümer (Eds.), *Close relationships and happiness across cultures, volume 13: Cross-cultural advancements in positive psychology.* New York: Springer.

Seligman, M. E. P. (2002). *Authentic happiness: Using the new positive psychology to realise your potential for lasting fulfilment.* London: Nicholas Brealey Publishing. (小林裕子（訳）(2004). 世界でひとつだけの幸せ──ポジティブ心理学が教えてくれる満ち足りた人生 アスペクト)

Seligman, M. E. P. (2018). *The hope circuit.* North Sydney, NSW: Penguin Random House.

Shapiro, D. H. (1980). *Meditation: Self-regulation strategy and altered states of consciousness.* Chicago, IL: Aldine.

Shapiro, S. L., Carlson, L. E., Astin, J. A., & Freedman, B. (2006). Mechanisms of mindfulness. *Journal of Clinical Psychology, 62*(3), 373-386.

Shapiro, S. L., Schwartz, G. R., & Santerre, C. (2005). Meditation and positive psychology. In C. R. Snyder & S. J. Lopez (Eds.), *Handbook of positive psychology* (pp. 632-645). Oxford: Oxford University Press.

Shapiro, S. L., Walsh, R., & Britton, W. B. (2003). An analysis of recent meditation research and suggestions for future directions. *Journal for Meditation and Meditation Research, 3*, 69-90.

Shek, D. T. L. (1995). Marital quality and psychological well-being of married adults in a Chinese context. *Journal of Genetic Psychology, 156*, 45-56.

Sheldon, K. M., & Elliot, A. J. (1999). Goal striving, need satisfaction, and longitudinal well-being: The self-concordance model. *Journal of Personality and Social Psychology, 76*(3), 482-497.

Shuck, B., Alagaraja, M., Immekus, J., Cumberland, D., & Honeycutt-Elliott, M. (2019). Does compassion matter in leadership? A two-stage sequential equal status mixed method exploratory study of compassionate leader behavior and connections to performance in human resource development. *Human Resource Development Quarterly, 30*(4), 537-564. https://doi.org/10.1002/hrdq.21369

Siegel, D. (2014). *Brainstorm: The power of the adolescent brain.* London: Penguin.

Siegel, R. D., Germer, C. K., & Olendzki, A. (2009). Mindfulness: What is it? Where does it come from? In F. Didonna (Ed.), *Clinical handbook of mindfulness* (pp. 17-35). New York: Springer.

Sinclair, S., Kondejewski, J., Schulte, F., Letourneau, N., Kuhn, S., Raffin-Bouchal, S., ... & Strother, D. (2020). Compassion in pediatric healthcare: A scoping review. *Journal of Pediatric Nursing, 51*, 57-66. https://doi.org/10.1016/j.pedn.2019.12.009

Sinclair, S., Raffin-Bouchal, S., Venturato, L., Mijovic-Kondejewski, J., & Smith-MacDonald, L. (2017). Compassion fatigue: A meta-narrative review of the healthcare literature. *International Journal of Nursing Studies, 69*, 9-24. https://doi.org/10.1016/j.ijnurstu.2017.01.003

Skinner, E. A., Edge, K., Altman, J., & Sherwood, H. (2003). Searching for the structure of coping: A review and critique of category systems for classifying ways of coping. *Psychological Bulletin, 129*, 216-269.

Smyth, J. M., Pennebaker, J. W., & Arigo, D. (2012). What are the health effects of disclosure? In A. Baum, T. A. Revenson & J. Singer (Eds.), *Handbook of health psychology* (2nd edn, pp. 175-191). New York: Psychology Press.

Snyder, C. R. (2002). Hope theory: Rainbows in the mind. *Psychological Inquiry, 13*(4), 249-275.

Snyder, C. R., Feldman, D. B., Shorey, H. S., & Rand, K. L. (2002). Hopeful choices: A school counselor's guide to hope theory. *Professional School Counseling, 5*(5), 298-307.

Snyder, C. R., Harris, C., Anderson, J. R., Holleran, S. A., Irving, L. M., Sigmon, S. T., ... & Harney, P. (1991). The will and the ways: Development and validation of an individual-differences measure of hope. *Journal of Personality and Social Psychology, 60*(4), 570-585.

Snyder, C. R., Hoza, B., Pelham, W. E., Rapoff, M., Ware, L., Danovsky, M., Highberger, L., Rubinstein, H., & Stahl, K. J. (1997). The development and validation of the Children's Hope Scale. *Journal of Pediatric Psychology, 22*, 399-421.

Snyder, C. R., Irving, L., & Anderson, J. R. (1991). Hope and health: Measuring the will and the ways. In C. R. Snyder & D. R. Forsyth (Eds.), *Handbook of social and clinical psychology: The health perspec-

tive (pp. 285-305). Elmsford, NY: Pergamon.

Snyder, C. R., Rand, K. L., King, E. A., Feldman, D. B., & Woodward, J. T. (2002). False hope. *Journal of Clinical Psychology, 58*(9), 1003-1022.

Snyder, C. R., Shorey, H. S., Cheavens, J., Pulvers, K. M., Adams, V. H. III, & Wiklund, C. (2002). Hope and academic success in college. *Journal of Educational Psychology, 94*(4), 820-826.

Špinka, M., Newberry, R. C., & Bekoff, M. (2001). Mammalian play: Training for the unexpected. *The Quarterly Review of Biology, 76*, 141-168.

Stahl, B., & Goldstein, E. (2019). *A mindfulness-based stress reduction workbook.* Oakland, CA: New Harbinger Publications.（家接哲次（訳）(2013). マインドフルネス・ストレス低減法ワークブック 金剛出版）

Stanley, E. A., Schaldach, J. M., Kiyonaga, A., & Jha, A. P. (2011). Mindfulness-based mind fitness training: A case study of a high-stress predeployment military cohort. *Cognitive and Behavioral Practice, 18*, 566-576.

Steger, M. F., & Frazier, P. (2005). Meaning in life: One link in the chain from religion to well-being. *Journal of Counseling Psychology, 52*, 574-582.

Steger, M. F., Fitch-Martin, A., Donnelly, J., & Rickard, K. M. (2015). Meaning in life and health: Proactive health orientation links meaning in life to health variables among American undergraduates. *Journal of Happiness Studies, 16*, 583-597.

Steger, M. F., Frazier, P., Oishi, S., & Kaler, M. (2006). The Meaning in Life ques- tionnaire: Assessing the presence of and search for meaning in life. *Journal of Counseling Psychology, 53*, 80-93.

Steger, M. F., Frazier, P., & Zacchanini, J. L. (2008a). Terrorism in two cultures: Traumatization and existential protective factors following the September 11th attacks and the Madrid train bombings. *Journal of Trauma and Loss, 13*, 511-527.

Steger, M. F., Kashdan, T. B., & Oishi, S. (2008b). Being good by doing good: Eudaimonic activity and daily well-being correlates, mediators, and temporal relations. *Journal of Research in Personality, 42*, 22-42.

Steger, M. F., Kashdan, T. B., Sullivan, B. A., & Lorentz, D. (2008c). Understanding the search for meaning in life: Personality, cognitive style, and the dynamic between seeking and experiencing meaning. *Journal of Personality, 76*, 199-228.

Steger, M. F., Kawabata, Y., Shimai, S., & Otake, K. (2008d). The meaningful life in Japan and the United States: Levels and correlates of meaning in life. *Journal of Research in Personality, 42*, 660-678.

Steger, M. F., Shim, Y., Barenz, J., & Shin, J. Y. (2014). Through the windows of the soul: A pilot study using photography to enhance meaning in life. *Journal of Contextual Behavioral Science, 3*(1), 27-30. https://doi.org/10.1016/j.jcbs.2013.11.002

Sterling, P. (2012). Allostasis: A model of predictive regulation. *Physiology and Behavior, 106*(1): 5-15.

Sterling, P., & Eyer, J. (1988). Allostasis: A new paradigm to explain arousal pathology. In D. Fisher & J. T. Reason (Eds.), *Handbook of life stress, cognition, and health* (pp. 629-649). New York: Wiley.

Sterling, P., & Laughlin, S. (2015). *Principles of neural design.* Cambridge, MA: MIT Press.

Stillman, T. F., Lambert, N. M., Fincham, F. D., & Baumeister, R. F. (2011). Meaning as magnetic force: Evidence that meaning in life promotes interpersonal appeal. *Social Psychological and Personality Science, 2*(1), 13-20.

Sutton-Smith, B. (1997). *The ambiguity of play.* Cambridge, MA: Harvard University Press.

Swann Jr, W. B., Gómez, A., Seyle, D. C., Morales, J., & Huici, C. (2009). Identity fusion: The interplay of personal and social identities in extreme group behavior. *Journal of Personality and Social Psychology, 96*(5), 995-1011. https://doi.org/10.1037/a0013668

Tedeschi, R. G., & Calhoun, L. G. (1995). *Trauma and transformation.* London: Sage.

Tedeschi, R. G., Park, C. L., & Calhoun, L. G. (1998). *Posttraumatic growth: Positive changes in the aftermath of crisis.* Mahwah, NJ: Lawrence Erlbaum.

Tedeschi, R. G., Shakespeare-Finch, J., Taku, K., & Calhoun, L. G. (2018). *Posttraumatic growth theory, research, and applications.* London: Routledge.

Tennen, H., & Affleck, G. (1998). Personality and transformation in the face of adversity. In R. G. Tedeschi, C. L. Park & L. G. Calhoun (Eds.), *Posttraumatic growth: Positive changes in the aftermath of crisis* (pp. 65-98). Mahwah, NJ: Lawrence Erlbaum.

Tillich, P. ([1959] 2014). *The courage to be.* Yale, CT: Yale University Press.

Tunariu, A. D., Tribe, R., Frings, D. J., & Albery, I. P. (2017). The iNEAR programme: An existential positive psychology intervention for resilience and emotional wellbeing. *International Review of Psychiatry, 29*(4), 362-372.

United Nations Development Programme (UNDP) with Charmes, J. (2015). *Time use across the world: Findings of a world compilation of time use surveys.* New York: United Nations.

Valle, M. F., Huebner, E. S., & Suldo, S. M. (2006). An analysis of hope as a psychological strength. *Journal of School Psychology, 44,* 393-406.

van Leeuwen, L., & Westwood, D. (2008). Adult play, psychology and design. *Digital Creativity, 19,* 153-161.

van Nieuwerburgh, C. (2020). *An introduction to coaching skills: A practical guide* (3rd edn). London: Sage.

van Son, J., Nyklíček, I., Pop, V. J., Blonk, M. C., Erdtsieck, R. J., & Pouwer, F. (2014). Mindfulness-based cognitive therapy for people with diabetes and emotional problems. *Journal of Psychosomatic Research, 77,* 81-84.

Vansteenkiste, M., Simons, J., Lens, W., Sheldon, K. M., & Deci, E. L. (2004). Motivating learning, performance, and persistence: The synergistic effects of intrinsic goal contents and autonomy-supportive contexts. *Journal of Personality and Social Psychology, 87*(2), 246-260.

Vaughan, F. (1985). Discovering transpersonal identity. *Journal of Humanistic Psychology, 25*(3), 13-38.

Vittersø, J. (2011). Recreate or create? Leisure as an arena for recovery and change. In R. Biswas-Diener (Ed.), *Positive psychology as social change* (pp. 293-308). Dordrecht: Springer.

Vittersø, J. (2013). Feelings, meanings, and optimal functioning: Some distinctions between hedonic and eudaimonic well-being. In A. S. Waterman (Ed.), *The best within us: Positive psychology perspectives on eudaimonia* (pp. 39-55). Washington, DC: American Psychological Association.

Vittersø, J., Chipeniuk, R., Skår, M., & Vistad, O. I. (2004) Recreational conflict is affective: The case of cross-country skiers and snowmobiles. *Leisure Sciences, 26*(3), 227-243.

Vyskocilova, J., Prasko, J., Ociskova, M., Sedlackova, Z., & Mozny, P. (2015). Values and values work in cognitive behavioural therapy. *European Psychiatry, 57*(1-2), 40-48.

Wagner, L. (2020). Character strengths and PERMA: Investigating the relation- ships of character strengths with a multidimensional framework of well-being. *Applied Research in Quality of Life, 15,* 307-328.

Wallace, B. A. (2005). *Balancing the mind.* Boulder, CO: Snow Lion.

Walsh, F. (1998). Beliefs, spirituality, and transcendence: Keys to family resilience. In M. McGoldrick (Ed.), *Re-visioning family therapy: Race, culture, and gender in clinical practice* (pp. 62-77). New York: Guilford Press.

Walsh, F. (2012). Family resilience: Strengths forged through adversity. In *Normal family processes* (4th edn, pp. 399-427). New York: Guilford Press.

Walsh, R. N. (1983). Meditation practice and research. *Journal of Humanistic Psychology, 23,* 18-50.

Waterman, A. S. (1993). Two conceptions of happiness: Contrasts of personal expressiveness (eudaimonia) and hedonic enjoyment. *Journal of Personality and Social Psychology, 64,* 678-691.

Weis, R., & Speridakos, E. C. (2011). A meta-analysis of hope enhancement strategies in clinical and community settings. *Psychology of Well-Being: Theory, Research and Practice, 1*(5), 1-16.

Wellbeing Lab. (2020). The Wellbeing Lab 2020 workplace report: The state of wellbeing in Australian workplaces. www.michellemcquaid.com

Wigger, J. (2018). Invisible friends across four countries: Kenya, Malawi, Nepal and the Dominican Republic. *International Journal of Psychology, 53,* 46-52.

Williams, C. (2019). The hero's journey: A mudmap for change. *Humanistic Psychology & Research, 59* (4), 522-539.

Williams, J. M. G., Alatiq, Y., Crane, C., Barnhofer, T., Fennell, M. J. V., Duggan, D. S., Hepburn, S., & Goodwin, G. M. (2008). Mindfulness-based cognitive therapy (MBCT) in bipolar disorder. *Journal of Affective Disorders, 107,* 275-279.

Winnicott, D. W. (1965/2018). *The maturational process and the facilitating environment.* New York: Routledge. (大矢泰士 (訳) (2022). 完訳 成熟過程と促進的環境——情緒発達理論の研究 岩崎学術出版社)

Wispe, L. (1991). *The psychology of sympathy.* New York: Plenum.

Witek-Janusek, L., Albuquerque, K., Rambo Chroniak, K., Chroniak, C., Durazo-Arvizu, R., & Mathews, H. (2008). Effect of mindfulness-based stress reduction on immune function, quality of life and coping in women newly diagnosed with early stage breast cancer. *Brain, Behavior, and Immunity, 22,* 969-981.

Witkiewitz, K., Bowen, S., Harrop, E. N., Douglas, H., Enkema, M., & Sedgwick, C. (2014). Mindfulness-based treatment to prevent addictive behavior relapse: Theoretical models and hypothesized mechanisms of change. *Substance Use & Misuse, 49,* 513-524.

Yıldırım, M., & Arslan, G. (2020). Exploring the associations between resilience, dispositional hope, preventive behaviours, subjective well-being, and psychological health among adults during early stage of COVID-19. *Current Psychology.* https://doi.org/10.1007/s12144-020-01177-2

Zautra, A., Hall, J. S., & Murray, K. E. (2010). *Handbook of adult resilience.* New York: Guilford Press.

Zerubavel, N., & Messman-Moore, T. L. (2013). Staying present: Incorporating mindfulness into therapy for dissociation. *Mindfulness, 6*(2), 303-314.

索 引
(＊は人名)

《監訳者紹介》

西垣悦代（にしがき　えつよ）　日本の読者のみなさんへ・編著者紹介・まえがき・1～3章・14章
　現　在　関西医科大学医学部心理学教室　教授
　主　著　『ポジティブ心理学とリハビリテーション栄養　強みを活かす！ポジティブリハ栄養』（共著）医歯薬出版社、2023年。
　　　　　『コーチング心理学概論 第2版』（共編著）ナカニシヤ出版、2022年。
　　　　　『基礎から学べる医療現場で役立つ心理学』（共著）ミネルヴァ書房、2020年。
　　　　　『ポジティブ心理学コーチングの実践』（監訳）金剛出版、2019年。

保井俊之（やすい　としゆき）　5章・8章
　現　在　叡啓大学ソーシャルシステムデザイン学部　学部長・教授
　主　著　『ふるさと納税の理論と実践』（共著）事業構想大学院大学出版部、2017年。
　　　　　『無意識と対話する方法——あなたと世界の難問を解決に導く「ダイアローグ」のすごい力』（共著）ワニプラス、2017年。
　　　　　『システム×デザイン思考で世界を変える——慶應SDM「イノベーションのつくり方」』（共著）日経BP社、2014年。
　　　　　『「日本」の売り方——協創力が市場を制す』（単著）KADOKAWA、2012年。

札野　順（ふだの　じゅん）　11章・12章
　現　在　早稲田大学大学総合研究センター　教授
　主　著　「社会のWell-beingを志向する技術者の教育」（単著）『工学教育』69巻5号、2021年、pp. 67-72。
　　　　　『新しい時代の技術者倫理』（編著）放送大学教育振興会、2015年。
　　　　　『技術者倫理の必要性と目的——「幸せ」を求めて』（単著）日本科学技術連盟、2011年。

《訳者紹介》

吾郷智子（あごう　ともこ）　執筆者紹介・10章・13章

　　現　在　一般社団法人日本ポジティブ教育協会　理事
　　主　著　『見つけて伸ばそう！君の「強み」』（共著）小学館、2020年。
　　　　　　『ポジティブ心理学コーチングの実践』（共訳）金剛出版、2019年。

佐藤典子（さとう　のりこ）　4章

　　現　在　IPU 環太平洋大学キャリアセンター長／経済経営学部現代経営学科　特任教授
　　　　　　一橋大学国際企業戦略研究科（ICS）博士課程後期在籍中。
　　主　著　『人と組織の進化を加速させるシステム・インスパイアード・リーダーシップ』（共訳）
　　　　　　CRR Global、2023年。

永岑光恵（ながみね　みつえ）　6章・9章

　　現　在　東京工業大学リーダーシップ教育院／リベラルアーツ研究教育院／環境・社会理工学院
　　　　　　教授
　　主　著　『はじめてのストレス心理学』（単著）岩崎学術出版社、2022年。
　　　　　　『生理心理学と精神生理学 第Ⅰ巻 基礎』（共著）北大路書房、2017年。
　　　　　　『心的外傷後成長ハンドブック――耐え難い体験が人の心にもたらすもの』（共訳）医学書
　　　　　　院、2014年。

山川　修（やまかわ　おさむ）　7章

　　現　在　福井県立大学　名誉教授／Safeology 研究所代表
　　主　著　『ディープ・アクティブラーニングのはじめ方――つながりのなかに主体性を取り戻す』
　　　　　　（共著）春秋社、2023年。
　　　　　　『コトのデザイン――発想力を取り戻す』（共著）春秋社、2023年。
　　　　　　『情報リテラシー（第4版）』（共著）森北出版、2022年。

《編著者紹介》

クリスチャン・ヴァン・ニューワーバーグ（Christian van Nieuwerburgh）
　アイルランド王立外科大学教授としてコーチングとポジティブ心理学を教えるとともに、Growth Coaching International のグローバルディレクターを務める。詳細については本文 xiv ページの編著者紹介を参照。

ペイジ・ウィリアムズ（Paige Williams）
　メルボルン大学ウェルビーイング科学センターの名誉フェローおよびメルボルン経営学大学院の研究員である。詳細については本文 xiv ページの編著者紹介を参照。

　　　　　自己成長の鍵を手に入れるポジティブ心理学ガイド
　　　　　──学生生活を始める人・新たな一歩を踏み出す人へ──

2023年8月10日　初版第1刷発行　　　　　　　　　　　　（検印省略）

定価はカバーに
表示しています

監訳者　　西保札　垣井野　悦俊　代之順

発行者　　杉　田　啓　三

印刷者　　江　戸　孝　典

発行所　株式会社　ミネルヴァ書房
607-8494 京都市山科区日ノ岡堤谷町1
電話代表 (075)581-5191
振替口座 01020-0-8076

© 西垣・保井・札野ほか, 2023　　　共同印刷工業・坂井製本

ISBN978-4-623-09597-1
Printed in Japan

大島寿美子・柿原久仁佳・金子大輔・平野恵子・松浦年男 著
大学の歩き方・学問のはじめ方
――新しい「自分」の可能性を見つけよう

A 5 判・210頁
本 体 2200円

香月菜々子・古田雅明 著
キャンパスライフ サポートブック
――こころ・からだ・くらし

A 5 判・216頁
本 体 2000円

田中共子 編
よくわかる学びの技法［第 3 版］

B 5 判・180頁
本 体 2200円

森和代・石川利江・茂木俊彦 編
よくわかる健康心理学

B 5 判・224頁
本 体 2400円

雨宮俊彦 著
笑いとユーモアの心理学――何が可笑しいの？

A 5 判・308頁
本 体 3500円

サトウタツヤ・北岡明佳・土田宣明 編著
心理学スタンダード――学問する楽しさを知る

A 5 判・288頁
本 体 2800円

大川一郎・土田宣明・高見美保 編著
基礎から学べる医療現場で役立つ心理学

B 5 判・308頁
本 体 3000円

―――――― ミネルヴァ書房 ――――――
https://www.minervashobo.co.jp/